W0190705

Pascal
Richmann

Über Deutschland, über alles

Carl Hanser Verlag

Alles erfunden, na klar

Die Entstehung dieses Werks wurde durch
ein Stipendium des Freistaats Sachsen
ermöglicht, sowie durch die
Akademie für Letalität und Lösungen.

ISBN 978-3-446-25652-1
© Carl Hanser Verlag München 2017
Alle Rechte vorbehalten
Satz: Satz für Satz, Wangen im Allgäu
Druck und Bindung: GGP Media GmbH, Pößneck
Printed in Germany

MIX
Papier aus verantwor-
tungsvollen Quellen
FSC® C014496
FSC
www.fsc.org

Es kann auch ein geistig armes, aber im Herzen frohes Land sein, sagte Padilla. Wie Deutschland, das mir zumindest sehr exotisch vorkommt, sagte Rosa. Was ist denn an Deutschland exotisch?, fragte Jordi. Die Eckkneipen, die Imbissbuden und die Ruinen der Konzentrationslager, sagte Padilla. Nein, nein, sagte Rosa, das nicht, der Reichtum.

Roberto Bolaño

Marsch
der Wirte

Klar, da waren eine Menge Katzen um mich herum, und klar, Karl Kraus hätte das hier gehasst. Aber weil es noch immer so ist, dass jeder, der den Plan verfolgt, deutschkrümelnder Idiotie in die Schnitte zu spucken, zuerst von Elsass-Lothringen bis nach Paris spazieren muss, stand ich auf dem Cimetière de Montmartre vor Heines Grab und las Briefchen, die irgendwelche Leute anstelle gelber Immortellen unter seine Büste gelegt hatten. Viel Loreley und Lobotomie am eigenen Frontallappen, ein bisschen Romantik und Rumtata.

Spätestens seit dem Wartburgfest 1817, vierzehn Jahre bevor Heine in sein linksrheinisches Exil gegangen ist, herrscht ja ein generelles Missverständnis in Bezug auf das, was der deutsche Weg zur Demokratie genannt wird. Unter der Regie von Friedrich Ludwig Jahn hatten sich die gerade erst gegründeten Burschenschaften in Eisenach versammelt, wo sie hoch über dem Astwerk des thüringischen Buchenwalds ein ganz und gar von germanischem Geist erfülltes Feuer entfachten. Darin verbrannten auch Saul Aschers *Germanomanie* und der *Code civil*. Und weil sich die Burschen und mit ihnen ihr Turnvater nicht sicher waren, ob nun der Jude oder der Franzose an sich ärger sei, begannen sie beide zu gleichen Teilen zu hassen. In seiner Skizze zu einem Zeitgemälde hatte Ascher die Ursache jedenfalls in einer esoterischen Gangart des Protestantismus ausgemacht. „Christentum und Deutschheit war in eines verschmolzen", bald, so hatte er prophezeit, werde „alles Fremdartige von Deutschlands Boden entfernt" sein. Seine Feststellung, „daß Deutschland nicht vorzugsweise den Urdeutschen zum Wohnsitz angewiesen ist", genügte den Burschenschaftern nun, um ein wenig mit den Buchseiten, auf denen sie stand, zu zündeln. Das ist nicht ganz unwichtig, schlug sich doch so das völkische Wesen zum ersten Mal und für jeden erkennbar auf die von Reck und Barren gestärkte Brust. Im selben Sommer eröffnete in Hamburg das Manufakturwarengeschäft Harry Heine & Co., das schon kurz darauf mangels kaufmännischen Talents des Inhabers Konkurs anmelden musste. In gewisser Hinsicht ist das Ganze ein tragischer Witz.

Da las ich also Botschaften an einen toten Dichter und brachte dabei auch noch die Kieselsteine vor seinem Grab durcheinander (obwohl Heine ja nur deshalb nicht auf dem Père Lachaise liegt, weil er davon ausgegangen war, hier nicht so oft gestört zu werden), als neben mir ein Mann mit Schiebermütze auftauchte. Er zog, seinem Alter entsprechend, einen Einkaufsrolli hinter sich her, zwischen den Fingern klemmte eine bis zum Filter runtergebrannte Zigarette. All die Katzen, sagte er, seien hier ausgesetzt worden, es seien jetzt die Katzen vom Montmartre, er nickte, so als würde ich schon verstehen, Montmartre, wiederholte er, Montmartre, als müsse mir dieses Wort genügen, aber es kümmerte mich nicht, genauso wenig wie mich die Katzen kümmerten, die Katzen, sagte er, seien ganz auf sich allein gestellt, also fast, sagte er, sie hätten niemanden außer ihm.

Wären es wenigstens Engel gewesen, die meine Stiefel wichsten, fragte ich mich dann schon, was ich hier überhaupt tat. Hatte ich erwartet, dass irgendwelche Burschen im Begriff waren, ihr Elsaß-Lothringen zurück ans Reich zu holen? Das ganze Deutschland soll es sein, man kennt das, und es ist ja auch nicht so, als würden sie nicht ständig über Volksdeutsche sprechen, die gezwungen seien, außerhalb der bestehenden Grenzen zu siedeln, und darüber, wie ihnen beim Deutschsein geholfen werden könne. Die Alte Breslauer Burschenschaft der Raczeks zu Bonn sieht darin so etwas wie ihren historischen Auftrag.

Seit 2011 die Protokolle des alljährlichen Burschentags geleakt wurden, kann sich jeder selbst ein Bild des zerrütteten, über alle Tellerränder hinausdriftenden Dachverbands Deutsche Burschenschaft, DB, machen. Zwar hatte es immer schon radikale Splittergruppen innerhalb der DB gegeben, etwa die Burschenschaftliche Gemeinschaft, deren Zielsetzung im Gründungsjahr 1961 darin bestand, die Wiederaufnahme österreichischer Verbände in den Dachverband durchzusetzen (schließlich bekannte man sich zum „volkstumsbezogenen Vaterlandsbegriff"), was zehn Jahre später durch den Historischen Kompromiss, der zugleich die Pflichtmensur abschaffte, auch gelang, aber keiner dieser Konflikte hatte die Burschis endgültig spalten können.

Auf dem Burschentag 2002, um nur ein Beispiel zu nennen, untersuchte die DB eine Reihe von Vorkommnissen, die sich während einer Tagung „am Annaberg in Oberschlesien" ereignet hatten. Mit Bussen waren die Burschen in Polen eingefallen, wobei im „»Südbus«" besonders hart gekneipt worden war, die verdreckte Bordtoilette und die lallend vorgetragenen Soldatenlieder ließen keine Zweifel; und als sie dann das Pilgerheim erreichten, verpassten die Vollsten von allen einer Nonne feuchte Futzis, wofür sie ihre von Spucke benetzten Finger in gottgefällige Gehörgänge steckten, bevor sie auf die Empore der Kapelle kletterten, um das Horst-Wessel-Lied unter bestmöglichen Bedingungen anzustimmen, und von der herunterzukommen sie erst der Leiter des Pilgerheims überzeugen konnte. Den Protokollen zufolge machen sie solche Dinge andauernd, als litten sie an einer Art völkisch motiviertem Tourette.

Heine hingegen, der erst „beim Anblick deutschen Unglücks in der Fremde" so etwas wie „Vaterlandsliebe" empfand und seinem Exilkollegen Ludwig Börne die Worte in den Mund legte, dass wer nie im Exil gelebt habe, nur von „Milchbreiliebe" sprechen könne (was ein eher mäßiger Witz ist), und der sich bis in die Matratzengruft hinein nicht entscheiden konnte, ob Paris nun der beste oder schlechteste aller möglichen Orte sei, spottete einmal, dass Börne das Leben in Frankreich nur deshalb ertrage, weil es dort keine Kängurus und Zebras gebe, sondern ausschließlich Hunde, die genauso kläfften wie auf rechtsrheinischer Seite. Europa, die Nachbarn, alles nur auszuhalten als holographisches Prinzip.

Ich gab dem Alten etwas Kleingeld. Und während ich mit müden Füßen dastand, kramte er einige Konserven hervor, als wollte er beweisen, dass es wirklich nur Katzenfutter war, was er hinter sich her zog. Langsam entfernte er sich ins Grün zwischen den Barrieregittern. Als er fort war, trat ich seine Kippe aus.

Es muss 2003 gewesen sein. Die Schule, die ich besuchte, trug Heines Namen, weshalb klar war, dass sein Grab bei jeder Paris-Klassenfahrt Teil des Programms sein musste. Dabei kann ich mich nicht erinnern, dass wir ihn besonders viel gelesen hätten, und mit Ausnahme des Hinweises, ästhetisch auf Teetisch zu reimen, sei eine ziemliche Sensation, ist bei mir nichts hängengeblieben. Jedenfalls wartete in Paris ein Haufen geballter Adoleszenz mit Blick auf Heines Büste darauf, dass es endlich weiterging, als sich mein Freund Nils, der später selbst eine Art Bildhauer werden sollte, eine Zigarette ansteckte. Unser Deutschlehrer, den wir heimlich für Schnauzer, Goldkette und dafür bewunderten, dass er seine Marlboro Lights in zwei Zügen rauchen konnte, verpasste ihm einen ziemlichen Einlauf. Ob er denn gar keinen Respekt vor den Toten habe, wollte er von Nils wissen. Es ist nicht so, dass er damit nicht irgendwie auch Recht gehabt hätte, aber im Rückblick erscheint es mir schon ein bisschen merkwürdig, dass ausgerechnet jemandem, der einen Großteil seines Schaffens darauf verwandt hatte, respektlos gegen alles und jeden und vor allem die Toten zu sein, eine besonders pietätvolle Form der Andacht zukommen sollte.

Sein Spott richtete sich gegen die, von denen Heine meinte, dass sie es besser wissen müssten. *Ludwig Börne. Eine Denkschrift*, erst nach Börnes Tod veröffentlicht, demontierte nicht in erster Linie dessen politisches Wirken, da ironisierte Heine eher, galt ihm Börnes Aktionismus doch als „der schauerliche Schmerz eines verlorenen Lebens", sondern zielte mit voller Wucht auf diejenigen Orte, die sich unterhalb der Gürtellinie Börnes befanden, indem seine Verbindung zu Jeanette Wohl plus Gatten als Dreiecksbeziehung ausgebreitet wurde; wobei Heine klar gewesen sein muss, dass die Vorwürfe, er betreibe Tratsch und schlechten Stil, dadurch schon bald ein neues, ungleich höheres Level erreichen würden.

Heines Briefe und Reisebilder, die mal eben so im Vorbeigehen eine neue literarische Form etablierten, hatte Börne ihrer undogmatischen Haltung wegen nicht akzeptieren können. „Ein schwacher Charakter wie Heine", schrieb Börne an die Wohl, „wie er mir schon aus seinen Schriften hervorleuchtete, muß in Paris völlig ausarten." – „Die scheelsüchtige Impotenz", entgegnete Heine dieser Sorte von Gesinnungszwang „hatte endlich, nach tausendjährigem Nachgrübeln, ihre große Waffe gefunden gegen die Übermüten des Genius; sie fand nämlich die Antithese von Talent und Charakter", und wandte sich dann an die, die es mit Börne hielten, indem er schrieb, dass jeder lüge, der „behauptet, mein Spott träfe jene Ideen, die eine kostbare Errungenschaft der Menschheit sind und für die ich selber so viel gestritten und gelitten habe. Nein, eben weil dem Dichter jene Ideen in herrlichster Klarheit und Größe beständig vorschweben, ergreift ihn desto unwiderstehlicher die Lachlust, wenn er sieht, wie roh, plump und täppisch von der beschränkten Zeitgenossenschaft jene Ideen aufgefaßt werden können."

Börne unterstellte ihm, „eine Melancholie zu affektieren, die er gar nicht hat", und bewies gleich darauf, dass ihm das moralische Maß, das er an Heine anlegte, selbst nur bis zum Schritt reichte. „Ich sage Mädchen", schrieb er, „Heine aber gebrauchte den gemeinsten Ausdruck dafür", er „läuft den gemeinen Straßendirnen bei Tag und Nacht nach und spricht in einem fort von dieser häßlichen Gemeinheit." – „Was mich betrifft", meinte Heine, „so interessiert mich bei ausgezeichneten Leuten der Gegenstand ihrer Liebesgefühle immer weniger, als das Gefühl der Liebe selbst." Und es ist ja nun mal so, dass sich ein Gefühl deutlich schwieriger vor einen Karren spannen lässt als ein Esel oder Ochse. Als wäre das für Börne nicht schon alles unangenehm genug, tat Heine „die kurzen Sätze seiner Prosa als eine kindische Unbeholfenheit" ab und richtete die Wendung: „Kein Talent, doch ein Charakter" final vernichtend gegen ihn.

Seine Vorliebe für Gedächtnisfeiern auf Gräbern hatte Heine bereits zwanzig Jahre zuvor unter Beweis gestellt, als er Saul Ascher durch *Die Harzreise* (der im Übrigen noch ein Zitat Börnes vorangestellt ist) spuken ließ. Zwar waren Ascher und er sich mehrere Male in Berlin begegnet, doch der Gegensatz von Gemüt und Vernunft, der zwischen ihnen herrschte, hielt sie so sehr auf Distanz, dass Heine behauptete, die Nachricht „der Herr Doktor ist eben gestorben" habe ihn völlig kalt gelassen. Nachdem er während seiner Harzreise in Goslar vom toten Ascher geträumt hatte, ließ er ihn, der sich doch angeblich „alles Herrliche aus dem Leben herausphilosophiert" hatte, trotz allem gutgelaunt dozieren: „Fürchten Sie sich nicht und glauben Sie nicht, dass ich ein Gespenst sei. Es ist Täuschung Ihrer Phantasie, wenn Sie mich als Gespenst zu sehen glauben. Was ist ein Gespenst? Geben Sie mir eine Definition? Deduzieren Sie mir die Bedingungen der Möglichkeit eines Gespenstes? In welchem vernünftigen Zusammenhang stände eine solche Erscheinung mit der Vernunft? Die Vernunft, ich sage die Vernunft."

Auseinandersetzungen, die aus seinen enttäuschten Ansprüchen entstanden, reizten Heine mehr als das beständige Spötteln gegen alles deutschtümelnd Degenerierte. Einem Burschen, der an „einem Nationalheldengedicht zur Verherrlichung Hermanns und der Hermannsschlacht" schrieb, schlug er zwar vor, dass er „die Sümpfe und Knüppelwege des Teutoburger Waldes sehr onomatopöisch durch wässrige und holprige Verse" andeuten könne, und überhaupt teilte er in der *Harzreise* ordentlich gegen die „Revolutionsdilettanten mit ihren Turngemeinplätzen" aus, aber auch dieser frühe Fokus erklärt sich aus einer direkten Nähe, hatte Heine ihnen während seiner Bonner Studienjahre doch selbst angehört. Um den Jahrestag der Leipziger Völkerschlacht zu feiern, verbrachte er noch im Oktober 1819 eine Nacht auf dem Drachenfels, und erst in Göttingen distanzierte sich Heine endgültig von ihnen, als er urteilte: „Prachtausgaben wäss'riger Prosaiker, plastisch ennyante Gesichter – da hast du das hiesige Burschenpersonal."

Im Börne-Buch zog Heine dann einen Strich unter die Sache: „Auf der Wartburg", schrieb er, „krächzte die Vergangenheit ihren obskuren Rabengesang, und bei Fackellicht wurden Dummheiten gesagt und getan, die des blödsinnigsten Mittelalters würdig waren!" Es „herrschte jener beschränkte Teutomanismus, der viel von Liebe und Glaube greinte, dessen Liebe aber nichts anders war als Haß des Fremden und dessen Glaube nur in der Unvernunft bestand, und der in seiner Unwissenheit nichts Besseres zu erfinden wußte als Bücher zu verbrennen!". Und dann fand auch noch Jahn, „derjenige, welcher das Bücherverbrennen auf der Wartburg in Vorschlag brachte", Erwähnung, als „das unwissendste Geschöpf, das je auf Erden turnte".

Tatsächlich ließ Heines Kritik am Wartburgfest eine Bombe platzen, ein Effekt, den Aschers Flugschrift *Die Wartburgsfeier*, die ja eine direkte Reaktion auf den „lodernden Holzstoß" gewesen war, nie erreicht hat, allzu abstrakt werden darin die Burschen „in ihrer somnambulischen Verirrung" geschildert. Heines Essays ballerten und fanden auch deshalb ihr Publikum. Das war es, was später einen Typ wie Karl Kraus wütend machte. So wütend, dass er sich über *Heine und die Folgen*, also das, was heute literary nonfiction heißt, weil es dafür folgerichtig keine Bezeichnung im Deutschen gibt, 1910 einen ganzen Aufsatz abrang: „Und selbst im Stil der modernsten Impressionsjournalistik verleugnet sich das Heinesche Modell nicht. Ohne Heine kein Feuilleton. Das ist die Franzosenkrankheit, die er uns eingeschleppt hat." Kraus' Analogie ist hier ungefähr auf dem Niveau (sic!) der Bezeichnung von Rap als aus Haiti eingeschleppter Negerkrankheit, darauf hoffend, dass die Verbindung zwischen Aids-Ursprungsland und Advanced Chemistry selbst erklärend sei. Aber Halt! Stop!, es geht noch weiter: „Wie leicht wird man krank in Paris! Wie lockert sich die Moral des deutschen Sprachgefühls! Die französische gibt sich jedem Filou hin. Vor der deutschen Sprache muß einer schon ein ganzer Kerl sein, um sie herumzukriegen". An dieser Stelle möchte ich, um auch einmal etwas mit Kraus zu sagen, betonen, dass ich das Deutsche schon ein paarmal prima gefickt habe, ehrlich. Und dann überführt mich Kraus, indem er feststellt: „die meisten sind leider doch so geartet, daß sie wirklich eine Reise tun müssen, um etwas zu erzählen." Na klar, da hat er mich erwischt, und klar, ein Friedhof in Paris ist eben auch nur der Ort, wo das Derangement des Touristen am deutlichsten wird.

Als ich zurück nach Deutschland kam, passierte etwas, womit nach knapp zweihundert Jahren eigentlich nicht mehr zu rechnen gewesen war. Eisenachs Bürgermeisterin Katja Wolf verbot den Burschen, ihren Festakt auf der Wartburg abzuhalten.

Vor drei Jahren nämlich war durch die geleakten Protokolle auch ein Antrag der Bonner Raczeks öffentlich geworden, in dem sie, nun ja, erklärten, dass jeder, dessen „nichteuropäische Gesichts- und Körpermorphologie auf die Zugehörigkeit zu einer außereuropäischen populationsgenetischen Gruppierung" hinweise, „mangels deutscher Abstammung" auf gar keinen Fall „der geschichtlichen Schicksalsgemeinschaft des deutschen Volkes angehören" könne. Und weil das so herrlicher Unfug war, legten sie noch gleich eine Schippe drauf und forderten, die Burschenschaft Hansea zu Mannheim sei sofort aus der DB auszuschließen, da sie „durch die Aufnahme eines chinesischstämmigen Mitglieds" gegen die eigene Verfassung verstoßen habe. Wer „in Zeiten fortschreitender Überfremdung" den Sheriff anrempelt, muss eben mit Ärger rechnen, und überhaupt „ist es nicht hinnehmbar, dass Menschen, welche nicht von deutschem Stamme sind, in die Deutsche Burschenschaft aufgenommen werden". Nachdem sich gemäßigtere Burschen bereits 2003 in der

Stuttgarter Initiative zusammengeschlossen hatten, um innerhalb des Dachverbands eine Gegenposition zur rechtsradikalen Burschenschaftlichen Gemeinschaft, der auch die Raczeks angehören, einzunehmen, führte der ganze Wirbel um den „Ariernachweis" schließlich zur Gründung der Initiative Burschenschaftliche Zukunft, deren Mitglieder jedoch, als ihre Anträge auf dem Burschentag 2012 abgewiesen wurden, geschlossen aus der DB austraten. Fred Duswald, Alter Herr der vom Verfassungsschutz beobachteten Danubia München und in seiner Freizeit KZ-Enthusiast, war so gut, die Umstände, die überhaupt zu den geleakten Protokollen geführt hatten, ein wenig zu erläutern. Einzig wegen Kai Ming Au, Erstchargierter der „gelbsüchtigen Hansea", hätten „»Gutburschenschafter«" internes Material an die Medien weitergegeben. „Siegt der Chinese", schrieb Duswald, „dann heißt seine Zielgruppe: Au wie Ausländer." Und als wäre das alles nicht schon desolat genug, bekamen die Burschis jetzt also auch noch Hausverbot.

Als ich davon erfuhr, zerschlug ich vor Freude die Bierflasche, die ich aus gleichen Gründen gerade erst geöffnet hatte, um mir mit einer Scherbe eigenhändig Schmisse, sichelförmig wie der ewige Mond, ins Jochbein zu schnitzen. Dann bemühte ich mich um ein Zimmer in der Eisenacher Pension Zum Burschen. Als Inhaber war eine Familie Person angegeben. „Hallo, spreche ich mit Frau Person?", fragte ich höflich, und ebenso höflich sagte Frau Person, es gebe noch ein freies Zimmer, obwohl der Andrang groß sei, naja, sagte sie, vielleicht nicht ganz so groß wie früher, und sofort machte ich mir eine Notiz: Nicht so groß wie früher, schrieb ich in mein Notizbuch, und damit war es also beschlossene Sache, ich fuhr zum Burschentag nach Eisenach.

Solange das monatliche Surfvolumen des iPhones nicht erschöpft war, hörte ich während der Fahrt abwechselnd die

Heino-Versionen von *Der Gott, der Eisen wachsen ließ* und *Die Wacht am Rhein*, und weil ich mich selten zuvor so frisch, fromm, fröhlich und frei gefühlt hatte, machte ich an jeder Raststätte ein paar Kniebeugen. Wegen eines heftigen Regenschauers verfuhr ich mich dann im thüringischen Wald, der ja noch ein richtiger Urwald ist, überall Buchen, Buchen, die alle gleich aussehen, und außerdem gibt es Luchse und vielleicht sogar Wölfe, da war ich mir nicht sicher, ein richtig deutscher Wald jedenfalls, als würden die Gebrüder Grimm einen Schluck aus der Milchtüte nehmen, ein Wald wie gemacht für die Füchse und Burschen und Alten Herren mit ihren Räuberpistolen.

Gegen Mittag kam ich durch eine Stadt, die Stadt hieß. Nasse Straßen dampften unter den tief hängenden Hämatomen des Himmels. Ich hielt auf dem Parkplatz eines Realmarkts, um mir eine Portion Chop Suey zu kaufen. Der Asia-Imbiss war in einem gelb angestrichenen Container untergebracht, und wie ich so kauend in die Sonne blinzelte, überlegte ich, ob es irgendwie rassistisch sei, auf eine verschrobene Art zwar, aber eben doch rassistisch, dass dieser Imbiss in einem gelben Container steckte, oder ob nicht vielmehr ich der Rassist sei, weil ich überhaupt darüber nachdachte. Mir fiel ein, dass das Gericht Chop Suey, „allerlei Abfälle", wie es die Welt heute kennt, erst Mitte des 19. Jahrhunderts, kurz bevor der *Chinese Exclusion Act* die Einreise chinesischer Immigranten in die USA verbot, an der Westküste für pöbelnde Goldwäscher erfunden worden war. Später entstand zwar das Sprichwort „as American as Chop Suey", weil sich bald das ganze Land damit zu mästen begann, aber die Aufgeladenheit der Dinge entsteht eben aus den Koordinaten ihrer Geschichte und der Gegenwart daraus folgender Embleme. Zugleich heißt das ja, dachte ich mit vollem Mund, dass jedes Mal, wenn irgendwer Gemüse in einen Wok schmeißt, gewissermaßen ein Mahnmahl auf kleiner Flamme zu köcheln beginnt und dass dabei überhaupt nicht interessiert, wie hoch der Glutamatgehalt ist und ob der Guide Michelin es am Ende prämiert oder nicht, sondern ausschließlich, in welchen Resonanzraum hinein die braune Soße serviert wird. Den fiktiven Potenzialen nachzuschmecken, die Rassismus nun einmal immer enthält, ist auch eine Chance, sie zu dekontaminieren. Das war es, was den Antrag der Raczeks, dieses ganze Gerede von nichteuropäischer „Gesichts- und Körpermorphologie", so absurd gestrig klingen ließ und gegen jede vernünftige Argumentation immunisierte. Da trommelte es, das Volk, das sich selbst erkennen wollte und das deshalb kein Problem damit hatte, den allgemeinen deutschen Inzest auszurufen; mehr noch, mit einem Mal drängte sie wieder zur Oberfläche, diese garstige Auffassung des Begriffs Rasse, um sich wie nach vollzogener Osmose im Zurückbleiben eines Einheitsgefühls zu bündeln, ganz so als seien zweihundert Jahre Ideengeschichte in akademischer Umnachtung zwar registriert, aber eben ignoriert worden, als bedeute Deutschsein tatsächlich die andauernde Weigerung, Darwins Korallen überhaupt einmal anzufassen. Mir war schon ganz übel, während ich auf dem letzten Stück Huhn herumkaute und dabei dachte, dass man hierzulande noch immer und am liebsten mit Handschuhen onaniert, weil sich niemand mit sich selbst die Finger schmutzig machen will.

Ich parkte vor der Fachwerkvilla der Familie Person. Weil sich die Pension auf halbem Weg zur Göpelskuppe befindet, auf der sich wiederum das Burschenschaftsdenkmal und das burscheneigene Berghotel befinden, zog ich die Handbremse besonders fest an. Überhaupt bereitet mir nichts während einer Autofahrt größere Sorgen als die Möglichkeit des unkontrollierten Zurückrollens, weshalb ich auch gleich wieder einstieg und die Bremse noch einmal kontrollierte. Das Wetter hatte sich, wie man so sagt, stabilisiert, etwas frisch wehte der Wind und ließ im Vorgarten die Deutschlandfahne zappeln. Ein Schild, das zugleich das Dach der Eingangspforte bildete, zeigte das Profil eines bemützten Burschen, den Kopf im Nacken, waagerecht einen Krug in sich hineinschüttend. Vor den Fenstern blühten die Geranien.

Ob ich auch für die Feierlichkeiten angereist sei, fragte mich Frau Person, die Frau des Wirts, während wir die Treppe vom Schankraum zu den Zimmern hochstiegen. Klar, sagte ich und zog die Tür hinter mir ins Schloss. Auf einem schmalen Schreibtisch lag ein Prospekt, „Zum Burschen" prangte in Fraktur und Anführungszeichen darauf. Das größte Highlight Eisenachs, stand hier zumindest, sei die Wartburg, das größte der Pension das Kochen vor dem Gast. Ich schloss die Vorhänge und kehrte in den Schankraum zurück, wo sich inzwischen eine Gruppe Alter Herren um einen runden Tisch versammelt hatte. An den Wänden hingen burschenschaftliche Insignien und Schwarz-Weiß-Fotographien. Herr Person, der Wirt, stand hinter seinem Tresen und warf Fragen und Schnäpse in die Runde. Ob dieser und jener noch komme, nein?, auch nicht mehr, ach was?, soso, ja, die Zeiten seien, und die Sache an sich, noch 'n Korn, nein?, na später vielleicht, aber klar, später ganz sicher, die Alten Herren lachten und wischten sich den Schaum aus den Bärten, und dann klopften sie des Abschieds wegen auf Holz, viel Glück und bis gleich, nickten sie ihrem Wirt zu und nickten auch mir zu, sich durch den Eichenrahmen der geöffneten Tür schiebend, den Hügel zum Denkmal hinauf.

Als der Wirt mir ein Bier zapfte, fragte ich ihn, wie es überhaupt so weit habe kommen können, die Wartburg, das Hausverbot, er wisse schon. Während er sehr lange und sehr versunken aus dem Fenster blickte, begann sein Schnauzer mit der hereinfallenden Sonne ein Dreieck zu bilden. Was dort so schön spross, war die Hypotenuse des deutschen Wesens. Ich fragte mich, ob man ihm, als er das letzte Mal beim Friseur gewesen war, wohl eine Vokuhila geschnitten hatte, es sah, obwohl ihm die Fransen nun schon wieder ins Gesicht fielen, ziemlich danach aus. Dann folgte eine Tirade gegen Eisenachs linke Bürgermeisterin, selbst die Werner-Aßmann-Halle wolle wegen ihr den Vertrag mit den Burschen nicht verlängern, der öffentliche Druck sei zu hoch, dabei hielten sie dort bereits seit der Wiedervereinigung ihre Festkommerse ab, niemand wisse, wie es in Zukunft weitergehe, ich nickte und schaute betreten ins Bier, bevor mein Wirt mit der Feststellung schloss, dass er sich mit derartigen Klamotten, wie sie die Wolf im Rathaus trage, nicht einmal in den eigenen Garten trauen würde.

Weil aber deutsch sein noch immer heißt, eine Sache um ihrer selbst willen zu tun, stand ich schon kurz darauf am Pissoir des Berghotels zwischen zwei Burschen, deren Säbel sich im Takt der letzten Tropfen bewegten. „Heute früh im Brunnenkeller, da war nur noch die Elite, Teutonia Wien, Arminia Berlin", sagte der eine, und der andere sagte, „das ist was für Kraken." Mein Blick wanderte zur Wartburg, die wie ein Abziehbildchen im Klofenster klebte.

Draußen herrschte, na klar, demonstrativer Zusammenhalt. Zur üblichen Couleur, bestehend aus Band, Mütze, Zipfelbund, hielten die Burschen halbvolle Krüge in den Händen, es ging erst gegen fünf, und da schien verantwortungsvolles Trinken das beste aller burschenschaftlichen Kneipverfahren zu sein. Vereinzelter Vollwichs, der mit kniehohen Reitstiefeln, Pekeschen, Handschuhen und Federn im Barrett einen anheimelnd karnevalesken Eindruck machte. Was trotz allem am meisten auffiel, waren ihre Brillen und Bärte. Tatsächlich verballhornen die Burschis jene ironischen Strategien, die nirgends etwas anderes tun, als sich irgendwelche Habitate urbar zu machen, um sie dann für die eigenen Zwecke umzudeuten. Konservative sampeln Signale des Konservativen. Sie tragen dann eine Brille wie Himmler oder kümmern sich so wenig ums Rasieren wie einst Jahn, der Gymfather of Beardiness, was insofern bemerkenswert ist, als dass jedes dieser Motive zugleich längst subkulturell vereinnahmt wurde. Ein Schmiss kann eben nichts anderes mehr sein als das Zitat eines Schmisses. Überhaupt ist ja kaum etwas Äußerliches denkbar, wofür man krasseres Unverständnis ernten würde als für die Narben nach einer Mensur. Der schmissige Bursche macht sich also auch nur darüber lustig, und jetzt kommt die Ironie, dass ein Schmiss früher Türen in die Gesellschaft öffnete, während er sie heute eher verschließt.

Ich bestellte ein großes Bier, denn ein großes Bier ist ein halber Schmiss, und setzte mich abseits auf die Terrasse des Berghotels. Unter einer tiefstehenden Sonne lag der deutsche Weizen, oder eigentlich nur das, was von ihm noch übrig war, gewissenhaft zu Strohballen gepresst. Als ich gerade wieder gehen wollte, setzten sich drei Männer an eine der Plastikgarnituren mit Pepsi-Sonnenschirm, jeder ein Funkgerät in der Hand. Sie trugen Allwetterjacken und führten keine Gespräche, aber jedes Mal, wenn ein Fuchs mit einem anderen Fuchs die Terrasse betrat, um mit zur Wartburg ausgestreckten Armen zu beklagen, dass sie nun vielleicht niemals, und ach und je, und wäre man doch, griffen sie zu ihren Funkgeräten, und die Füchse verschwanden.

Mein Wirt hatte mir vorhin erst erzählt, der Aufstieg zum Denkmal solle den Aufstieg der Deutschen Burschenschaft, ja, Deutschlands ganz allgemein, symbolisieren. Ich war schwer beeindruckt gewesen, woran ich mich ein Dutzend Serpentinen später leicht angeschlagen erinnerte. Als ich auf der obersten Plattform ankam, hatte die Zivilpolizei bereits die ein oder andere Böe erwischt, und Dr. Ernst Wilhelm Münch, Altherrenvorsitzender der Aachen-Dresdner Burschenschaft Cheruscia, war gerade dabei, sich ein strahlend weißes Stück Kreide in den Mund zu schieben. Hinter seinem Rednerpult ragten die Säulen des Burschentempels in vorüberziehende Wolkenfetzen. Während er noch kaute, drangen schon die Sätze seiner Festrede zu uns herab. Durch Dickichte der Selbstkritik („wir diskutieren rückwärtsgewandt") und des Selbstmitleids („wie bedeutungslos wir geworden sind") über Schneisen des Schwachsinns („wir leben nicht in einer Traumwelt") und der Selbstverliebtheit („für viele Länder in der Welt sind wir zu einem Vorbild geworden") begab sich der Doktor endlich auf den Paradeweg des Rechtspopulismus, der schnurstracks nach Europa führte, denn: „Wir gehören unzweifelhaft zur Wertegemeinschaft des Westens." Ein „Europa der Vaterländer" ist ja überhaupt längst das Lieblingsprojekt der Neuen Rechten von Reykjavík bis runter nach San Marino und La France d'Outre-Mer. „Christlich-abendländische Kultur" und „Wahrung der nationalen und regionalen Identitäten" verquirlen sich hier mit EU- und Islamfeindlichkeit zu einem hübsch glattgerührten Kuchenteig, schließlich spricht eine Deutschtürkin aus Köln ja auch von der Domstadt und mit breitem rheinländischem Dialekt. Und, nur um das mal kurz einzuordnen, die Initiative Burschenschaftliche Zukunft ist da voll mit dabei.

Es dämmerte bereits, als zwei Burschen den Kopf des Fackelzuges mit Löscheimern flankierten und sich der Tross allmählich in Bewegung setzte. Orange wiederholten die Wipfel der thüringischen Wälder die Marschrichtung, aber alles Martialische war den deutschen Brandschutzbestimmungen gewichen. Unter Trommelwirbeln erreichte der Zug das Ehrenmal für gefallene Weltkriegsburschis, und nachdem sich alle noch einmal auf ihren Lebensbund eingeschworen und Gebietsverluste im Osten und eine einseitige Gedenkkultur in Form von Stolpersteinen beklagt hatten, beschlossen sie ihr Totengedenken unter dem Dröhnen schwerer Blasgeschütze mit einer Kranzniederlegung, bevor die Kapelle die ersten Takte von Haydns Kaiserlied zum Besten gab. Klar, sie sangen alle drei Strophen, und klar, es war kein bisschen schockierend.

Als ich in die Pension zurückkehrte, hatten sich einige Burschen vor dem Fernseher im Schankraum versammelt. Lachend wischte sich mein Wirt durch den Schnauzer, während die Neger der niederländischen Hintermannschaft den Gegnern gnadenlos und mit weit aufgerissenen Augen in die Knochen stiegen, das war nämlich, so erfuhr ich, ihre vorrangige Stärke. Offensichtlich hatten die Burschen hier ein natürliches Biotop, in dem sie ihren rassistischen Ramsch problemlos an den Mann bringen konnten. Mein Wirt schien genau das zu sein, wonach der alte Herr Münch in seiner Rede indirekt verlangt hatte, einer von der ganz alten Garde, ein Typ, der zuhören und abnicken wollte, einer, der die burschenschaftliche Ursachenforschung unterstützte, als würde er ihre Diagnosen tagtäglich erleben, als würde er deshalb die Idee des Abendlandes, was auch immer das sein mag, ständig gegen alles Fremde ins Feld führen. Ach Deutschland, deine Wirte, dachte ich und kippte einen Korn, überall spüren sie den Phantomschmerz vorgeblicher Parasiten. Der Marsch der Wirte, dachte ich, bald wird er beginnen.

Ganz alternativlos gab es dann nur noch eins zu tun, ich musste ins Epizentrum vordringen, dorthin, wo die Burschen einen Bierjungen nach dem anderen in die Nacht hinausjagten, in den Brunnenkeller am Marktplatz. Während des Burschentags 2009 hatte Benjamin Nolte, inzwischen Alter Herr der Danubia München, dort einem dunkelhäutigen Burschen unter äffischem Unken eine Banane angeboten, die dieser zwar abgelehnt, die dem verhinderten Überbringer aber immerhin den Spitznamen Bananen-Nolte eingebracht hatte. Nolte, der kurz darauf in die Jugendorganisation der AfD, die Junge Alternative, eintrat, wurde innerhalb der DB eine ziemliche Berühmtheit, geehrt und bewundert wegen seines Eintretens für deutsche Werte, seine politische Karriere allerdings vermasselte er sich mit dieser Aktion gründlich. Letztendlich sahen sich die Jungen Alternativen zum Rausschmiss gezwungen. Anstatt mit Bananen-Nolte im Vorstand die Fidschis endgültig vom Hof zu jagen, riss sich die Junge Alternative lieber noch einmal am Riemen und startete zur Optimierung ihrer Außendarstellung eine Selfieaktion auf Facebook, die darüber informierte, weshalb ihre Mitglieder und Sympathisanten lieber keine Feministen sein wollen.

Schon von weitem hörte ich Gelächter und vereinzelte Gesänge, die immer wieder anhoben, nur um wieder in Geschrei unterzugehen. In den Seitenstraßen der Altstadt leerten sich allmählich die Restaurants, und obwohl es schon gegen Mitternacht ging, war die Luft noch angenehm mild. Ich steckte das Hemd in die Hose und krempelte die Ärmel hoch, dann hielt ich auf den Marktplatz zu. Mitte der Neunziger hatte Bill Clinton hier mal eine Rede gehalten. Jetzt, wo er die Stadt mit eigenen Augen gesehen habe, hatte er damals gesagt, könne er verstehen, weshalb Luther hierhergekommen sei, um die Bibel zu übersetzen. Nett gemeinter Schwachsinn, na klar, und wahrscheinlich hatte er mehr oder weniger an Luther King gedacht und daran, wie traurig er und Hillary nach dem Attentat gewesen waren, als er Eisenach sein Amalgam aus Bürgerrechtsbewegung und Bullenverbrennung unterzujubeln versuchte. Visionen des schmunzelnden Bills begannen sich auf den Pulk der Burschen zu projizieren, der im schummrigen Licht des Marktplatzes umherwankte. Als ich durch ihn hindurchschritt, sah sich niemand nach mir um. Unbeachtet betrat ich das Gewölbe des Brunnenkellers.

Drinnen war es heiß und stickig und gerappelt voll, der Geruch von verschüttetem Bier mischte sich mit dem von Schweiß und Schnaps. Und dann sah ich ihn. Den dicken Delitzsch, wie er zusammengesunken und mit rotgeäderten Bäckchen in einer Sitznische hing, zehn Wurstfinger auf dem Tisch und den Blick in der Blumenvase abgelegt, als halte ihn nichts mehr, als würde er jeden Moment nach vorn überkippen oder sich gleich entscheiden zu sterben. Noch Stunden hätte er so im Limbus des Suffs gehockt, wären nicht zwei Burschis gekommen, die ihn zu den Toiletten trugen, jeder einen seiner speckigen Arme um den Hals. Als sie ohne ihn zurückkehrten, stand ich noch immer da und glotzte in die verlassene Nische, und da begannen die beiden mich anzublitzen, Lärm und Gestank des Kellers zwischen uns, und in der Ahnung, dass es gleich Ärger geben würde, sie mich womöglich genauso wie den dicken Delitzsch zwischen sich nehmen würden, ja, wüsste ich das denn nicht, geschlossene Gesellschaft, nur für Kraken, drehte ich mich hastig von ihnen weg und verließ den Brunnenkeller, ohne ein einziges Bier getrunken zu haben.

Später in der Nacht half ich einem Burschen aus Leoben, sich Zugang zu einer Sparkasse zu verschaffen. Minutenlang schiebe er schon seine EC-Karte in den dafür vorgesehenen Schlitz, sagte er, nichts mache er falsch, ich könne ja mal gucken, da guck, so eine Scheiße, sagte er, und ob ich vielleicht, aber na klar, und ab an die Maschine, stolperten wir als falsche Fuffziger schon wieder hinaus und übers Kopfsteinpflaster davon. Er komme grad woher, sagte er, ordentlich was los, aber nicht zu voll, also alles in allem könne man, ja Mensch, das wäre doch mal was, Reiner, sagte er, Reiner mit ei, und Handschlag und Halleluja und ab an die Bar. Wir strichen uns die Bärte glatt, rückten die Brillen zurecht und lachten über meine HB, Hitlers Beste, sagte Reiner, und dann sprachen wir über die Unterschiede zwischen deutschen und österreichischen Burschen, die sich, wenn ich Reiner richtig verstand, vor allem darin zeigten, dass in Österreich kaum eine Burschenschaft die DB verlassen hatte. Was in Stuttgart passiert sei, interessiere südlich der Alpen nicht, und überhaupt, weshalb unterstütze in Deutschland eigentlich kaum noch jemand die Mensur, und wie wir dort standen am Tresen und die Kellnerinnen viel zu nett waren für das, was um sie herum passierte, und Reiner allmählich in Rage geriet, dachte ich mit einem Mal, dass er Recht hatte, dass es ja ausgerechnet die Mensur ist, diese ganz bewusste Außenseiterpose, die sie sympathisch werden lässt, und es kam mir unweigerlich so vor, als bildeten die Burschen eine nachvollziehbare Subkultur.

Mitte der Nullerjahre hatten mein Freund Nils und ich viel Zeit damit verbracht, Züge anzusprühen. Wir waren Teil einer Crew, die wiederum Kontakt zu anderen Crews hielt, um sich von wieder anderen abzugrenzen, so machte man das, es gab jede Menge Beef und Stress und Schlägereien, weil sich irgendwer immer mit der falschen Haltung ins Gebüsch legte. Anfangs glaubten wir, es gehe um eine Idee, die größer sei als diejenigen, die sie umsetzten. Aber natürlich fiel uns irgendwann auf, dass sich die ganze Sache mit einer solchen Wucht verselbstständigt hatte, dass niemand mehr mit Sicherheit sagen konnte, worum es überhaupt einmal gegangen war. Es ging zu wie in einem Werbespot für Fairy Ultra. Oder vielleicht auch nicht, jedenfalls gab es Überlieferungen und Regeln, an die man sich besser hielt, und am Ende wirkte die Sache viel enger als die große, weite Welt, von der man noch eben geglaubt hatte, sich durch die Sache endgültig distanziert zu haben. Spätestens nach einer Nacht in U-Haft hat man keinen Bock mehr, auch noch von der Szene Vorschriften vorgesetzt zu bekommen. Und so kehrten wir geläutert zurück, jeder auf seine Weise, nach unseren Seitensprüngen innerhalb des Systems. Im Rückblick kommt es mir so vor, als wären diese Jahre wirklich eine Art Initiationssequenz gewesen. Ungefähr so: rein in den geschlossenen Raum, ein Ritual hier und eins dort, und wieder raus und zack, schon ist man ein vollwertiges Mitglied der Gesellschaft. Vermutlich wird Subkulturen ab einem gewissen Punkt nur deshalb immer wieder vorgeworfen, sie betrieben ihren eigenen Ausverkauf, weil sie dann allzu offensichtlich zu staatlich anerkannten Hosts geworden sind. Klar, den Mörtel ins Mauerwerk des Status quo spachteln dessen Gegner, und klar, was nach oben kommt, kommt auch wieder runter.

Und während die Diskolichter blinkten, nahm jeder Zug, der mit dem eigenen, auf Stahl gesprühten Namen durch die Gegend fuhr, den Stellenwert einer Mensur ein. Jedes Panel ein Schmiss auf der Straßenbahn. Seen und Dondi, die Vorturner von NYC, das Pauken der Bräuche wie ein Videoabend mit *Wildstyle* und *Style Wars*, das Ostdeutsche Kartell wie die International Top Sprayer Moses und Taps. Über individuelle Anstrengung rührt sich der Sahnetopf egalitär und kommt als Butter auf die Brote, so ist das eben in dieser Welt, und dann geht es wieder nur darum, ob man Leberwurst oder ein Milky Way auf ihnen verschmiert.

Reiner nickte, obwohl ich nicht sicher war, dass er mir zuhörte, aber jeder muss ja in einem Gespräch sein Soll erfüllen, und deshalb redete ich einfach so lange weiter, bis der DJ *Atemlos durch die Nacht* spielte, wir noch ein Bier bestellten und unter zwei Dutzend zur Decke gestreckten Säbeln zu tanzen begannen.

Am nächsten Morgen patrouillierten Hundertschaften über Eisenachs Straßen. Für den Nachmittag war eine Demo anberaumt, die Zufahrt zum Bahnhof abgesperrt. In der Aßmann-Halle würde heute der Festkommers stattfinden und die Burschis mit einem Tässchen Kuchen ablenken, der Zeitpunkt schien also günstig, wollte man ein direktes Aufeinandertreffen zwischen ihnen und ihren Gegnern verhindern. Von den Einsatzwagen und Straßensperrungen abgesehen, schien es aber trotzdem ein ganz normaler Samstagvormittag zu sein. Über den Marktplatz spazierten Rentnergruppen, nichts erinnerte mehr an die vergangene Nacht. Ich setzte mich in die Außengastronomie des Brunnenkellers. Die wenigen Burschen, die hier ihren Kater bekämpften, wirkten wie gewöhnliche Touristen.

Bald darauf lehnte ich am Wartehäuschen einer Bushaltestelle gegenüber vom Bahnhof, während sich der Vorplatz mit den Demonstranten zu füllen begann. Auf ein Bettlaken, das an vier Lautsprecherboxen festgetackert war, hatten sie „Burschentag zum Desaster machen" gesprüht, ringsherum zeigten Luftballons senkrecht zum Himmel wie die Zeiger der Bahnhofsuhr. Die meisten Jungs trugen klassisch Schwarz und Kapuze, eine Gruppe Sterni trinkender Punks diskutierte mit der Polizei. Dann die Durchsage der Organisatoren, man dürfe die Provokationen der Polizei nicht einfach hinnehmen, Personenkontrollen und Routenänderung, alles Schikane. Allgemeine Aufregung, als drei Burschen in der Nähe des Wartehäuschens auftauchten und die Demonstranten mit verschränkten Armen betrachteten. Neben mich hatte sich irgendein weiterer Typ gesetzt und schoss verstohlen aber unablässig Fotos mit einer Kamera, die so alt war wie seine speckige McDonald's-Baseballkappe der Olympischen Spiele in Atlanta. Niemand interessierte sich für ihn. Ein Mädchen mit lila Haaren versuchte sich an Seifenblasen, eins ohne Schuhe griff aus ihrer H&M-Tüte ein Paar Flip-Flops. Frage eines Organisators an seine Mitdemonstranten: Wie geht es euch mit den Eingriffen seitens der Polizei? Grinsende Burschen und ein nach Verwesung stinkender Mülleimer, der dafür sorgte, dass sie Distanz zur Bushaltestelle hielten. Wer die leergefegte Straße überqueren wollte, wartete trotzdem, dass die Ampel auf Grün umstellte. Hinter den Satellitenschüsseln der Altbauten trödelte die Mittagssonne. Die Polizisten schwitzten unter ihrer Panzerung. Aus den Boxen dröhnte *Die Bismarck*, ein paar Punks begannen zu pogen.

Vorerst, dachte ich, genügt noch eine Fanta vorm Brunnenkeller. Als der Demonstrationszug dann den Marktplatz erreichte, raschelten bereits die Eiswürfel in meinem Glas. Der Organisator, ein richtig wütender Junge, schnappte sich das Mikrofon. Einmal im Jahr, rief er, bündle sich die Scheiße in Eisenach, Eisenach, rief er, solle sich was schämen, nicht genug, dass Burschenschafter hier willkommen seien, man schlage auch noch Profit aus ihnen, rassistisch, rief er, antifeministisch, rief er, homophob. Am Nachbartisch stocherte man schon wieder in der Sachertorte, als der wütende Junge rief, dass es keinen Diskurs geben werde, niemals. Auf dem Rückweg zur Pension traf ich dann noch einmal auf die Demonstranten, diesmal von Alten Herren observiert, die feixend vorschlugen, einen Cocktail in die Chaoten zu schmeißen.

Eine Stunde vor Beginn des Kommerses bog ich auf den Parkplatz ein. Von Reiner wusste ich, dass es keinen Sinn haben würde, Einlass in die Sporthalle zu verlangen. Zwischen den Parkbuchten warteten vereinzelt Burschen, sie sahen müde aus. Irgendwie beruhigte es mich, dass der tagelange

Suff auch an ihnen nicht spurlos vorüberging. Viele liefen zum Rewe am anderen Ende des Parkplatzes, um sich drinnen vor den Gefriertruhen zu drängeln. Mir war, als würde ich einige der Gesichter wiedererkennen, aber niemand nickte mir zu. Wie ich so durch die Gänge lief, planlos und nur mit einer Salami in der Hand, stand ich mit einem Mal vor einer Wand aus Taschenbüchern, links für die Frau und rechts für den Mann, und in der Mitte ein einziges gebundenes. Eingeschweißt türmte es sich vor mir auf, Thilo Sarrazins *Tugendterror*. Vor Schreck ließ ich die Wurst fallen, griff ein Exemplar aus dem Stapel und hielt es wie ein wertvolles Artefakt mit gerade durchgestreckten Armen vor mich, und nachdem ich es hin und her gewendet und den Klappentext gelesen hatte, sah ich wieder auf und direkt in die Augen meines Wirts, der in einer Rewe-Weste dastand, nur wenige Schritte von mir entfernt. Er las das Cover, ich das Mitarbeiterschild an seiner Weste, und erst als Herr Person im nächsten Gang verschwunden war, ließ ich die Arme wieder sinken. Klar, letztlich kaufte ich doch nur die Salami, und klar, die Burschen, die an der Kasse vor mir standen, legten einen Karton schwarz-rot-gelbe Flutschfinger aufs Band.

Danach traf ich meinen Wirt nicht wieder. Am nächsten Morgen brachte Frau Person das Frühstück in den Schankraum, wo ein Alter Herr der Arminia Friedberg bereits dabei war, mir die Reden des Festkommerses zusammenzufassen. Es ging irgendwie um die EU und Gründe, weshalb sie wirtschaftlich zwangsläufig vor die Wand fahren müsse, und die, falls ich richtig verstand, vor allem mit einer Faulheit zu tun hatten, deren Früchte, je näher der Äquator komme, immer saftiger würden. Um sicherzugehen, woran genau das liegen könnte, fragte ich den alten Arminen nach seiner Meinung zu Kai Ming Au und den Anträgen der Raczeks. Was denn ein Chines in der Deutschen Burschenschaft zu suchen habe, sagte er, mehr laut als leise, und weil ich darauf auch keine Antwort wusste, schwiegen wir, und als alle Eier gegessen waren, verabschiedete er sich freundlich, er gehe jetzt hoch zum Denkmal, da gebe es den traditionellen Frühschoppen. Als die Frau des Wirts die Tische abgeräumt hatte, zahlte ich das Zimmer und sah zu, für immer aus Eisenach zu verschwinden.

Dann passierten folgende Dinge:

Am 30. Mai 2014 sah ich in einer Hildesheimer Turnhalle eine Inszenierung von Katja Brunners *Ändere den Aggregatzustand deiner Trauer*. Die Schauspieler trugen Pastellfarbenes und sahen auch sonst sehr gut aus. Mit dem Ball stellten sie sich allerdings ungeschickt an, das Gedribbel kam ein bisschen behindert rüber, was natürlich Absicht und ein subversiver Moment war, das sah ich ein.

Vom Text bekam ich erst wieder etwas mit, als ein Mädchen mit blondem Pferdeschwanz ihre Figur oder Rolle, oder wie auch immer das die Leute in kontemporären Performanzen nennen, verließ und sagte, sie würde die folgende Passage überspringen, da sie eine homophobe, antifeministische und rassistische Sprache reproduziere. Sie gehe davon aus, sagte das Mädchen mit dem blonden Pferdeschwanz, dass die Autorin damit anprangern wolle, dass es so eine Sprache noch immer gebe, aber das liege schließlich auch daran, dass sie andauernd reproduziert werde, und deshalb jetzt nur noch ein wenig Gedribbel und Gewibbel und Schluss.

Am Abend las Katja Brunner in derselben Turnhalle eine Art Replik vor, überschrieben mit „Schuld an der schlechten Literatur ist die gute", in der sie unter anderem davon erzählte, wie ein „kleiner Regisseur aus Hildesheim" sie angerufen habe, um ihr zu sagen, dass er nicht umhinkomme, ihren Text hier und da zu zensieren.

Als ich in Porta Westfalica zum Kaiser-Wilhelm-Denkmal hinaufstieg, überholte mich eine Gruppe Ausflügler, Typen irgendwo in den Vierzigern, die karierte Hemden und Cowboyhüte aus Leder trugen und es in Perfektion kultiviert hatten, sich so zu verhalten, als sei ihr Altern entgegengesetzt der eigenen Postpubertät verlaufen. Der Schmächtigste von ihnen zog torkelnd einen Bollerwagen mit Bierkisten hinter sich her.

Im Haus Kurfürst, der ehemals besten Adresse für patriotische Pilger, am Fuße des Hügels zwischen Weser und Gleisanlagen gelegen, wird inzwischen ein Bordell betrieben.

In der Barbarossahöhle fotografierte ich eine Familie, die sich nacheinander in den Thron des Kaisers zwängte. Alabasteraugen blitzten von den Wänden. Über Tage zogen Raben ihre Runden um das Kyffhäuserdenkmal.

Am 30. Juni standen mein Freund Ben, lebendigster Dichter Liechtensteins, und ich zwischen Brandenburger Tor und Siegessäule. Viktoria, sagte ich, die Goldelse, die Borussia, das leichteste Mädchen Berlins, sagte ich mit den Worten meines Deutschlehrers, die man für eine Mark besteigen kann. Für immer die Alpen, sagte Ben.

Später liefen wir blindlings durch Berlin und lachten darüber, dass sich das Fürstentum die Hymne mit den Engländern teilt. Prinz Charles und Fürst Hans-Adam II., die sich zur Jagd verabreden, jeder seine Strophen vor sich hin summend und dann Peng! Peng Peng Peng! Und noch einmal die Geschichte von den achtzig liechtensteinischen Soldaten, die aus dem Krieg gegen Napoleon mit einundachtzig zurückkehrten, weil sich ihnen ein Russe angeschlossen hatte.

Als wir ans Kottbusser Tor kamen, musste ich an meine letzte Nacht in dieser Stadt denken, die damit geendet hatte, dass mir in der Flittchenbar ein Pinnchen Schnaps ins Gesicht geschüttet worden war. Vorher und völlig unabhängig davon hatte damals der satirische Zeichner Rattelschneck seinen Auftritt wegen der Frage: „Was läuft eigentlich in Negeristan?" abbrechen müssen. Einige Menschen waren wirklich sehr böse geworden, und Christiane Rösinger hatte als Gastgeberin große Mühe gehabt, ihr Publikum in den Griff zu bekommen.

Am heißesten Tag des Jahres stand ich in Halle an der Saale vor der Jahnhöhle. Wo sich der Turnvater versteckt gehalten hatte, um in Ruhe seine Flugschrift *Über die Beförderung des Patriotismus im Preußischen Reiche* zu schreiben, lagen nun ausgeblichene Bierdosen, Einwegrasierer und menschliche Exkremente.

Flussaufwärts trotzten ein paar Kletterer am Heinrich-Heine-Felsen der Hitze.

Am 13. Juli lag ich auf dem Sockel des Bismarck-Denkmals. Und während ich den Schland-Gesängen lauschte, die von der Reeperbahn zu mir herüberwehten, fiel mir ein, dass genau hier im Rekordwinter 2009, als auf der Alster Mopeds fuhren, zwei Penner erfroren waren.

Auf die Frage „Noch mehr Schwarz-Rot-Gold?" bestellte ich im Gasthaus Grüne Tanne zu Jena, 1815 Gründungsort der Urburschenschaft, einen weiteren „Short-Drink in den National-Farben", der aber leider, da dem Wirt der schwarze Wodka ausgegangen war, nicht mehr serviert werden konnte.

Am 28. August trank ich, mein linkes Bein in der Mosel und das rechte im Rhein, eine Flasche Champagner an der äußersten Spitze des Deutschen Ecks.

Mit meinen Freunden von der Akademie für Letalität und Lösungen las ich eine Gedenktafel für Ludwig Börne, die vor dem Hambacher Schloss an seinen Patriotismus erinnert. Wir schrieben Kurzdramen und aßen Pfälzer Leberwurst, ohne dass Börne irgendetwas mit unseren Schwänzen machte.

Am Morgen des 19. Oktober saß ich bereits den dritten Tag in Folge auf einer Bank im Dortmunder Blücherpark, als Siegfried SS-Siggi Borchert durchs Bild lief, seine blondierten Ziegenbartschnüre zwischen den Fingern zwirbelnd wie die Lunten zweier Chinaböller.

Im Wettstreit der von mir bewohnten Straßen steht es unentschieden zwischen Dichtern (Goethe, Lessing) und Feldherren (Scharnhorst, Moltke).

Die Taschen voll Dope schlug ich einen Kusselkopp in der Hasenheide.

Während eines Jobs auf der Hannoveraner Schweinemesse stand ich mit einer Frau, um die Fünfzig, blondiert, pinke Strähnen, im Würstchenstand, die sich, war der Andrang am heftigsten, eine Schutzbrille über ihre eigene Brille zog, bevor sie zu den Kohlen hinabtauchte. Ich hätte vorher nicht geglaubt, dass ein Mensch so schnell so viele Würstchen grillen kann.

Einmal, wir führten gerade die Diskussion, ob ein Schnitzel besser mit oder ohne Soße zu essen sei, sagte sie mir völlig aus dem Zusammenhang gerissen ihre Meinung über Zigeunerschnitzel.

Am 15. November erklärte ich in derselben Stadt fünf Polizisten, die mich zu meiner eigenen Sicherheit nicht aus dem Hauptbahnhof hinauslassen wollten, dass ich trotz meines Haarausfalls und der New Balance kein Nazi sei.

Gleich vier Bielefelder Hooligans erlitten an diesem Tag Schädelfrakturen, als sie von maskentragenden Linken verprügelt wurden.

Anschließend fuhr ich nach Leipzig, obwohl es mir bis dahin gelungen war, diese Stadt zu meiden, vielleicht, hatte ich gedacht, würde ich dort selbst einmal hinziehen müssen, weil Gentrifizierung natürlich immer nur bedeutet, nicht länger Opfer, sondern Täter zu sein, und in diesem Fall dürfe sie nicht voll mit Erinnerungen sein, hatte ich gedacht, denn das geht ja nicht, an einen Ort ziehen, der voll von ihnen ist, aber nun stieg ich also in einen ICE und fuhr zu meiner Freundin Enis, die aus Gelsenkirchen ins sächsische Exil gegangen war, um der Literatur ein Theremin zu bauen.

Morgens aßen wir Spiegeleier, gebratene Paprika und Büffelkäse, bevor wir durch Nieselregen und Leipzigs leeres Brachland liefen. Abends gab es Nudeln mit Spaghettisoße. Während das Wasser kochte, zerschnitt ich eine Zwiebel, eine Knoblauchzehe und eine halbe Chilischote und erhitzte sie in Butter. Butter?, fragte Enis, und da nahm ich also Öl, kein Problem. Manchmal koche ich mir das tagelang, sagte ich, und Enis sagte, es sei kein Menschenrecht, Künstlerin zu sein.

Am nächsten Tag lachten wir ein bisschen über unseren Eiern, weil Sachsen während der Völkerschlacht auf Napoleons Seite gestanden hatte, dann stiegen wir in eine Straßenbahn, die uns zur Alten Messe brachte. Der Himmel war monochromer Minimalismus, nur an zwei Punkten wich das Grau sichtbar ab. Und wie wir so auf den See der Tränen zuspazierten, brach ganz plötzlich ein Schneesturm los, als habe Thor höchstselbst den Hammer geschwungen. Während wir uns in die Ruhmeshalle hinaufretteten, fragte ich Enis nach den deutschen Tugenden, und auch nach der Angst. „Angst?", lachte sie und setzte sich auf den großen Zeh der Volkskraft: „Nicht vor den Deutschen, nur um meinen Schwanenmantel, aus dem ich Eier oder Tomatenflecken kaum herausbekommen würde, um den habe ich etwas Angst."

Am 7. Januar 2015 spazierte ich durch die Bronx, neben mir Nils und vor uns das alte Stadion der Yankees. Wären wir von der 161. Straße in den Joyce Kilmer Park eingebogen und ein paar Treppen hochgestiegen, hätten wir vor der *Heinrich Heine Fountain* gestanden. Am Sockel vier lustige Delphine und obenauf, na klar, die Loreley. Und weil das in Amerika noch möglich ist, hätten wir auf sie und die Untiefen des Rheins eine Schachtel Marlboro Lights geraucht, nicht Gold oder Silver, sondern echte Lights mit weißem Filter.

Eigentlich sollte das Denkmal ja zu Heines hundertstem Geburtstag in Düsseldorf aufgestellt werden. Übers Kaiserreich verstreut hatten sich ab den Achtzigerjahren Komitees dafür gegründet, doch richtig Fahrt nahm die Sache erst 1887 auf, als Kaiserin Sissi, selbst postromantische Dichterin, einen ordentlichen Batzen K.-u.-k.-Gelder versprach und den Bildhauer Ernst Herter mit Entwürfen beauftragte. Weil später nicht mal die Nazis etwas gegen die Loreley sagen konnten, obwohl Heine für den *Stürmer* selbstredend „die Judensau auf dem Montmartre" war, für die „man das Geld der deutschen Steuerzahler zum Fenster" hinauswerfe, entschieden sich schon vierzig Jahre früher die Heine-Enthusiasten für den unverfänglichsten Vorschlag, der auch umgesetzt worden wäre, hätten sich nicht Antisemiten und Nationalisten sogar wegen eines Brunnens die Finger wund geschrieben. In *Der Kunstwart* etwa, einer „Rundschau über alle Gebiete des Schönen", veröffentlichte Franz Sandvoß, Lustspielautor und Verfasser des Buchs *So spricht das Volk* just in dem Jahr, als Sissi die Spende versprach, einen Artikel, in dem er Heine als „Verbreiter jeglicher Scham- und Zügellosigkeit" beschimpfte. Bereits ein Jahr später wurde er deutlicher: „Heine ist der Prototyp des modernen, entarteten Judentums." Daraufhin kündigte zwar Friedrich Nietzsche sein Abo, doch als die Kaiserin kurzfristig absprang, es hieß, Heine habe die Hohenzollern beleidigt, hatten die Gegner ihr Ziel erreicht. Wo die Loreley hätte stehen sollen, wurde 1892 ein Kriegerdenkmal errichtet.

Also Amerika, dieses „Freiheitsgefängnis", wie Heine sechzig Jahre zuvor auf Helgoland gewütet hatte, „wo die unsichtbaren Ketten" ihm noch ärger vorkamen „als zu Hause die sichtbaren, und wo der widerwärtigste aller Tyrannen, der Pöbel, seine rohe Herrschaft ausübt". Um dann eine Formel zu finden, mit der er mein Amerika-Besuchergefühl ziemlich genau auf den Punkt bringt: „Dieses gottverfluchte Land, das ich einst liebte, als ich es nicht kannte". Klar, Heine spielte auf die Sklaverei an: „Wer auch nur im entferntesten Grade von einem Neger stammt, und wenn auch nicht mehr in der Farbe, sondern nur in der Gesichtsbildung eine solche Abstammung verrät, muß die größten Kränkungen erdulden, Kränkungen, die uns in Europa fabelhaft dünken", und nicht auf die Träume meiner Jugend, Bier aus roten Bechern zu trinken und als Homecoming Queen ins College zu starten, weil der Mond Heath Ledgers Lächeln gewesen wäre.

Das Denkmal wurde 1899 enthüllt, wobei zuvor auch in Amerika nicht alles nach Plan verlaufen war, hatte es doch zunächst am Central Park stehen sollen, was von der National Sculpture Society wegen allzu geringen künstlerischen

Anspruchs untersagt wurde. Aber die Bronx ist ja auch super, direkt gegenüber gibt es den Stadium Gourmet Deli, und überhaupt, mein Gott, es ist die Bronx. In den Siebzigerjahren wurde die Fountain dann als das am schlimmsten von Vandalismus und Graffiti betroffene Denkmal New York Citys berühmt, weshalb der Düsseldorfer Zahnarzt Hermann Klaas von nun an jeden Sommer extra nach Amerika flog, um das Denkmal mit einer eigens dafür entwickelten Bürste sauber zu schrubben. Er hörte erst damit auf, als sein Ministerpräsident Johannes Rau 1997 fünfzigtausend Mark für die Restaurierung nach New York überwies.

Anstatt mit weißen Kippen vor der Fountain ein bisschen im Schnee zu stehen, stiegen wir am Gourmet Deli die Treppen zur Metro hinab. Als wir zurück in die Flatbusher Wohnung eines Freunds kamen, hagelte es Push-Meldungen aufs iPhone, die Ereignisse in Paris rund um *Charlie Hebdo* betreffend. Doch Schmerz beiseite, erst vor einer Woche hatten wir selbst in einer Kiesgrube bei Columbus gestanden, um ein bisschen mit Kalaschnikows auf Gaskartuschen zu zielen, was mir damals auch irgendwie okay vorgekommen war, schließlich hatten wir am Vorabend nur einen als Kot verkleideten Haufen Pappmaché aus dem Fenster geschmissen, obwohl klar war, dass auch dieses Jahr mit einem ordentlichen Knall hätte begrüßt werden müssen, aber nachts träumte ich dann doch ziemlich übles Zeug, wobei das auch am Sauerkraut gelegen haben mag, das man zu Neujahr traditionell serviert in Ohio.

Als ich fünf Tage später in einem Intercity nach Dresden saß, las ich zum ersten Mal einen ausführlichen Artikel über die Anschläge, und dann etwas über den großen Trauermarsch der Regierungschefs am Wochenende. Ich für meinen Teil fühlte mich gerade eigentlich nicht so, als sei ich Charlie, fürchtete aber, dass die Dresdner es heute Abend anders sehen würden. Hinter Herford klickte ich mich durch verschiedene Karikaturen. Eine zeigte zwei Bleistifte und ein Flugzeug. Noch am Heiligen Abend hatte ich mich in der St. Patrick's Cathedral auf Trümmerteile der Twin Towers gekniet, um heimlich ein paar Tränen in mein Unterhemd zu weinen, und jetzt also das. Eine andere war von Rattelschneck: „Ich glaube, als Karikaturist wäre ich manchmal einfach froh, nichts dazu sagen zu können, statt nichts dazu zu sagen zu haben", sagt da einer, der am Tresen sitzt, und das ist natürlich so wahr wie der Bleistift im Kopf seines Nachbarn fantastisch. Schon merkwürdig, dachte ich, wie scharf und hochprozentig die Welt mit einem Mal wird, konzentriert man sich auf eine Sache.

Die Zeitungen waren sich einig, dass Populisten die islamistischen Anschläge nun für ihre Zwecke instrumentalisieren würden. Politiker appellierten an die Pietät der Patrioten. Soso, dachte ich, das ist ja ungefähr, als hätte man letztes Jahr im Sommer von den Schland-Fans verlangt, die Weltmeisterschaft nicht zu feiern, oder den Schland-Spielern verboten, vor dem Brandenburger Tor ihren Gaucho-Tanz aufzuführen. Da fiebert man wochenlang auf den Beweis hin, dass man mit dem, was man tut, richtig liegt, und hat man es der Welt dann gezeigt, soll man nur leise und bescheiden sagen, na klar, hab ich schon immer gewusst, zieht ihr jetzt mal Arm in Arm durch die Straßen.

Wer hier Charlie ist und wer nicht, dachte ich, das entscheidet immer noch Charlie selbst. Die Redaktionsmitglieder, die überlebt hatten, forderten jedenfalls, dass die Arbeit der toten Kollegen nicht durch Islamhass von rechts beschädigt werden dürfe, weshalb bei Bad Oeynhausen allmählich mein Schädel zu dröhnen begann. Zwei Tage vor dem Attentat hatte Chefredakteur Stéphane Charbonnier seinen *Brief an die Heuchler* abgeschlossen, ein Pamphlet, in dem er gegen den Begriff Islamophobie wettert. Dieser sei „schlecht gewählt", verweigere Muslimen den Status des aufgeklärten Bürgers und lenke deshalb nur unnötig von der Omnipräsenz des wahren Rassismus ab, obwohl er ja zugleich vorgebe, nichts anderes ausdrücken zu wollen. „Wer sind die Menschen mit Islamophobie?", fragt Charb und weiß natürlich gleich selbst eine Antwort: „Das sind Personen, die behaupten, dass Muslime blöd genug sind, beim Anblick einer skurrilen Zeichnung in helle Aufregung zu geraten." Es ging ihm natürlich auch darum, dass diese skurrilen Zeichnungen voll witzig waren, hihi, guck mal, der Mohammed trägt 'ne Bombe als Turban, und nicht bloß mit Ressentiments geladener Unsinn. Klar, Muslime sind nicht zu blöd, Satire zu verstehen, und klar, sie können sogar zwischen guter und schlechter unterscheiden.

Es muss 2011 gewesen sein. Nils und ich waren zu Fuß von Hamburg nach Berlin unterwegs, als uns vor Pankow eine enorme Stückzahl jenes NPD-Wahlplakats empfing, das Udo Voigt mit Lederjacke und Motorrad zeigte, darunter das Motto: „Gas geben". Mein Hirn war nach unserer dreiwöchigen Wanderung derart mürbe, dass ich dieses, nun ja, Wortspiel erst verstand, als ich am Abend von der Aufregung hörte, die es gegeben hatte, als die Neonazis gegenüber vom Jüdischen Museum plakatierten.

Weil wir gute Touristen waren, saßen wir am nächsten Tag vor der Urfiliale von Il Casolare, tranken karaffenweise Weißwein und aßen Büffelmozzarella, als Martin Sonneborn mit einer Leiter auf der Admiralbrücke auftauchte und ein gefaktes NPD-Plakat an einen Laternenpfahl pappte. Jörg Haider, sein zu Schrott gefahrener Volkswagen und der gleiche Slogan wie auf dem Originalplakat. Aufgekratzt winkten wir nach der Rechnung und liefen zu Sonneborn hinüber, der nach getaner Arbeit zuerst seinen grauen Hausmeistermantel richtete und uns dann ins Wahlkampfbüro seiner Partei Die Partei einlud, wo wir allerlei Wissenswertes über Führung und Verführung erfuhren.

Während eine Schaffnerin vor Magdeburg mein Ticket abstempelte, dachte ich, dass Satire ja immer dann besonders gut funktioniert, wenn sie direkt auf Ereignisse reagiert und keine Schützengräben aushebt, um sich an Themen aufzureiben. Deshalb hatte die NPD ihrerzeit auch Strafanträge gegen Die Partei gestellt. Und deshalb würde auch das nächste Cover von *Charlie Hebdo* witziger sein als jede seiner klischeebeladenen, lahmen Karikaturen zuvor. Ich kam mit dem Kopfschütteln gar nicht mehr hinterher, so tragisch war die ganze Sache. Und ebenfalls tragisch, ja, schizophren schien mir, dass nachher in Dresden gerade die, die sich von der Lügenpresse verfolgt fühlten, ausgerechnet den Teil dieser Presse, der sie für ihren Rassismus verachtete, märtyrermäßig verklären würden, und dass diese Leute zugleich triumphierend meinen würden, ihre Islamhetze habe einer Zensur unterlegen, die sich spätestens seit den Anschlägen nicht mehr rechtfertigen lasse, was zwar dämlich, aber eben nachvollziehbar war. Nicht nachvollziehbar war dagegen, nur so als Beispiel, die Frau, die zwei Reihen vor mir saß und gerade dem halben Großraumabteil erzählte, dass sie es weitaus schlimmer finde, mit dem Zug ein Reh zu überfahren als einen Menschen.

Doch dem Intercity stellte sich heute niemand in den Weg, wäre ja auch sinnlos gewesen, und so blieb die größte Sensation Bitterfeld, durch das der Zug gerade ratterte, als ich las, dass Siegfried Däbritz, Mitglied des Pegida-Orga-Teams und der German Rifle Organisation, mit seinen Eltern in Meißen eine Pension betreibt. Eine waschechte Wirtsfamilie, dachte ich und war sofort sehr glücklich, weil ich auch dachte, dass er und ich uns vielleicht ein bisschen über das Gefühl vor dem Abfeuern einer Mauser unterhalten könnten, oder wenigstens darüber, wie genau die Verteidigung des Abendlandes denn nun ablaufen sollte.

Als ich vor dem Dresdner Hauptbahnhof stand, hatte ich bereits einiges auf Däbritz' Facebookseite gelesen und doch kein so gutes Gefühl mehr, während das Freizeichen in der Leitung tutete. Zum Glück ging seine Mutter ran. „Hallo, spreche ich mit Frau Däbritz?", fragte ich höflich, und ebenso höflich wurde ich gefragt, wann ich anzureisen gedenke, worauf ich erwiderte, dass ich das noch nicht so genau wisse, aber auf jeden Fall heute, und da sagte sie, also nach dem Spaziergang, und da wusste ich, dass es schon viele so gemacht haben mussten wie ich, vielleicht sogar Vertreter der Lügenpresse, nicht auszudenken, der Feind im eigenen Haus, und sagte also, Ja, nach dem Spaziergang, und da wechselte ihre Stimme den Klang, und sie fragte freundlich, ob ich morgen Frühstück wolle oder nicht.

Breitbeinig, die Hände im Bomberjäckchen, stehe ich vor einem Hotel an der Lingnerallee. Es ist ziemlich kalt, die Patrioten warten, und wie alle Leute, die in der Kälte stehen und warten müssen, sind sie genervt. Obwohl es noch über eine Stunde dauert, bis ihr Spaziergang offiziell beginnt, ist die Wiese bereits ziemlich voll. Ein Typ stellt sich so nah neben mich, dass klar ist, was gleich passieren wird. Fünf Minuten schauen wir den Fahnen zu, die schon jetzt fleißig geschwenkt werden, bis er mich endlich anspricht und sagt, er sei nur zufällig hier. Er wohne direkt nebenan, sagt er und lacht ein wenig, während er mit seiner Hand nach hinten zeigt, eigentlich komme er aus dem Schwarzwald, Fahrt und Unterkunft zahle aber die Firma, na dann ist ja gut, sage ich, und er sagt, er gucke sich das jetzt hier einfach mal an, einfach so, sagt er, es würde ja viel darüber geschrieben in letzter Zeit. Dann dauert es erneut etwas, bis er einen Kommentar über die Leute auf der Wiese loslässt, das seien aber ganz schön viele, sagt er, ich nicke, ja, ganz schön viele, und dann sagt er, das sei auch schlimm, was da in Paris passiert sei, und ich sage, ja, ganz schön schlimm, und dann fängt er an zu erzählen von Donaueschingen und den metrosexuellen Türken, die dort herumliefen, und dass sein Sohn von eben dem türkischen Bub verprügelt worden sei, dessen Vater schon ihn schikaniert habe, fünfzehn Jahre sei das jetzt her, aber manche Dinge änderten sich halt nie.

Als ich kurz darauf durch die Menge laufe, merke ich, dass sonst niemand allein gekommen ist. Es gibt Männergruppen und Frauengruppen, Gruppen mit Plakaten und Fahnen und Gruppen ohne, Rentnergruppen und Rentnerpärchen, laute und leise Gruppen, Gruppen, die Charlie sein wollen, und Gruppen, die ihren rechten Arm nicht unter Kontrolle haben, es gibt die Gruppe der Burschenschafter, die Gruppe der Hooligans und die Gruppe der Ausländer.

Als Kathrin Oertel ihre provisorische Bühne betritt, wird es mit einem Mal ganz ruhig. Ich bleibe inmitten eines Pulks unbeflaggter Rentner stehen, für einen Moment ist es wirklich geradezu erstaunlich still. Nachdem Oertel uns begrüßt hat, hebt ein heftiger Applaus an. Sie lässt uns gewähren, bevor sie uns bittet, heute nicht ganz so laut zu sein, das gebiete auch der Respekt vor den Opfern islamistischen Terrors in Paris und Nigeria. Nigeria!, das hatten wir ja schon fast wieder vergessen!, wie pfiffig diese Oertel ist, ein Land zu erwähnen, von dem wir zwar nicht so genau wissen wollen, wo es liegt, vollgeschissenes Afrika, sagen wir, da würfeln sie die Grenzen doch aus, von dem wir aber profitieren können, schließlich kann uns niemand vorwerfen, wir würden die Schwarzen nicht mögen, wenn wir heute auch für sie spazieren gehen.

Das mit dem Betroffensein klappt allerdings nicht so gut. Wir sind nicht gekommen, um uns den Mund verbieten zu lassen, Trauer hin, Trauerflor her. Wer nicht ab und zu Kommentare in die Menge wirft oder beim allgemeinen Skandieren hilft, klatscht zumindest ein bisschen lauter. Mir tun bald die Hände weh. Einmal, es wird gerade die Route unseres Spaziergangs durchgegeben, brüllt einer: „Wir marschieren", aber bevor es dann endlich losgeht mit dem Marschieren, nimmt sich Oertel noch Zeit für ein, wie sie sagt, persönliches Anliegen. „Lieber Roland Kaiser", sagt sie, „wir sind enttäuscht." Kaiser habe sich politisch verkauft, sagt sie, er sei während einer Gegenkundgebung aufgetreten, obwohl doch auch wir für seine Musik bezahlen würden. Klar, so sieht unser Demokratieverständnis aus, und klar, wenn wir für etwas gezahlt haben, wollen wir es nicht nur haben, wir wollen auch, und das wird man ja wohl noch erwarten dürfen, dass unser Handel nicht damit endet, dass wir unser sauer verdientes Geld in eine Sängerin oder Zeitung investiert haben, die uns dann vorhält, wie verkehrt wir mit unseren Meinungen liegen.

Als die Ansprache vorbei ist, wissen weder die Rentner noch ich, was wir jetzt tun sollen. Auch sie sind zum ersten Mal hier. Ehrensache, sagen sie. Aber weil sonst kaum noch einer redet, grinsen auch wir nur ein bisschen in die Gegend, ganz freundlich. Abseits der Wiese werden inzwischen Leute interviewt. Einer, der aussieht wie ein Hausmeister, rastet ziemlich aus und brüllt in eine der Kameras, dass alle, die sich auf der anderen Seite der Kamera befinden, also gewissermaßen alle, die vor ihren Fernsehern sitzen, das ist jetzt nicht ganz unkompliziert, jedenfalls alle, die in diesem Moment nicht hier seien, wie die Maden im Speck leben würden, aber das, brüllt er, habe bald ein Ende. Der Typ ballt die Fäuste und fuchtelt mit ihnen vor den Reportern herum.

Aber die meisten von uns sind ruhig und besonnen. Manche halten sich ein Pappschild vors Gesicht. Wir wollen nicht erkannt werden. Wir wollen marschieren. Und während wir dann marschieren, reißen einige von uns Witze, gute Stimmung und so. Bei der Aufforderung, wir sollen uns zur linken Straßenseite hin orientieren, sagt einer: „Links ist ganz schlecht", und wenn wir an welchen vorbeilaufen, die einen Döner essen, dann zeigen wir auf sie und lachen, und wenn wir Gegendemonstranten sehen, ruft einer: „Die sind doch gekauft." Ohne Leine, denke ich, sind wir alle Blondis Welpen, aber dann öffnet sich eine Schneise in unserer Kolonne, die Polizisten winken, raus oder rein, soll das wohl bedeuten, und mit einem Mal bin ich draußen, wir ziehen ohne mich weiter. Und weil ich es nicht aushalte, und auch um ein bisschen Buße zu tun, ja wirklich, ich fühl mich ganz schlecht, kehre ich ein, setze mich an einen Tresen und bestelle ein Mettbrötchen mit Zwiebeln.

Sie gucke gerade *Hart aber fair*, sagt Mutter Däbritz, als sie mir später die Tür öffnet, da sitze schon wieder so eine mit Kopftuch, aber auch die Petry von der AfD habe man eingeladen, die könne wenigstens reden. Als wir die Treppe hochsteigen, entschuldigt sich Mutter Däbritz für ihre Abwesenheit während des Spaziergangs, aber es sei ja auch schwierig so von heute auf morgen, man habe ja auch noch den Hund zu versorgen. Ihr Sohn komme am Montag immer etwas später, sagt sie und lächelt mich an.

Ich schalte den Fernseher ein und schütte mir zweifingerbreit in den Zahnputzbecher, bevor ich mich an meine Notizen mache, die den Antisemitismus und das Taufjudentum des

19. Jahrhunderts mit der gegenwärtigen Situation in Verbindung bringen sollen, doch schon wegen des Knoblauchatems, den Heine laut Graf von Platen gehabt habe, vergeht mir die Laune, wie Harry bin ich „des dumpfen abendländischen Wesens so ziemlich überdrüssig".

Zeitgleich, während vor mir Frank Plasberg im stumm gestellten Fernseher seine zackig-investigativen Gesten vorführt, wird in einem Vorort von Dresden ein Asylbewerber erstochen. Das ist die eigentliche Geschichte, die man über diesen Abend erzählen sollte.

Als ich den Ton wieder anstelle, verabschiedet sich Plasberg gerade mit seinem Siegerlächeln und gibt ab an die *Tagesthemen*, die noch nichts von dem Mord wissen, so wie auch ich noch nichts davon weiß. Stattdessen wird die Teilnehmerzahl des Marschs bekannt gegeben, die an diesem Montag ihren bisherigen Höhepunkt erreicht hat. Anschließend läuft ein Beitrag dazu, dass Prinz Charles die grauen Eichhörnchen, die sich seit einiger Zeit in seinem Reich ausbreiten und die einheimischen roten verdrängen, weil sie robuster sind, zum Abschuss freigegeben habe, und während eine gutgelaunte Stimme aus dem Off erzählt, dass der Prinz selbst mit auf die Jagd gehen werde, klopft es an meiner Tür. Für einen Moment schaue ich mir noch die Eichhörnchen an, dann stehe ich auf und öffne Däbritz die Tür.

Rauch
der Welt

Ich war also ein knappes Jahr in der Sache Heines unterwegs gewesen, bevor ich jetzt wieder arbeitslos in einem Bahnhof bei Bonn saß und allabendlich unterschiedlich zubereitete Kartoffeln aß. Einmal, drei Puffer brieten gerade in der Pfanne goldgelb, las ich eine kurze Erzählung, deren Titel *Das Ehepaar* mich interessierte, und die mit dem schönen Satz anfing: „Die allgemeine Geschäftslage ist so schlecht, daß ich manchmal, wenn ich im Bureau Zeit erübrige, selbst die Mustertasche nehme, um die Kunden persönlich zu besuchen", und da konnte ich schon nicht weiterlesen, weil ich dachte, dass das ja stimmte, weshalb ich die Reibekuchen ohne Apfelmus verschlang und mich sofort ins Bett legte, um am nächsten Morgen gut ausgeruht einen Zahnarzt namens Hermann Klaas anzurufen.

Begegnet war ich dem Doktor während meiner Recherchen, und wenn auch nicht persönlich, wusste ich doch über den springenden Punkt seiner Biografie Bescheid. Klaas war nämlich nicht nur Zahnarzt mit Praxis in Düsseldorf und Sommerhausbesitzer auf Long Island, sondern wie bereits erwähnt auch ein Fan Heines, und zwar so sehr, dass es ihn seit 1995 jeden Sommer in die South Bronx zog, wo er das wegen antisemitischer Anfeindungen verschiffte Brunnendenkmal *Lorelei Fountain* mit einer von ihm entwickelten Spezialbürste von Graffiti reinigte. Als „Heine-Schrubber" brachte es der Doktor im Boulevard zu kurzweiliger Berühmtheit. Weil aber selbst ein Zahnarzt niemals die ganze Arbeit allein machen kann, das ist klar, beschloss Klaas, dass es besser wäre, den Brunnen vollständig restaurieren zu lassen, anstatt einfach nur die Plaque vom Marmor zu putzen, und fing also an, Spenden aufzutreiben. Anlässlich von Heines zweihundertstem Geburtstag organisierte er eine Gala im Joyce Kilmer Park, wo sich der Brunnen nun zwar blitzeblank, doch nach wie vor schwerbeschädigt befand. Ein Professor aus Yale, der amerikanische Germanist und Heine-Forscher Jeffrey L. Sammons, hielt ebenso eine Rede wie der Düsseldorfer Bürgermeister, und mit der Zeit kam so über eine Million Dollar zusammen, und schon zwei Jahre später konnte der neue Brunnen eingeweiht werden, wobei sich der damalige Bezirkspräsident der Bronx, Fernando Ferrer, dazu hinreißen ließ, Heine als einen von ihnen zu bezeichnen, was natürlich ein ganz wunderbarer Unsinn war, obwohl der Name Heinrich ja so viel bedeutet wie „Hausherr, der im Haus ist".

Zum Frühstück biss ich in einen Boskop. Pünktlich um neun wählte ich die Nummer von Klaasens Praxis. Eine Zahnmedizinische Fachangestellte nahm ab und nach kurzer Plauderei ließ sie mich mich buchstabieren, gab mir einen Termin und sagte, Marienfeld sei ein schöner Name, und da lachte ich kurz ins iPhone, dann legten wir auf.

Seit dem 2. Oktober 2009 steht dieser Name in meinem Pass. Bester Laune spazierten mein Mädchen und ich damals in das Standesamt Hamburg-Mitte, schoben fünfzig Euro in einen Automaten, nahmen Platz unter roten Bastherzen, und schon zehn Minuten später stiegen wir als Mann und Frau in die U2, um auf die Reeperbahn zu fahren. Am Tag der deutschen Einheit frittierten wir dann gegen den Kater Schnitzel nach Wiener Art, während ich zwischendurch meine Unterschrift übte. Marienfeld, stellte ich mir mich selbst vor, und musste an meine Mutter denken, geborene Korthase, und daran, wie wunderbar sie gegrinst hatte, als sie auf der Hochzeitsurkunde zum ersten Mal mit ihrem neuen Namen unterschrieb, ungelenk und ohne jede Sicherheit, als schriebe sie den Namen einer Fremden.

Es gibt viele Gründe, weshalb Namen sich ändern, das ist klar, die häufigsten sind aber sicher Heirat, Taufe und ernsthafte Probleme. Mitunter bedingen sie sich gegenseitig, so auch beim Jurastudenten Heine, der trotz der geraden erschienenen *Reisebilder* und des *Buchs der Lieder* seinem Brotjob nachgehen wollte, wozu er als Jude in Deutschland zu Beginn des 19. Jahrhunderts keine Chance gehabt hätte. In Heiligenstadt bei Göttingen ließ er sich deshalb 1825 protestantisch taufen. Von da an hieß Harry Heinrich, war ganz offiziell ein „Hinz und Kunz", bekam aber trotz allem nie eine Anstellung als Anwalt. Noch zwanzig Jahre nach seiner Taufe ätzte er wegen des „Christelns" Felix Mendelssohns, der als Konvertit den Beinamen Bartholdy erhielt: „Ich kann diesem durch Vermögensumstände unabhängigen Menschen nicht verzeihen, den Pietisten mit seinem großen ungeheuren Talente zu dienen", bevor er später in der *Lutezia* die bitterste Bemerkung machte: „Unter den getauften Juden sind viele, die aus feiger Hypokrisie über Israel noch ärgere Mißreden führen, als dessen geborne Feinde."

In den Zwanzigerjahren suchte Heine dann in Berlin den Kontakt zu Rahel Varnhagen und Henriette Herz, Vertreterinnen der jüdischen Emanzipation, getauft und karrieretechnisch das, was man eine Salonnière nannte. Max Brod schrieb in seiner Heine-Biografie, dass es nicht verwundern könne, „daß die Töchter in diesem allgemeinen Weglaufen die radikalsten waren; denn die Orthodoxie erzieht die Töchter wohl zu Gebet und Einhaltung des Zeremoniells, aber nicht zur Wesenserfassung des Judentums, zum Studium der Lehre, das als eminent männliche Angelegenheit angesehen wird". Nachdem er Varnhagen und Herz wegen ihres Verhaltens „dem Judentum gegenüber" zwei „dumme Gänse" genannt hatte, riss sich Brod aber sofort wieder am Riemen und sagte: „Ich kann diese Situation der deutschen Jüdin um 1800 aus einem besonderen Grunde ziemlich genau nachzeichnen: ich habe sie selbst erlebt, – das klingt nur dem paradox, der nicht weiß, daß die entsprechende Assimilationswelle den Osten Europas um etwa hundert Jahre später erreichte."

Doch obwohl Heine zu einer Zeit des allgemeinen Revivals antisemitischer Diskriminierung lebte, tat er „den Schritt aus jüdischem Mittelalter in die Neuzeit, lachend, ja einigermaßen leichtfertig, und wußte doch die Kontinuität mit dem einst lebendigen Judentum in sich zu bewahren." Rahel Varnhagen, geborene Levin, war für Brod voll und ganz „auf ein *falsches* Koordinatensystem, das deutsch-christliche, bezogen, – Heine auf *gar keines*, er schwankte damals noch sehr heftig. Das hat den Nachteil der Unsicherheit, bietet keinen schönen Anblick, ist aber vielleicht doch besser als definitiv falsch festgelegt zu sein."

Das Netteste, was wir nach unserer Hochzeit zu hören bekamen, war noch der Satz von meinem Freund dem Juristen, der zur Geschichte des im Automaten verschwundenen Fuffzigers meinte, dass natürlich immer erst die Scheidung teuer werde. Ansonsten gab es Tränen und Vorwürfe und die Mutter meines Vaters, die sofort, als sie hörte, dass es eine Hochzeit gegeben habe, einen Korken knallen ließ und so lange auf die neue Frau Richmann anstoßen wollte, bis wir ihr erklärten, dass ich es war, der seinen Mädchennamen abgelegt hatte.

So wie ein Kind irgendwann seine Milchzähne verliert, weil es nicht immer nur Gesichtswurst essen will, sondern auch mal ein Schweinekotelett, wie ihm also neue Zähne wachsen, mit denen es sich später einmal durchbeißen soll, so zeigen eben auch Namen den Übergang in neue Lebensphasen an, das ist klar, und klar ist auch, dass die, die sich gefunden haben, denselben Namen tragen möchten. Wir überlegten eine Weile, welcher unser gemeinsamer werden sollte, denn ein Doppelname kam nicht in Frage, das schien uns überhaupt das Albernste zu sein, als würde sich irgendwer die Kauleiste mit seinen Milchzähnen verblenden.

Und wie meine Großmutter also ihr Gebiss bleckte und Fürst von Metternich schal vom Etikett starrte, da stand sie vor einer Realität, zu der ihr jeglicher Zugang fehlte, die sie nicht verstehen wollte, gar nicht mal wegen eines besonders reaktionären Denkens, sondern weil ich durch die Hochzeit auch ein Stück weit sie abgelegt hatte. Der Vater meines Vaters war vor zwanzig Jahren als Alkoholiker gestorben und meine Großmutter danach nie auf die Idee gekommen, wieder ihren Geburtsnamen Gadau anzunehmen. Warum auch, sie hatte sich anderweitig von der Situation befreit, als sie es nicht mehr aushielt, zog sie aus der gemeinsamen Wohnung aus. Irgendwie hatte sie gewonnen, wenn es dabei überhaupt etwas zu gewinnen gab, den Stumpfsinn überlebt, war darüber eine andere Frau geworden, was hätte es da schon geholfen, wieder so zu heißen wie zuletzt als Dreiundzwanzigjährige. Später kehrte sie dann zurück in die Wohnung, in der sich gerade erst mein Großvater in den Tod gesoffen hatte, und wo wir nun also saßen und alle etwas Trübsal in unsere Sektflöten bliesen. Ich kann ihr dahingehend keinen Vorwurf machen, natürlich nicht, aber vielleicht bräuchte es tatsächlich mal wieder einen Wiener Kongress zur Neuordnung des Status quo, nicht zuletzt um die Inseln unserer Hysterie zu einem Archipel zu versöhnen.

Die Bewohner der heutigen Milne Bay Province, die zu Papua-Neuguinea gehört, vererbten früher jedenfalls nicht einfach nur von Mutter zu Tochter, sondern fuhren auch fleißig zwischen ihren Inseln hin und her — sie nannten diese Bootstouren Kula, was so viel wie Ring heißt —, um Halsketten aus roten Stachelaustern und Armbänder aus weißen Muscheln von einem Eiland zum nächsten zu schippern. Je öfter solche Schmuckstücke den Ort wechselten, desto wertvoller wurden sie, und jeder Trobriander, der eines der heiligen Objekte annahm, musste bei nächster Gelegenheit demjenigen, der ihm eine Hand voll Muscheln dagelassen hatte, ebenfalls welche vorbeibringen, so machte man das, ein ausgeklügeltes Gabensystem, das zugleich das soziale und religiöse Leben dieser Argonauten des westlichen Pazifiks regelte. Alles hing mit allem zusammen, die am weitesten gereiste Muschel besaß den höchsten Wert, ihr Besitzer das größtmögliche Prestige.

Am Ende schenkte uns meine Großmutter doch noch einen Krügerrand, und das schien ja, auch im Hinblick auf eine mögliche Scheidung, die Hauptsache zu sein.

Nach dem Telefonat mit der freundlichen Fachangestellten ging ich hinunter zum Rhein, ein bisschen baden. Das Wetter war ganz hervorragend, Jugendliche saßen im Sand und tranken Alkopops. Der schönste Rausch, dachte ich, ist der halbstarke am Morgen. Auf gar keinen Fall wurde ich sentimental. Ein paar hundert Meter stromaufwärts strahlte der Drachenfels seine natürliche Autorität aus. Die Fähre zwischen Niederdollendorf und Bad Godesberg pendelte wie eine aus dem Takt geratene Standuhr hin und her.

Als meine Frau und ich vor einigen Jahren in der Normandie unterwegs waren, stiegen wir in ein Auto, dessen Fahrerin sich auf dem Weg nach England befand, und weil es auch dort sehr schön ist, fuhren wir mit ihr und in Dieppe auf die Fähre, wo mir ein Ticket auf den Namen Geb Marienfeld ausgestellt wurde. Von da an ging Geb voll und ganz auf mich über. Auch meine Frau gewöhnte sich an, mich beim neuen Namen zu rufen, nur in manchen Momenten des Diminutivs gebrauchte sie Gebby.

Was war die Ehe doch für ein glücklicher Hafen, dachte ich und wollte schon eine Fahrt ans andere Ufer unternehmen, da stiegen vor mir drei Männer in Neoprenanzügen aus den Untiefen des Rheins. Während sie ihre Sauerstoffflaschen ablegten, fragte ich, was denn bei ihnen los sei, und da stellten sie sich als Schatzsucher vor, und weil ich wohl ziemlich konfus in die Sonne blinzelte, setzten sie noch hinzu, sie tauchten nach dem Nibelungenhort, kurz vor Worms seien sie ins Wasser gesprungen, hätten sich aber bisher ohne Erfolg durch den Schlick gewühlt. Und da kam auch schon die Alkopopjugend herbeigeeilt, und gemeinsam setzten wir uns in einem Kreis um die Taucher herum, die ein Impulsreferat über Brünhild, Kriemhild, Hagen und Siegfried zu halten begannen. Dort oben, sagte der erste, während er seinen Arm in Richtung des Siebengebirges streckte, habe Siegfried einen Drachen getötet, um in dessen Blut zu baden, und so ging das eine ganze Weile, großer Stoff, Tarnkappen und gerissene Jungfernhäutchen, Intrigen und Verrat und Hagen, der Siegfried die Nummer mit Brünhild nicht durchgehen lassen wollte, der ihn deshalb hinterrücks mit einer Lanze dorthin stach, wo einst das Lindenblatt gelegen hatte, und so musste Siggi also sterben, während sich der Mörder seinen Schatz unter den Nagel riss. Diesem Trottel von Tronje, sagte der zweite Taucher, sei dann nichts Besseres eingefallen, als das Gold in den Rhein zu schmeißen. Gebannt hatten wir einen Bacardi Breezer nach dem anderen getrunken und wollten nun natürlich wissen, wie die ganze Sache ausgegangen war, aber da drängte der dritte zum Aufbruch, es war ja auch schon spät, die Sonne versank über den Rheinauen, und so machte auch ich mich auf den Weg nach Hause, um einen Topf festkochende Sieglinden aufzusetzen, die erst 2010 zur Kartoffelsorte des Jahres gekürt wurde, obwohl sie doch bereits seit 1935 in deutschen Äckern keimt.

Und wie immer, wenn es um Gold ging, suchte ich später Hilfe bei Marcel Mauss: „Das Motiv der unheilbringenden Gaben, Geschenke oder Güter, die sich in Gift verwandeln, ist in der germanischen Folklore grundlegend. Das Rheingold wird dem, der es gewinnt, zum Verhängnis; Hagens Kelch bringt dem Helden, der daraus trinkt, Unheil". Weil da vielleicht etwas dran war, oder auch nur, weil unsere Scheidungskosten sechs Jahre später die Staatskasse übernommen hatte, beschloss ich, mir aus dem Krügerrand meiner Großmutter einen Goldzahn gießen zu lassen.

Bevor ich eine Woche später die Zahnarztpraxis zum ersten Mal betrat, las ich einen Zettel, der von außen an der Eingangstür klebte. „Sehr geehrter Einbrecher", stand da, „Sie waren am 18.08.2013 bei uns in der Praxis erfolglos zu Besuch. Wir hatten und haben kein Geld in der Praxis gelagert. Wenn Sie einen Termin möchten, rufen Sie an."

Ich drückte die Klinke runter und betrat ein leeres Wartezimmer. Die Einrichtung ließ an Klaasens Obsession für New York City keinen Zweifel. An den Wänden hingen Schwarz-Weiß-Drucke des Bügeleisenbuildings, anstelle von Magazinen und Zeitschriften lagen NYC-Bildbände aus, und am Empfang stand ein als Freiheitsstatue verkleideter Bugs Bunny aus Plastik. „Herr Marienfeld, Sie können schon mal im Behandlungszimmer Platz nehmen", sagte die Zahnarzthelferin, „der Doktor

kommt dann gleich." Sie lächelte. Auf einem ihrer Schneide-
zähne funkelte hübsch ein Strasssteinchen.

Es wäre Blödsinn zu behaupten, ich sei noch immer ver-
wundert, wenn mich jemand mit diesem Namen anspricht.
Er klingt eher wie eine äußere Tatsache, als beschriebe mich
jemand als Vorderglatzkopf oder Kartoffelnase. Marienfeld ist
ein anderer, ein ständiges Sich-Wegducken während des aufrechten Gangs durchs Arbeitsamt, ein: Du kannst mich zwar
ansprechen, aber glaub nicht, du sprichst mich an. Niemand,
dachte ich, hat die Absicht, eine Dynastie zu gründen. Aber
wie wunderbar vertraut ich mir dennoch bei Klaas gleich vorkam, weil in allen Praxen dieses Landes dieselben Sachen gesagt werden, selbst der Tonfall ändert sich nie. Das ist ja auch
der Grund, dachte ich, weshalb die Leute öfter ins Kaufhaus
gehen sollten, um sich eine normale Hose zu kaufen oder ein
normales Flaschenbier im Restaurant zu trinken, weil dort
alles mit diesem abgefahren irrationalen Gefühl von Egalität
funktioniert. Jede Etage sieht aus wie ihre eigene Entsprechung in jeder anderen Stadt, außerdem sind an den Kassen
alle gleich, jede darf sich hinter jedem anstellen, um ein bisschen in der Gegend herumzuglotzen, wobei es ja wie im Höh-
lengleichnis nicht einmal Fenster in Sichtweite gibt, was den
Effekt nur noch verstärkt, und würde irgendwer in der Unter-
wäscheabteilung in Ohnmacht fallen, wüsste er zwar während
des Erwachens nicht, wo genau er sich eigentlich befände,
würde sich aber natürlich auch keine Sorgen machen. Ach
Karstadt, dachte ich, du bist die schönste Utopie von allen.

Dann kam der Doktor. Seiner Geschäftigkeit wegen nuschel-
te er ein wenig. Das Händeschütteln war ein rascher, fester
Vorgang. Ich erklärte ihm, dass mein linker Schneidezahn eine
an einer Ecke abgesplitterte Krone sei, nur ein klein wenig ab-
gesplittert zwar, aber das genüge ja schon, klar, geplante Ob-

soleszenz, weshalb ich nun also eine neue wolle, am liebsten eine aus Gold. So ein Goldzahn sei aber sehr teuer, sagte der Doktor und fragte, ob ich nicht vielleicht Goldreserven zum Einschmelzen besäße, und da kramte ich den Krügerrand aus meiner Hosentasche hervor. Stumm betrachtete der Doktor das Goldstück. Seine braunen Haare, von denen ich annahm, er habe sie färben lassen, erinnerten mich an die Frisur, die Billy Bob Thornton für die Rolle des Lorne Malvo trug, bevor dieser selbst als Zahnarzt praktizierte. Klaasens Lächeln verriet ihn als Raucher. Nach einer Weile rückte er seine Hornbrille zurecht. Ich fragte, die Stille unterbrechend, ob so ein Zahn aus Gold für ihn vielleicht doch ein Problem sei, und da schüttelte Klaas den Kopf, sein Pony hüpfte auf und ab, nein nein keineswegs, rief er, es sei nur eine ungewöhnliche Bestellung, und ob er nicht vielleicht erst einmal etwas Zahnstein entfernen solle, und da nickte ich, während die Finger des Doktors sich bereits in meinem Mund zu schaffen machten.

Zurück in Bonn briet ich aus Blauen Schweden Bratkartoffeln. Mauss sagte: „Die für jemand zubereitete Nahrung muß von diesem mit lauter Stimme gewürdigt werden. Ähnlich wie im alten Germanien macht man sich anheischig, gewaltige Mengen zu vertilgen, um dem Gastgeber auf groteske Weise »Ehre zu erweisen«“.

Beim nächsten Behandlungstermin fragte der Doktor nach dem Grund meines Frontzahntraumas. Da man im Leben ehrlich sein soll, und auch weil das Wort so schön war, erzählte ich ihm die ganze Geschichte, erzählte, wie ich mit meinen Freunden vor dem letzten Schultag am Dortmund-Ems-Kanal saß, wie wir sechzehnjährig Umengen von Bier in uns hineinschütteten, wie wir später an einer Baustelle vorbeikamen und wie ich dachte, ich könnte es der Baustelle so richtig zeigen, indem ich ihr Schild mit einem Roundhouse-Kick zu Fall brächte, erzählte, wie das Schild kurz zu Boden ging, nur um mir dann mit voller Wucht ins Gesicht zu springen, wie es mir den Zahn ausschlug, die Nase brach, das Hirn durchschüttelte, erzählte, wie ich umkippte und erst wieder aufstand, als der Pausengong des Heinrich-Heine-Gymnasiums die Schüler in ihre Sommerferien entließ.

Klaas blickte aus dem Fenster. So etwas passiere öfter als man denke, sagte er, sicherlich sei das dumm, aber die Jugend eben auch ein hartes Pflaster. Natürlich lag er damit richtig, dumm war gar kein Ausdruck, und natürlich hatte ich gehofft, dass er wegen meiner Schule auf Heine zu sprechen käme, doch machte er keine Anstalten, das Thema zu wechseln, sagte, dass seit diese Tretroller aus Aluminium auf dem Markt seien, schon viele Kinder ihre Zähne an einen Lenker verloren hätten. Einen Moment schwiegen wir, dann sagte die Zahnarzthelferin unvermittelt, was das eigentlich für ein irrer Abendhimmel sei, ganz rot sei der ja, und Klaas und ich guckten, aber da war nichts, nur Dämmerung.

Als sie mir später den nächsten Termin gab, meinte sie, ich solle mir das mit dem Goldzahn nochmal überlegen, mein Gebiss sei doch gar nicht übel, schöne Zähne, sagte sie, es gebe keinen Anlass, daran etwas zu ändern. Ihr klebe aber auch ein Diamant am Zahn, wandte ich ein, sehr schick und alles, ob sie mich nicht ein bisschen verstehen könne, und da lachte sie und sagte: „Bis nächste Woche dann, Herr Marienfeld."

Zurück in Bonn versuchte ich, aus Heidenieren Pommes zu schnitzen. Mauss sagte: „Das Wort »Interesse« selbst ist jüngeren Datums und geht zurück auf das lateinische *interest*, das in den Rechnungsbüchern über den einzunehmenden Einkünften geschrieben stand." Ein Witz zwischen meiner Frau und mir hatte darin bestanden, uns gegenseitig vorzuwerfen, die eine habe den anderen nicht verdient. Clever wie die Fliege war uns aufgefallen, dass das meiste Sprechen über soziale Beziehungen ja zugleich die ökonomischen anmoderiert. Und damit lagen wir gar nicht mal so falsch, sagte Mauss doch: „Eine gründliche Untersuchung des reichen, von den Wörtern *geben* und *Gabe* abgeleiteten Vokabulars steht noch aus. Es ist außerordentlich groß: *Ausgabe, Abgabe, Hingabe, Liebesgabe, Morgengabe*, die seltsame *Trostgabe, vorgeben, vergeben, widergeben* und *wiedergeben*; desgleichen fehlt eine Untersuchung über *Gift, Mitgift* etc.".

Als das Öl in der gusseisernen Pfanne die Kartoffelstifte umschloss und es also zu zischen und sprudeln begann, wurde ich trotz allem sehr zornig, weil ich daran denken musste, dass uns außer meiner Großmutter niemand etwas geschenkt hatte, Mitgift, die kannte ich ja gar nicht, und als wäre das nicht schon schlimm genug, las ich auch noch: „Bei der Taufe, Verlobung und Hochzeit bringen die Gäste z. B. nach dem Hochzeitsessen oder am Tag vorher oder nachher Hochzeitsgeschenke, deren Gesamtwert die Kosten der Hochzeit bei weitem übersteigt." Okay, dachte ich, wer etwas verschweigt, der bekommt auch etwas entzogen, und nur wenn es eine Party gibt, klettern die Leute auf die Tische, so ist das in dieser Welt, dachte ich und lief noch eine Weile aufgebracht in der Küche umher, bis die Pommes frites fertig waren.

Noch während ich ihrem feinwürzigen, speckigen Geschmack nachschmeckte, glaubte ich zu verstehen, was es mit dem Geld auf sich hat, verstand nämlich, dass keine viel davon bei sich halten durfte, weil Geiz schon immer die asozialste Eigenschaft von allen war, und obwohl alles überall anders ist, muss jeder auf dieser Welt seine Kohle für die verjubeln, die er mag oder für die, von denen er gemocht werden will, was am Ende natürlich das Gleiche bleibt. Horten oder dauerhaft besitzen darf es jedenfalls keiner (und je mehr eine davon hat, desto mehr muss sie verprassen, spenden, loswerden zumindest), das Geld, mit dem allein schon der Umgang schmutzig ist, weshalb man sich nach dem Anfassen auch die Hände waschen soll.

Weil diese Ahnung jedoch vage und ein wenig dünn war, schaute ich gleich mal bei Heine nach, der ja seit Anfang der Dreißigerjahre in Paris lebte. „Die Juden in Frankreich", schrieb er dort 142 Jahre vor der Wannsee-Konferenz, „sind schon zu lange emanzipiert, als daß die Stammesbande nicht sehr gelockert wären, sie sind fast ganz untergegangen, oder, besser gesagt, aufgegangen in der französischen Nationalität". Trotzdem gab es die gleichen Probleme wie auf rechtsrheinischer Seite: „Es ist eine alte, klägliche, aber noch immer nicht abgenutzte Erfindung, daß man demjenigen, der zur Verteidigung der Juden seine Stimme erhebt, die unlautersten Geldmotive zuschreibt".

Kurz zuvor, 1822, hatte der österreichische Kaiser Franz I. die fünf Söhne des Frankfurter Bankiers Rothschild zu Freiherren geadelt, der jüngste, Jakob Mayer, der in Paris die Dependance Rothschild Frères gegründet hatte, nannte sich von nun an James de Rothschild. Knapp zwanzig Jahre später besuchte ihn Heine in seiner „Kaserne des Reichtums" in der Rue Laffitte. „Ein merkwürdiger Ort", schrieb er, „welcher erhabene Gedanken und Gefühle erregt, wie der Anblick des Weltmeeres oder des gestirnten Himmels: wir sehen hier, wie klein der Mensch und wie groß Gott ist! Denn das Geld ist der Gott unserer Zeit und Rothschild ist sein Prophet."

Seit Beginn des 19. Jahrhunderts setzten Antisemiten verschiedene Legenden in die Welt, um die Rothschilds zu diskreditieren. Eine behauptete, Nathan, Leiter der Londoner Dependance, besitze einen hebräischen Talisman, auf dem der

Reichtum beruhe, eine perfidere, die Rothschilds hätten den Großteil ihres Vermögens nach der Schlacht bei Waterloo gemacht. 1962 (1962!) wurde diese Story vom *Spiegel* in einem vor judenfeindlichen Klischees strotzenden Artikel aufgewärmt. Sechs Ausgaben (sechs!) bevor sich *Der Spiegel* wegen seiner Titelgeschichte *Bedingt abwehrbereit* selbst zum „Sturmgeschütz der Demokratie" erklärte, fasste er die Ereignisse von 1815 wie folgt zusammen: „Nathan, damals in der englischen Kapitale schon eine stadtbekannte Figur, hatte die Siegesnachricht von einem Agenten aus Ostende erhalten, der ihm vermutlich den ersten Brüsseler Zeitungsbericht über die Schlacht mit einem Segler nach London schickte. An der Börse tat der Bankier so, als sei er eben informiert worden, daß England die Entscheidungsschlacht verloren habe. Seine melancholischen Andeutungen lösten sofort eine wilde Baisse aus. Während die Börsianer die Wertpapiere zu jedem Preis abstießen, ließ Nathan die Effekten von Agenten aufkaufen. Als dann am nächsten Tag offiziell bekannt wurde, daß die Engländer und Preußen Napoleons Garde aufgerieben hatten und seine Gewaltherrschaft zu Ende war, stürzte die Börse im Siegestaumel in das andere Extrem. Zu Haussepreisen konnte der Nachrichtenmanipulant nun die billig aufgekauften Papiere losschlagen und dabei über eine Million Pfund Sterling verdienen."

Diesen historischen Unsinn sampelten auch die Nazis in ihrem Propagandafilm *Die Rothschilds. Aktien auf Waterloo*, der zusammen mit *Der ewige Jude* und *Jud Süß* das Triptychon nationalsozialistischer Untermensch-Phantasmen bildet. Da hatte also jemand in der HJ gut aufgepasst und schrieb noch siebzehn Jahre nach dem Ende der NS-Diktatur germanisch beseelt über die „raffinierten" Rothschilds, wohlgemerkt, um die tagesaktuellen Entwicklungen ihrer Bank in einen Kontext einzuordnen. Was hätte *Spiegel*-Coverboy Guy Rothschild auch anderes sein sollen als Teil der jüdischen Weltverschwörung? Noch heute spuken derlei Vorstellungen ja völlig gaga und zur allgemeinen Inspiration durch Peter Josephs *Zeitgeist* oder die von Verschwörungstheorien zugekleisterten Hirne all der auf Krawall gebürsteten Maskottchen einer Mahnwache für die Querfront.

Um mich vollends mit Antisemitismus abzufüllen, besorgte ich mir eine seriöse, weil wissenschaftlich kommentierte Fassung der *Protokolle der Weisen von Zion*, jenen Schwindel über einen jüdischen Kongress zur Eroberung der Weltherrschaft, der den Nährboden für das bereitete, was ab 1940 geschah.

Als ich sie unten am Rhein liegend las, verkehrten sich allmählich die Verhältnisse, sind die *Protokolle* doch dermaßen hanebüchen, dass ihre angebliche Authentizität mich mit jeder Zeile anschrie: Hey, hallo, ich bin es, die gute alte, schlecht gemachte Fiktion, du kennst mich aus den Sachbüchern Thilo Sarrazins. Und das wirklich tolle Vorwort des Herausgebers Jeffrey L. Sammons, das ihre Entstehungs- und Publikationsgeschichte zusammenfasste, schien mich hingegen in einem fort zu fragen, ob ich ihm die zwar historisch verbürgten, aber unfassbar gelogen klingenden Wendungen und absurden Anekdoten tatsächlich abkaufte. Allein die Feststellung, „daß die *Protokolle* nicht nur von den Einfältigen und geistig Benachteiligten, sondern auch und eigentlich in erster Linie von Gebildeten und Privilegierten ernstgenommen worden sind", machte mich völlig fertig, entlarvte sie doch das Dilemma in seinem ganzen brutalen Stumpfsinn. Und während ich mich also kopfschüttelnd aufrichtete und der Alkopopjugend dabei zusah, wie sie im kniehohen Wasser anfing, einen Limbotanz zu tanzen, fiel es mir als Schuppen von den Augen. Wie witzig ist das denn bitte, dachte ich und wühlte aufgeregt mit den Zehen im Sand, dieser Sammons hatte nicht nur diese Rasierklinge von Vorwort verfasst, er hatte auch noch während einer Party meines Zahnarztes in der Bronx über Heine gesprochen.

Was später beständig als *Protokolle* kursieren sollte, ist erst einmal nur eine Collage aus zwei komplett unterschiedlichen Texten. Zum einen beruht es auf dem 1868 erschienenen antisemitischen Schundroman *Biarritz* eines gewissen Sir John Retcliffe, in Wahrheit kein Adeliger, sondern ein schlesischer Postbeamter, der für die Preußische Geheimpolizei Briefe fälschte und mit bürgerlichem Namen Herrmann Ottomar Friedrich Goedsche hieß; zum anderen, und das ist noch viel kurioser, auf einem satirischen Totengespräch zwischen Montesquieu und Machiavelli, *Dialogue aux Enfers*, „das ein liberaler Advokat, Maurice Joly, 1864 bzw. 1865 anonym in Brüssel hatte drucken lassen", um die Politik Napoleons III. zu attackieren, doch „das Buch", schreibt Sammons, „wurde von der französischen Grenzpolizei beschlagnahmt und der Autor zu einer fünfzehnmonatigen Gefängnisstrafe sowie einer Geldstrafe von 300 Francs verurteilt. Nach Jahren dreister Polemik ermüdete der liberale Kämpfer und beging Selbstmord."

Perplex legte ich das Buch zur Seite und watete an der Alkopopjugend vorbei, um eine Weile toter Mann zu spielen. Das Heftigste an der ganzen Sache war nämlich, dass die *Protokolle* bereits früh als Plagiat entlarvt worden waren, woraufhin von antisemitischer Seite einfach behauptet wurde, Joly sei „ein Jude namens Moïse Joël gewesen". Genau so läuft die Sache, dachte ich, sollte man „den Juden" ihre Machenschaften mal wieder nicht nachweisen können, dann beweist das nur ihre Verschlagenheit, und wenn einer Machiavelli geistesgestört daherreden lässt, dann tut er das, weil er fleißig übt, für seinen Auftritt als Weiser von Zion. Und wäre ich nun auf den Grund des Rheins getaucht, den Nibelungenhort zu heben, aber einzig und allein mit einer Algenperücke auf der Glatze zurückgekehrt, dann hätte das eben auch nur daran gelegen, dass sich Hagen damals so viel Mühe beim Verstecken gegeben hatte.

Publiziert wurden die *Protokolle* erstmals 1903 in Russland, um bei Zar Nikolaus II. Stimmung gegen Reformbestrebungen innerhalb seiner Regierung zu machen. Als die Bolschewiki fünfzehn Jahre später die Zarenfamilie erschossen, fanden sich bei Zarin Alexandra Fjodorowna, geborene Victoria Alix Helena Louise Beatrice von Hessen und bei Rhein, *Krieg und Frieden*, eine Bibel sowie die *Protokolle* in einer Ausgabe des „religiösen Schwärmers" Sergej Nilus, eines Irren, der jeden Moment die Ankunft des „prophezeiten Antichrists" erwartete. Er selbst hatte laut Sammons „die Möglichkeit, die *Protokolle* seien unecht, eingeräumt, in der unerschütterlichen Überzeugung, sie seien auch in diesem Fall ein Werkzeug Gottes gegen die Juden".

Ein russischer Faschist brachte sie schließlich nach Deutschland, wo Ludwig Müller, ein „engagierter Antisemit", der kurz zuvor „unter dem Namen Müller von Hausen eine der damals grassierenden Schmähschriften gegen Heinrich Heine verfaßt" hatte, die *Protokolle* 1920 als *Die Geheimnisse der Weisen von Zion* unter dem Pseudonym Gottfried zur Beek herausgab. Vier Jahre vor der Machtübernahme sicherte sich die NSDAP die Rechte an ihnen.

Zurück im Bahnhof war mir der Appetit vergangen, ein schlechtes Zeichen, das ist klar, und klar ist auch, dass ich mich fragte, wie viele Nägel wohl in einer Kartoffel stecken müssten, damit es auch ordentlich weh täte, flöge sie einer anderen gegen den Kopf. Israël William Qualid, Marcel Mauss' Freund der Jurist, sagte: „Der Mensch glaubt bereitwillig, dass das, was war und ist, auch sein wird. Nichts ist in dieser Hinsicht beweiskräftiger als unsere eigene Meinung über das Geld. Wir haben die größten Schwierigkeiten, uns ein Geld vorzustellen, das von seinem Goldmetallträger losgelöst ist, einerseits weil die Edelmetalle, soweit wir auf eine der unseren vergleichbare Ökonomie zurückblicken, immer als Geld gedient haben; andererseits weil wir mehr oder weniger in der »Religion des Goldes« erzogen wurden, mit allem, was dieser Terminus für die einen an Anbetung, für die anderen an Abscheu enthält und für wieder andere schließlich eine objektive Tatsachenfeststellung ist."

Als mir am nächsten Morgen eine Spritze ins Zahnfleisch stach, unterhielten sich der Doktor und die Arzthelferin gerade über eine Patientin, die geheiratet hatte, anscheinend verursachte das Komplikationen bei der Terminplanung, Klaas jedenfalls wurde ein wenig ungehalten, weshalb ich ihm gern ein Anekdötchen erzählt hätte, aber da zog das Procain schon den Gaumen hoch, ließ zuerst Lippen und Schnubbi, dann die Nasenflügel taub werden.

Gern hätte ich erzählt, wie ich sechszehnjährig und schneidezahnlos vor einem Autohaus von einem Fiesta zum nächsten gesprungen war, mein schlechtes Gewissen wegen der zerbeulten Motorhauben mich aber vor wenigen Tagen verließ, als ich las, dass Henry Ford die *Protokolle* 1920 zuerst in seiner Zeitung *Dearborn Independent* abgedruckt hatte, um sie später als Buch mit dem Titel *The International Jew: The World's Foremost Problem* einer breiten Öffentlichkeit zugänglich zu machen. Ich hätte erzählt, dass Ford seinerzeit in Deutschland der beliebteste Amerikaner war, und Hitler darauf hoffte, er würde der nächste Präsident der Vereinigten Staaten. Überhaupt Hitler, hätte ich zum Doktor gesagt, dieser Huso, hätte ich gesagt, um dann aus *Mein Kampf* zu zitieren: „Wie sehr das ganze Dasein dieses Volkes auf einer fortlaufenden Lüge beruht, wird in unvergleichlicher Art in den von den Juden so unendlich gehaßten »Protokollen der Weisen von Zion« gezeigt. Sie sollen auf einer Fälschung beruhen, stöhnt immer wieder die »Frankfurter Zeitung« in die Welt hinaus: der beste Beweis dafür, daß sie echt sind. Was viele Juden unbewußt tun mögen, ist hier bewußt klargelegt. Die beste Kritik an ihnen jedoch bildet die Wirklichkeit. Wer die geschichtliche Entwicklung der letzten hundert Jahre von den Gesichtspunkten dieses Buches aus überprüft, dem wird auch das Geschrei der jüdischen Presse sofort verständlich werden", und dann hätte ich gefragt, ob er davon gehört habe, dass Adolf Eichmann nach dem Krieg spekulierte, ob vielleicht nicht Hitler selbst nur eine Marionette der Weisen von Zion gewesen sei, absurdeste Entzauberung ever, und ob er wisse, dass Walther Rathenau nicht zuletzt sterben musste, weil seine Mörder annahmen, in ihm einen dieser Weisen identifiziert zu haben. Ich hätte ihn gefragt, ob er auch deshalb, nur so als Geste und weil der Wahnsinn eben niemals aus den Köpfen verschwinde, zu Putzeimer und Bürste gegriffen habe, und ob er mit Sammons noch etwas länger in der South Bronx rumgehangen habe, damals nach der Gala im Park, aber das ging alles nicht, mein Mund war ja ganz taub, ich schmeckte das Blut auf der Zunge, während sich der Doktor in meine Mundhöhle vertiefte und die Arzthelferin noch einmal nachfragte, ob er, Klaas, das nun verstanden habe, Frau Becker heiße nicht mehr Becker, sondern lang schon Langer.

Und weil ich in diesem Moment doch zart besaitet war, versuchte ich, an etwas Schönes zu denken, das Blut schnell zu schlucken oder in das Sauggerät zu befördern, das mir die Arzthelferin in den Rachen hielt, dachte also daran, wie meine Frau und ich uns fünfzehnjährig in der Normandie kennengelernt hatten. Tagsüber lagen wir bekifft am Strand, abends besoffen vor den Zelten, der Cidre schmeckte wie vergorener Apfelsaft, und so hielten wir uns an Calvados und rauchten Gitanes wie die Flieger im Ersten Weltkrieg. Einmal fuhren wir nach Colleville-sur-Mer, aber da fanden wir auch nichts, und anschließend gab es wieder Billardtische, Daddelautomaten, deutsche Dauercamper, französische Esel und zwei Wochen lang den klarsten Himmel, den ich bis dahin gesehen hatte. Meine Nase war noch ein gerader, wenn auch breiter Strich im Gesicht, und meine Locken reichten mir bis zu den Schultern. Wir sprachen über Musik und darüber, dass die RAF eigentlich gar nicht so übel gewesen sei. Eine klassische Lovestory also, vielleicht nicht ganz so klassisch wie die meiner Eltern, die in derselben Straße gewohnt hatten und sich ineinander verliebten, nachdem mein Vater gegen einen Bus gelaufen war, und meine Mutter begann, ihm die Hausaufgaben vorbeizubringen, aber trotz allem klassisch, angepasst an ein Leben um die Jahrtausendwende. Die nächsten sechs Jahren sahen wir uns kaum, und als wir im Frühling 2009 zufällig in einer Dortmunder Dönerbude ineinanderliefen, kam ich gerade als Studienabbrecher aus Heidelberg. Das Einzige, was ich von dort mitgenommen hatte, war Marcel Mauss' *Die Gabe*.

Zurück in Bonn hatte das Anästhetikum seine Wirkung verloren. Ich aß trotz allem Püree. Mauss sagte: „Die Menschen haben es verstanden, ihre Ehre und ihren Namen zu verpfänden, lange bevor sie zu signieren verstanden."

Als ich am Morgen des 29. September im Zug nach Düsseldorf saß, um bei Doktor Klaas pünktlich zur Goldzahnübergabe zu erscheinen, las ich, die Log Lady sei gestorben. Die dritte Staffel von *Twin Peaks*, deren Dreharbeiten in diesen Tagen begannen, würde ohne Catherine E. Coulson und ihre Rolle der Margaret Lanterman klarkommen müssen.

Auf dem iPhone schaute ich mir nochmal ihre kurzen Monologe an, die sie vor den ersten fünf Folgen zur Einführung hält. Wie geil das war, dachte ich betroffen, wie sie ihren Holzscheit hielt und kryptische Dinge in die Kamera sagte, der rote Vorhang auf und alle Fragen offen: „I carry a log, yes. Is it funny to you? It is not to me. Behind all things are reasons. Reasons can even explain the absurd. Do we have the time to learn the reasons behind the human being's varied behaviour? I think not. Some take the time. Are they called detectives? Watch and see what life teaches."

Mark Frost und David Lynch lokalisierten ihr Twin Peaks irgendwo in Washington State, an der Grenze zwischen den Vereinigten Staaten und Kanada, ganz in der Nähe jener Gegend, in der die Kwakiutl leben. Lange bevor der Goldrausch den westlichen Teil Nordamerikas wie einen Handschuh auf links drehte, spielte bei ihnen Kupfer die Rolle des wertvollsten Metalls. In seinen Funktionen teils vergleichbar mit dem Kula-Ring der Trobriander, veranstalteten die Kwakiutl Potlatschs, Feste zu Heirat, Tod oder Geburt, während derer sie ihre wertvollsten Güter, heraldische Kupferplatten und Wolldecken, untereinander weitergaben, oft bis zur völligen Verausgabung ihres Besitzes. Jede Gabe verlangte eine Gegengabe, unter keinen Umständen durfte sie abgelehnt werden, hatte ein Clan für einen anderen einen Potlatsch ausgerichtet, stand dieser in der Pflicht eines Gegen-Potlatschs. „Derjenige, der seinen Reichtum am verschwenderischsten ausgibt, gewinnt an Prestige", sagte Mauss, „stellt die anderen »in den Schatten seines Namens«". Mitunter führte dieser Wettstreit dazu, dass ein Häuptling sein ganzes Kupfer in den Pazifik schmiss, mehr ging nicht. „Das Wort *kwakiutl* heißt im übrigen einfach »reich« (»Rauch der Welt«) und weist schon durch sich selbst auf die Bedeutsamkeit der ökonomischen Tatsachen hin".

Aber die Kupferplatten dienten nicht bloß als monetäre „höchste Potlatschgüter"; die Kwakiutl „identifizierten das Kupfer mit dem Lachs", und darüber hinaus war jede einzelne Platte „für sich der Gegenstand individueller Glaubensinhalte. Jede hat einen eigenen Namen und eine eigene Persönlichkeit, ebenso einen eigenen Wert, und zwar im vollen magischen und wirtschaftlichen Sinn des Wortes". Das machte sie zu dem, was „Talisman" genannt wird, ein „übernatürliches Objekt". Das Wort der Kwakiutl dafür hieß logwa und war von der Wurzel lōg abgeleitet, der „»übernatürlichen Kraft«".

Deshalb also drückte Lynch Coulson einen Holzscheit in die Hände.

Als ich mich auf den Behandlungsstuhl setzte, sagte Klaas, er müsse erst einmal meine Brille putzen, die sei ja ganz schmutzig, und dann erzählte er mir, er habe früher eine ganz ähnliche getragen, und ich sagte, es sei eine Shuron, und da freute sich der Doktor, diese hier, sagte er und zeigte auf sein Horngestell, habe er in einem Laden auf dem Broadway gekauft. Auch ein schönes Modell, sagte ich, und so plauderten wir noch eine Weile, bis Klaas sagte, wir könnten doch auch später noch über Amerika sprechen, und da lehnte ich mich zurück und öffnete den Mund weit.

Café Defizit

Am 23. Mai 2016 saß ich im Zug nach Wien. Weil es mein erstes Mal war, schaute ich, na klar, aus dem Fenster, aber gerade als wir über die Donau fuhren, hübsches Finanzviertel, ja wirklich, und Frauke das Haus in der Reichsratsstraße 7 verließ, bekam ich eine Eilmeldung aufs iPhone. Van der Bellen habe die Wahl gewonnen, stand da, und sofort wurde ich ein bisschen traurig, der versprochene Fackelmarsch, auf den ich mich, seitdem ich in Dresden zugestiegen war, gefreut hatte, vorerst fiel er aus.

Frauke spazierte über den Heldenplatz.

Es war sonnig, wolkenlos wölbte sich der Himmel über Wien, ein viel zu schönes Wetter für geschlagene Faschisten, dachte ich und lief los. Am Café Imperial, dort, wo Karl Kraus seinen Herzinfarkt gehabt hatte, blieb ich stehen und spielte ein wenig Yo-Yo. An der Hofburg stieg Frauke in ein Taxi. Mir fällt zu HC nichts ein, dachte ich und betrat einen Kiosk, um mir eine Fanta zu kaufen. Während ich nach Kleingeld kramte, fiel mein Blick auf eine Zeitschrift, die prominent am Tresen positioniert war, „ADOLF HITLER", stand in Großbuchstaben darauf, „DER GROSSE VERFÜHRER". Ich zahlte mit Karte und zog mich in den Volksgarten zurück. Im Prater saß Frauke auf einer Bank und aß ein Eis.

„Alois Schicklgruber", las ich, „nimmt später den Namen seines Ziehvaters Hitler an – wofür ihm »der Führer« zeitlebens dankbar sein wird", und sofort trank ich einen Schluck,

Schicklgruber, dachte ich und verschluckte mich beinah, da wäre ich an Hitlers Stelle auch dankbar gewesen, Heil Schicklgruber, das hätte sich ja kein Mensch merken können, unmöglich, auf so einem Namen ein Reich zu errichten. Ein deutscher Diktator, dachte ich, würde keinen Kampfnamen wollen, natürlich nicht, dafür wäre er zu fatalistisch. Stalin, der Stählerne? Toll, aber albern. Kim Il-sung, die Sonne? Ernsthaft, die Sonne? Tito, die Pistole TT-30? 0815! Einen Spitznamen, das schon, für die lieben Kleinen, während sie mit Onkel Wolf herumtollten auf dem Obersalzberg. Und überhaupt, dachte ich noch, wie arg das war, dass er seine Schäferhündin Blondi genannt und sich eine Perle geklärt hatte, die mit Nachnamen Braun hieß, dann brach ich auf in den Prater.

Mein Leben
in der Kuhle

Ich stehe auf einer Verkehrsinsel. Neben mir liegt ein umgestürzter Baum, dahinter spannt sich mein Zelt. Es ist Nacht. Um die Insel drehen Lastwagen ihre Runden, die eigentlich keine Runden sind, sondern Ellipsen. Scheinwerfer zirkulieren durchs Buschwerk. Über mir donnert ein Flugzeug im Landeanflug. Als ich die Arme waagerecht ausstrecke, bewegen sich Lichtsignale über meinen Körper.

So spät, dass vom Rhein her bereits Nebel aufzuziehen begann, verließ ich den Bahnhof bei Bonn. Aus Bamberger Hörnchen hatte ich einen letzten Kartoffelsalat zubereitet, bevor ich Bücher und Unterhosen in einen kunstledernen Koffer stopfte, den mein Großvater zum 20. Dienstjubiläum von der Esso AG geschenkt bekommen hatte, um dann für immer aus Oberkassel zu verschwinden.

Obwohl ich der freundlichste Mensch der Welt sein möchte, das ist klar, war die Sache in OK außer Kontrolle geraten. Am Morgen des 12. März eröffnete unter meiner Wohnung das Lenirista, ein Café, an dessen Fensterscheibe ich mir den gesamten Winter über, wie man so sagt, die Nase plattgedrückt hatte, weil über der Kaffeemaschine ein wandfüllendes Filmstill aus Leni Riefenstahls *Olympia* hing. Aus der Froschperspektive fotografiert, reckten vier Frauen ihre Arme unter Kumuluswolken. Tagelang kratzte ich mir den Flaum, bis der zweite Teil des Namens endlich als Schuppen auf meine Augen fiel, Barista, rief ich in die Leere der Gleisanlage, so musste es sein, hart wie Kruppstahl wurden hier zwei Worte miteinander verschweißt.

Weil ich der Inhaberin wegen ihres windhundflinken Wortspiels meine Bewunderung demonstrieren wollte, saß ich also am Morgen der Eröffnung bei einem Gläschen Siegfried Gin in ihrem Café und begann auf dem MacBook *Triumph des Willens* zu streamen, doch noch bevor des Reiches junge Mannschaft ihre Spatenchoreo aufführen konnte, bat mich eine Mikado spielende Kundin, die neben mir am Milchkaffee nippte, den Ton abzustellen. Ihre schwarzen Haare, aus denen eine graue Locke hervorstach, trug die Frau, die ungefähr so alt wie meine Mutter sein musste, schulterlang. Die Ringe unter ihren Augen waren beachtlich. Für die Konzentration sei es ja schon schlimm genug, sagte sie, dass man hier das Rauchen verboten habe. Als ich ihr gerade zustimmen wollte, knisterte in den Lautsprechern Hitlers „Heil, Arbeitsmänner!". Ob ich mir etwa Nazipropaganda anschaue, wollte die Frau wissen, und da nickte ich, der *Triumph* sei mein Lieblingsfilm, sagte ich, und selbst wenn Siegfried und Roy *Die Nuba* und Adolf und Joseph *Das blaue Licht* lieber gehabt hätten, müsse man doch anerkennen, dass er ein vollkommenes Meisterinnenwerk sei. Ich solle bloß aufhören, so blöd zu gendern, und überhaupt, sagte die Frau, schließe *Triumph des Willens* schon allein von der Anlage her die Möglichkeit aus, die Regisseurin habe über eine von der Propaganda unabhängige ästhetische Konzeption verfügt. „Es ist ein Dokumentarfilm von einem Parteitag, mehr nicht. Das hat nichts zu tun mit Politik", sagte ich, und da griff die Frau einen Mikadostab und hielt ihn mir nach Art eines Speers entgegen: „Will man noch einen Unterschied machen zwischen Dokumentarfilm und Propaganda", rief sie, „dann ist jeder, der die Filme der Riefenstahl als Dokumentarfilme verteidigt, naiv!" – „Keine einzige Szene ist gestellt. Alles ist echt", versuchte ich sachlich zu bleiben. „Und einen tendenziösen Kommentar kann der Film schon deshalb nicht haben", sagte ich, „weil es darin überhaupt keinen Kommentar gibt." Die Frau ließ den spitzen Stab sinken. Sie schien überrascht: „Es gibt darin keinen Kommentar, weil keiner nötig ist, der Film stellt eine bereits vollzogene, radikale Transformation der Realität dar: Geschichte wird zum Theater." Für einen Moment sah mich die Frau hinter ihrer grauen Strähne, die ihr ins Gesicht gefallen war, herausfordernd an. „Es ist einfach *Geschichte*", sagte ich dann, „reine *Geschichte*." Und während ich mein Glas guten Gewissens in einem Zug leerte, schlug die Frau die Mikados vom Tisch und mein MacBook zu, damit 52 000 Deutsche ihre Spaten einklappten. „In *Triumph des Willens* ist das Dokument (das Bild) nicht nur die Aufzeichnung der Realität", rief sie, „sondern ein Grund, warum die Realität hergestellt wird; und schließlich wird das Dokument an die Stelle der Realität treten!" Es kam dann zu schlimmen Szenen, ja wirklich, die Frau wurde fuchsteufelswild, die Riefenstahl grinse wie eine texanische Matrone auf Safari, rief sie, doch plötzlich bog die Inhaberin um die Ecke, was denn hier los sei, fragte sie noch, nur um gleich darauf mit einem Hausverbot oder dem Verfassungsschutz zu drohen, so richtig verstand ich nicht, was gerade im Bahnhof vor sich ging, aber es genügte, mir das Rentnerleben in OK zu verderben.

Flussabwärts folgte ich dem Lauf des Rheins. Mein Koffer war zu schwer, ich fluchte über die Romane Jonathan Franzens, von denen ich drei eingepackt hatte, obwohl mich doch nur *Das Kraus-Projekt* wirklich interessierte, sein Essay, der *Heine und die Folgen* aufs Digitale halluzinierte. Die Frau vom Trödelmarkt hatte gemeint, ich solle einfach alle mitnehmen, auf gar keinen Fall schleppe sie diese Schwarten wieder nach Hause, was ich zuerst sehr nett von ihr gefunden hatte, immerhin handelte *Unschuld* von Deutschland, und Deutschland, dafür interessierte ich mich, aber bereits hinter Beuel kramte ich zwischen blütenweißen Feinripps *Die Korrekturen* und *Freiheit* hervor, um sie in den Fluss zu werfen. Im Rhein schaukelte das Mondlicht. Und erst als ich später bei Deutz die Seite wechselte, ging in meinem Rücken die Sonne auf.

Die ersten Autobahnfahrten, an die ich mich erinnern kann, führten jedes Mal kurz vor ihrem Ende um einen gewaltigen Kreisel, das Niehler Ei. Von dort war es nicht weit zu meinen drei Großeltern. Einmal erzählte der Vater meiner Mutter, dass sich in der Mitte des Eies einige Sinti oder Roma angesiedelt hätten, wobei er nicht Sinti oder Roma sagte, sondern Zigeuner (das sagte er sowieso häufiger, mitunter auch zu mir, komm her du Zigeuner, rief er dann), und die seien nun entdeckt worden, nachdem sie bereits monatelang auf dem Ei gelagert hätten. Sofort habe die Polizei die kleine Kolonie abgerissen, was ohne Frage schrecklich sei, aber so gehe das ja auch nicht, niemand könne einfach auf die Grünfläche einer Autobahn ziehen.

Im nördlichen Industriegebiet, acht Kilometer vom Kölner Dom entfernt, liegt diese verboten vielumfahrene Verkehrsinsel, vierhundert Meter lang und zweihundert Meter breit, die von Millionen Singvögeln und einigen Rehen bewohnt wird, aber inzwischen wieder frei von Menschen ist. Nur in wärmeren Monaten kommen ein paar Hundebesitzer, um Gassi zu gehen. Denn obwohl gänzlich in den Verkehrsfluss eingebettet, kann sie durch drei Unterführungen betreten werden. Im Kreisel treffen die Bremerhavener Straße und ein Autobahnzubringer aufeinander, der offiziell Industriestraße heißt, aber die Einheimischen verwenden immer noch seinen ursprünglichen Namen, Ford-Autobahn.

Auf einem Realparkplatz habe ich ein Buch von Marc Augé gefunden.

Als hinter mir Äste knacken, lasse ich vor Schreck *Das Kraus-Projekt* fallen, drehe mich um, und da sehe ich ihn, wie er unter einer blühenden Linde steht, in Sandalen und rotem Hemd. Er habe ein paar Quellmänner dabei, sagt mein Großvater und schwenkt einen prallen Jutebeutel hin und her. Dann setzt er sich neben mich auf den umgestürzten Baum. In einer Plastikschüssel befindet sich der dazugehörige Quark. Omma habe auch Frühlingszwiebeln dran getan, sagt mein Großvater und tunkt eine Pellkartoffel in die Tupperware. Weil uns die Schalen nicht stören, lassen wir das Besteck im Beutel. Bei Porree, sagt er mit vollem Mund, sei noch keiner zu kurz gekommen. Als wir fertig sind, frage ich, ob er sich erinnern könne, wie meine Großmutter einmal Salz anstelle von Zucker in den Pfannkuchenteig gerührt habe, und da lacht er, bis heute sei sie darüber untröstlich.

Die Mutter meiner Mutter wurde im rheinländischen Pulheim als drittes von sechs Kindern geboren. Nach dem Krieg lernte sie auf einem Bauernhof all das, von dem gemeint wurde, eine Frau müsse es können, die heilige Hauswirtschaft, diese Schweinskopfsülze des Schwachsinns, wegen der sie später anfangen sollte, gebügelte Handtücher so maßgenau zu stapeln, als falte sie Origami. Und während sie also vor sich hin wusch und wurstete, kletterte mein Großvater ein paar Kilometer stadteinwärts auf Güterwaggons, um Kohlen zu klauen, oder bengelte sich mit Belgiern durch die Altstadt. Aus Ostpommern waren er und seine Mutter zuerst in ein holsteinisches Dorf geflüchtet, um dann weiter nach Köln zu ziehen, wo sie seinen Vater wiedertrafen, der gerade erst den Weg von Stettin mit einem Fahrrad zurückgelegt hatte. Es dauerte nicht lange, da fand mein Urgroßvater Arbeit bei der Glanzstoff, einem Chemieunternehmen, das Kunstfasern produzierte. Obwohl die Wehrmacht mithilfe solcher Garne sanft auf neuem Lebensraum im Osten gelandet war und Köln zu den zerstörtesten Städten des Reichs zählte, hatte das Werk in Niehl den Krieg nahezu unbeschädigt überstanden. Und weil ein Apfel nie weit vom Stamm fällt, weil dort, wo ein Apfel liegt, auch immer ein Baum stehen muss, begann mein Großvater schon bald eine Lehre zum Schlosser. Kurz darauf legte die Mutter meiner Mutter ihren Mädchennamen Pössneck ab.

Als meine Mutter fünf wurde, wechselte mein Großvater zur Esso AG, die nur einen Steinwurf von der Glanzstoff entfernt ein Werk eröffnet hatte. Dort traf er zum ersten Mal auf den Vater meines Vaters, der bereits 1958 zusammen mit meiner Großmutter von Hamburg nach Köln gekommen war. Die Esso hatte ihre Arbeiter mit besseren Bezügen und modernen Wohnungen ins Rheinland gelockt, wo sich nun also eine norddeutsche Enklave zu bilden begann. 1965 wurde in dieser Siedlung auch etwas für meine Großeltern mütterlicherseits frei, und so kam es, dass meine Eltern nicht mehr nur dieselbe Realschulklasse besuchten, sondern fortan auch in der gleichen Straße wohnten.

Aber noch bevor mein Vater gegen einen Bus lief, fochten sein Vater und mein Großvater Revierkämpfe um den besten Platz in der Kantine aus, oder um andere lokalpatriotische Lappalien, zu denen auch die Frauen der Siedlung stets Haltung beweisen mussten. Einmal sagte irgendeine Hausfrau aus Hamburg zur Mutter meiner Mutter, alle Kölnerinnen seien

Schlampen. Und als meine Mutter dann anfing, meinem Vater die Hausaufgaben vorbeizubringen, ahnte dessen Vater, worauf die ganze Sache hinauslaufen würde. Diese Kommunistin, sagte er von feuerfestem Anzug zu feuerfestem Anzug, solle bloß die Finger von seinem Sohn lassen.

Mein Großvater verabschiedet sich. Er müsse jetzt zum Globus, sagt er und winkt mit seinem Einkaufszettel, obwohl der Supermarkt gar nicht mehr Globus heißt, sondern Rewe, nachdem er auch mal eine Weile ein Toom war, aber mein Großvater sagt eben Globus, und das ist ja auch der bessere Name. Bevor er als roter Fleck im Wald verschwindet, sagt er noch, ich solle auf mich aufpassen, und drückt mir einen Schein in die Hand, dann bin ich mit den zusammengefalteten Grimms allein auf dem Ei. Aber das ist kein Problem, natürlich nicht, weil ich alle Widrigkeiten kenne, die so ein Leben auf der Verkehrsinsel mit sich bringt.

Ich ging nach Hildesheim nicht lange, nachdem meine Frau und ich uns getrennt hatten. Damals geriet ich in schwere Auseinandersetzungen, über die ich hier nicht weiter reden will, außer dass sie etwas mit der elend lästigen Angst vor Adjektiven zu tun hatten und meinem Gefühl, dass die deutschsprachige Literatur tot war. Um der Kargheit zu entkommen, zog ich auf einen Kreisverkehr am östlichen Ende der Stadt, dorthin, wo sich B6 und B1 in Ewigkeit vereinen. Tagsüber fiel es mir nicht schwer, die Insel nicht zu verlassen, dafür wäre auch der Verkehr viel zu dicht gewesen, aber nachts gab das Cafe del Sol hinter kaum befahrenen Spuren mithilfe seines Kolonialschicks und den orangenen Lampions alles, um mich vom Kreisel zu locken. Ich widerstand nur, da Ben jeden Abend mit Delphinfeuerzeug und Bier vorbeikam, und so saßen wir im Zentrum, fütterten das Lagerfeuer mit Kürzestprosa und brieten die Würstchen der Wahrheit an Stöcken, während die Leute am anderen Ufer ihren Schnitzel-Urlaub genossen.

Einmal erzählte mein Großvater, wie man zu Weihnachten bei ihnen eingebrochen habe. Profis seien das gewesen, sagte er, daran bestehe kein Zweifel. Eine ganze Einbruchsserie habe die Siedlung in Angst und Schrecken versetzt, bevor die Polizei den Dieben schließlich auf die Schliche gekommen sei. Ein Kollege von der Esso habe einen von ihnen mit dem Knüppel am Kopf erwischt, wobei mein Großvater nicht Kopf, sondern Rübe sagte, eins über die Rübe gezogen, sagte er, aber dem Einbrecher sei trotz allem die Flucht geglückt. Als die Polizei später in einem Zigeunerlager am Fühlinger See nachgesehen habe, sei er ihnen aufgefallen, der Dieb mit seinem halb eingeschlagenen Schädel, wie er gerade dabei gewesen sei, das gestohlene Tafelsilber zu polieren.

Ich habe eine gute Kuhle gefunden. Weil die Insel trotz des frischen Grüns schutzloser ist als erwartet, setze ich mich nach dem Aufstehen in sie hinein, um ungestört Franzen zu lesen. Etwa zehn Meter hinter meinem Zelt verlaufen Straßenbahnschienen, deren Gleisbett das Ei in zwei Teile schneidet. Tagsüber fährt die Tram im Rhythmus von zwanzig Minuten. Zudem liegt die Insel unterhalb der Einflugschneise des Flughafens Köln-Bonn, der wegen seiner Lage nahe der alten Hauptstadt auch nachts angeflogen werden darf, eine Sonderregelung, von der längst nur noch Frachtflugzeuge profitieren. An den Lautstärkepegel habe ich mich gewöhnt. Inzwischen meine ich sogar, Lastwagen und Busse allein am Sound auseinanderhalten zu können. Ich spanne eine Wäscheleine. Ab und zu hupt eine. Es riecht nach Abgasen, nach Erde und den unterschiedlichen Blüten der Bäume.

Wer nach Deutschland fährt, sollte besser erklären können, was genau er da will, sonst wird man sich fragen, warum er nicht dorthin reist, wo das Leben schön ist. Bis heute beharrt Deutschland auf dem Primat des Inhalts gegenüber der Form. Wäre Coolness damals schon ein Begriff gewesen, hätte Kraus womöglich gesagt, Deutschland sei uncool.

Von da ist es nicht weit zu einer moderneren Variante der Kraus'schen Dichotomie: Mac versus PC – ich könnte mir in der Rolle des PC ohne weiteres einen deutschen Schauspieler und in der Rolle des Mac einen Franzosen vorstellen, niemals andersherum.[1]

1 Weil ich mich ein bisschen ertappt fühle, lasse ich das iPhone in meiner Hosentasche und baue mir stattdessen ein Reck aus starken Stöcken. Stundenlang mache ich Kontergrätschen, bis mir die Hände so weh tun, dass ich mich endlich ins Zelt zurückziehe. Meine von Schwielen gezeichneten Finger schiebe ich in den Schlafsack.

In späteren Fußnoten werde ich erzählen, was mich an Franzens Dichotomie stutzig macht, und auch, weshalb es mir kontraproduktiv erscheint, dass er Kraus' Angriff auf Heine – auf dessen transkulturellen Input also, der innerhalb des deutschsprachigen Raums, der damals natürlich noch ein klein wenig weitläufiger war, Fiction-Non-Fiction populär machte, eine Schreibweise, die sich auch in Wechselwirkung mit einer immer ärger werdenden Kommerzialisierung von Publikationsformen entwickeln konnte, die aber so, will man Kraus glauben, und Franzen will das, nicht nur zu einem Haufen mittelmäßiger Feuilletons führte, sondern zur Trivialisierung des gesamten intellektuellen Betriebs und zu „»Trotteln«", „die sich eine künstliche Art von Individualität aneigneten"; da ist sie wieder, die alte Frage nach dem Huhn und dem Ei, die Kraus seinerzeit eben nicht zuletzt dadurch beantwortete, dass er Heines Essays einfach zum Sündenfall erklärte –, dass Franzen diesen Angriff also unvermittelt auf die Digitalisierung überträgt und über diesen Kurzschluss ästhetische wie technische Entwicklungen und deren emanzipatorische Möglichkeiten vergisst und damit letztlich die Idee der Moderne überhaupt, ist schon sad.

Verlässt man das Ei in östlicher Richtung, wird die Bremerhavener Straße bereits nach fünfhundert Metern vom Rhein
blockiert. Auf der anderen Seite sind die Schornsteine des
Bayerwerks zu erkennen. Bis zur nächsten Fähre läuft man
ungefähr eine Stunde. Dahinter erstrecken sich die Felder des
Niederrheins. Über das flache Land habe ich nicht viel zu sagen: es existiert nicht, es ist eine Illusion.

Auf unseren ersten längeren Autobahnfahrten verlor in der
Wahrnehmung des Kleinkinds, das ich war, die Zeit alles, was
ich bis dahin über sie gewusst zu haben glaubte. Sie redu-
zierte sich im himmelblauen Ford Escort meiner Eltern auf den
Raum, den das Auto bot, und je länger sie unter dem Kühler
vor sich hin köchelte, desto zähflüssiger erschien ihre Konsis-
tenz, ganz so, als bewege sich nicht mein Körper durch das

„Ich gebe zu", schreibt Franzen mit Bezug auf Kraus, „dass ich
eine Spielart seiner Enttäuschung empfinde, wenn Salman Rushdie
Twitter erliegt. Oder wenn eine politisch engagierte Zeitschrift, die
ich schätze, *n+1*, Zeitschriften als rettungslos »männlich« herunter-
macht, das Internet als »weiblich« feiert und dabei irgendwie zu
berücksichtigen vergisst, dass es freischaffende Schriftsteller zunehmend und immer schneller verarmen lässt." Das alles scheint nichts
weiter zu sein als der Evergreen von Reaktion und Innovation, der
hier zur Melodie des Kapitalismus gesungen wird, arhythmisch, beständig die Tonlagen verwechselnd: „Wir sind unfähig, den wahren
Problemen ins Gesicht zu sehen", meint Franzen, „dafür können wir
uns aber alle darauf einigen, uns den coolen neuen Medien und Tech-
nologien auszuliefern und die Unternehmen von Steve Jobs, Mark
Zuckerberg und Jeff Bezos auf unsere Kosten profitieren zu lassen.
Die Situation, in der wir uns befinden, ist derjenigen Wiens im Jahr
1910 ziemlich ähnlich, nur dass die Zeitungstechnologie (Telefon, Te-
legraph, Schnelldruckerpresse) durch die digitale Technologie und
der Wiener Charme durch amerikanische Coolness ersetzt worden
sind."

Bergische Land, sondern ausschließlich das Land an mir vorüber, der ich ja höchstens mit dem Hintern wackelte, obwohl ich bereits ahnte, dieses Gefühl müsse ein Quatsch sein. Doch es wurde sogar noch stärker, wenn wir durch ein Gewitter fuhren und die Regentropfen auf den Scheiben anfingen, ihren Wettlauf entgegen unserer Fahrtrichtung zu inszenieren.

Weil ich in Dortmund neben einer Brücke der A2 aufwuchs, stiegen wir von dort aus jedes Mal die Klaviatur der Ruhrgebietsinfrastruktur hinab, A45, A44, A43, bevor uns bei Wuppertal vierspurig die A1 erwartete. Um die Nerven aller im Auto Anwesenden zu schonen, setzten meine Eltern Wegmarken. Da gab es zuerst eine Polizeistation am Rand des Ruhrgebiets, später eine Tankstelle im Tal bei Remscheid, und vor Burscheid parkten dann erneut grünweiße VW-Bullis. Erlösung versprach erst die Brücke, die bei Leverkusen über den Fluss führt, riesig spannte sich rechtsrheinisch das Bayer-Logo. Sobald wir uns in einer endlos langen Kurve zu drehen anfingen, waren wir am Ziel. Das Niehler Ei signalisierte mit den Fliehkräften, die es entstehen ließ, auch deshalb ein Nachhausekommen, weil die Fahrt zuvor kein bisschen an mir, dem angehenden Autonauten, gezerrt hatte.

Bei Marc Augé lese ich: „Die Umrisse und Grenzen einer Insel lassen sich unschwer aufzeichnen; die Ströme des Verkehrs und des Austauschs zwischen den Inseln eines Archipels bilden ein Netz stabiler und bekannter Bahnen, die eine klare Grenze zwischen der Zone relativer Identität und der Außenwelt, der Welt des absolut Fremden, markieren."

Die besten deutsch-jüdischen Schriftsteller des frühen 20. Jahrhunderts, Kafka, Benjamin und auch Kraus, suchten alle nach einer tieferen Identität, in der sie wurzeln konnten. Kraus, ein Weltklasse-Imitator, muss der Vorwurf der Wurzellosigkeit am härtesten getroffen haben. Seine Verteidigung, wie Reitter[2] in seiner brillanten Kraus-Studie *The Anti-Journalist* darlegt, habe darin bestanden, die Gleichsetzung von »Imitation mit Oberflächlichkeit und von Originalität mit Authentizität«[3] zu problematisieren. Das Ergebnis, so Reitter, sei »eine radikale Zurschaustellung der deutsch-jüdischen Identität«.

2 Franzen meint, „der hervorragende Kraus-Kenner" Paul Reitter schreibe in seinem *Kraus-Projekt* die „gelehrteren Fußnoten".

3 Einmal, die eintausend Gramm klassischer Kartoffelsalat von ja!, die ich auf einem Reweparkplatz gesnackt habe, liegen mir noch schwer im Magen, lese ich eine kurze Erzählung, deren Titel *Zahnarzt* mich interessiert, und in der ich folgende Stelle finde: „Die Kunst, sagte er, ist Teil der Individualgeschichte, lange bevor sie Teil der eigentlichen Kunstgeschichte wird. Die Kunst, sagte er, *ist* die Individualgeschichte. Die einzig mögliche Individualgeschichte. Sie ist die Individualgeschichte und zugleich die Matrize der Individualgeschichte. Und was ist die Matrize der Individualgeschichte?, fragte ich. Und dachte schon, er werde antworten: Die Kunst. Und dachte auch, und das war ein leutseliger Gedanke, dass wir schon betrunken waren und nach Hause gehen sollten. Aber mein Freund sagte: Die Matrize der Individualgeschichte ist die geheime Geschichte. Für einige Augenblicke schaute er mich mit glänzenden Augen an. Jetzt wirst du dich fragen, was die geheime Geschichte ist, sagte mein Freund. Nun, die geheime Geschichte ist die, die wir nie kennen werden, die wir tagein, tagaus leben, im dem Glauben, wir würden leben, in dem Glauben, wir hätten alles unter Kontrolle, in dem Glauben, dass das, was uns entgeht, nicht wichtig sei. Aber alles ist wichtig, alter Junge! Wir machen uns das nur nicht klar. Wir glauben, die Kunst verlaufe auf der einen Straßenseite und das Leben, unser Leben, auf der anderen, und merken nicht, dass das gelogen ist."

Am Tag, als die Log Lady starb, zeigte mir die Frau mit dem Strassstein meinen neuen Zahn. Ich betrachtete ihn eine Weile, dann sagte ich, es sei schon traurig, dass der Urzahn, also der, von dem sie ja wisse, dass ein Straßenschild ihn zertrümmert habe, dass dieser Urzahn also nicht mehr zu rekonstruieren sei, weil eben niemand mehr sagen könne, wie genau er ausgesehen habe.

Kafka scheint diesen Aspekt von Kraus' Vorhaben erkannt zu haben, bezweifelte aber, dass es die geeignete Taktik war, um dem schrecklichen Zwischenzustand zu entkommen, in dem deutsch-jüdische Schriftsteller sich befanden. Er soll gesagt haben: »Karl Kraus sperrt die jüdischen Autoren in seine Hölle, gibt gut acht auf sie und hält strenge Zucht. Er vergißt nur, daß er in diese Hölle mit hineingehört.«

Als meine Mutter und ich einmal darüber sprachen, welche Vorurteile sie an meine Schwester und mich weitergegeben habe, die Sache mit den Zeugen, ich wisse schon, begann sie nach einer Weile, auch von ihrem eigenen unbewussten Misstrauen gegenüber Sinti und Roma zu erzählen. Dieser ganze Blödsinn, sagte sie, dass die im besten Fall Bettler und im schlimmsten Diebe seien, die so lange vor den Städten hausten, bis sie nach einer Saison von Einbruchstouren wieder verschwänden. Aber nicht bloß wegen ihrer Eltern und Großeltern habe sich dieses Bild festgesetzt, selbst in der Schule sei es immer mal wieder aufgetaucht, alternativlos und unhinterfragt. Noch heute, sagte meine Mutter, merke sie, wie sich das Stereotyp mitunter über ihr besseres Wissen schiebe, es überlagere. Da seien wir mit unserer Verachtung für Zeugen Jehovas weniger gestraft, die bezöge sich ja schließlich nur darauf, dass die Zeugin, die regelmäßig bei uns klingeln gekommen sei, einmal gefragt habe, was das überhaupt für ein Geschrei in der Wohnung sei, bei allen Problemen könne man ihr helfen, sie müsse nur, aber da schepperte auch schon die Wohnungstür im Schloss, und die Wut meiner Mutter war geboren.

Und jetzt, da ich wie Götz im Wald stehe, denke ich, dass jeder, der auf die Aufrechterhaltung von Zeit, Ort und Identität besteht, mich im Arsch lecken kann. Aber der Wald auf dem Niehler Ei ist ja gar kein richtiger Wald mehr, allein das Buschwerk wuchert vor sich hin, die Stürme der letzten Jahre, von denen Kyrill der ärgste war, haben Schneisen in den Sichtschutz gerissen, unmöglich könnte man hier auch nur noch ein weiteres Zelt aufschlagen, ohne entdeckt zu werden, geschweige denn ein ganzes Lager. Seinerzeit fegten die Böen so heftig über das Land, dass die Züge tagelang in den Bahnhöfe standen, was Nils und ich dazu nutzten, ein paar von ihnen anzumalen, während unsere halbvollen Dosen vom Gleis wehten.

In Klaus-Michael Bogdals *Europa erfindet die Zigeuner* ist nachzulesen, wie sich seit der ersten Ankunft von Sinti und Roma im Mittelalter ein ganzes Geflecht an Fremdzuschreibungen zu bilden begann, ganz so, „als hätte man darauf gewartet, neben den Juden ein weiteres Volk vor Augen zu haben, an dessen uneuropäischer Lebensweise sich der Abstand zur eigenen Weltordnung messen lasse". Wie die Provokation darin bestand, dass man ihre Herkunft nicht lokalisieren konnte, als dürfe es niemals irgendjemanden geben, der sich ohne Ursprungsort durch die Welt bewegt. Wie man sie zuerst für Pilger aus Ägypten hielt. Wie sie aber schon bald darauf zur „Gruppe der Vaganten, Gaukler und betrügerischen Bettler und Diebe" gezählt wurden. Wie man sie ab dem 16. Jahrhundert vertrieb. Wie die eigene Ungastlichkeit ebenso zu begründen war wie das Nomadentum der anderen, und wie Chronisten deshalb anfingen, ihre Finger zwecks verschiedener Legenden wundzuschreiben. Wie sich schließlich die Version durchsetzte, dass „Gott sie »in das Ellendt verstoßen hette«, weil sie der Heiligen Familie auf der Flucht nach Ägypten die Beherbergung verweigert hätten." Wie man auf diese Weise jede Form der Ortlosigkeit durch einen neutestamentarischen Gott rechtfertigen wollte, und wie deshalb „neben Ahasverus, den

»Ewigen Juden«, der unerlöste, zur Wanderschaft verdammte Zigeuner" trat.

Klar, hin und wieder gab es auch einen vernünftigen Einwurf, aber klar, als der englische Dichter John Bunyan 1678 argumentierte, aus christlicher Sicht seien alle Menschen "»mehr oder minder Zigeuner«", seit Gott sie unterm Apfelbaum verjagt habe, behauptete man einfach, dass Bunyan selbst "von Zigeunern oder Fahrenden abstamme". In dieser jeden Einwand relativierenden Logik konnten Sinti und Roma nur Fehler begehen, alles, was sie taten, wurde gegen sie verwendet. Was hätte Romanes auch anderes sein sollen, als eine "künstliche Gaunersprache, mit deren Hilfe sich die Unterwelt ungefährdet verständigen kann"? Als sich jedoch herausstellte, dass ihre Sprache mit dem Sanskrit verwandt war, wurde ihnen umgehend vorgeworfen, sie besäßen keine Schrift. Überhaupt lag das fortlaufend konstruierte Problem in ihren angeblich unzivilisierten Sitten, wobei Unzivilisiertheit eben immer nur Unzivilisiertheit der Andersdenkenden bedeutet. So meinte man zu wissen, sie trieben es "»nach Hundeart«", weshalb gleich klar zu sein schien, dass es sich um Menschen im eigentlichen Sinn gar nicht handeln könne. Am "Status der Zigeuner, der ein Nicht-Status" war, änderte sich nichts, sie galten "als Nicht-Europäer, ortlos und dennoch längst mit einem festen Platz in der symbolischen Ordnung".

Immer wieder die Idee des fixen Ortes: Wer keinen Boden besitzen wollte, der musste mindestens irre sein, und so kam es, dass sie zu Vogelfreien erklärt wurden. Ein Edikt von 1725 forderte, "»daß dieses gottlose, auch nur vom Raub und Stehlen sich ernehrende Zigeuner Gesindel aus allen Unseren Ländern vertilget und ausgerottet«" werden müsse. Bogdal schreibt: "Einer Namenstaufe vergleichbar erschaffen die Edikte in einem performativen Akt die infamen, nichtigen

Menschen." Und weil es sie nun also staatlich beglaubigt gab, diese zu verachtende Minderheit, trieb man es mit dem Volksglauben immer ärger, Kindesentführung, Teufelsanbetung, Wahrsagerei, alles kein Problem für eine Sintiza oder einen Rom.

Es zog dann ein bisschen Zeit ins Land, aber anstatt zu verschwinden, wurde das Bild, das man sich von ihnen machte, nur noch greller und konstruierte in Abgrenzung zum Antisemitismus, der ja immerhin von wirtschaftlicher Macht und Weltherrschaft ausging, letztlich etwas, „zu dem man jederzeit werden kann, wenn man von der sozialen Leiter tief herabfällt". Und irgendwie ergab das auch fast wieder einen Sinn, hatte man doch bereits „1562 in einem Edikt festgelegt, dass schon ein Monat des Zusammenlebens mit den Zigeunern genüge, um wie sie bestraft zu werden".

Genau dort, wo mir später ein Verkehrsschild den Zahn ausschlagen sollte, steht am Rand eines kleinen Wäldchens ein Haus, in dem, so erzählte sich die Nachbarschaft, eine Zigeunerfamilie wohne. Ein Dorf ist ein einziger Rand, da ist der Abgrund allgegenwärtig, und so brauchte es nur ein paar schief gewickelte Wäscheleinen, um auf die angebliche Verrohung seiner Bewohner schließen zu lassen. Eine der Städte, die sich an das nördliche Ende Dortmunds anschließen, ist Lünen, ein zunehmend ländliches Gebiet, in dem es mir immer so vorkommt, als seien dort Münsterland und Ruhrgebiet zusammengenäht worden, ein Zustand, der vielleicht auch für Björn Höcke, den berühmtesten Sohn der Stadt, nicht ohne weiteres wegzustecken war und ihn schließlich in sein thüringisches Exil trieb.

Als Nils und ich nicht weit von jenem Haus unser erstes Graffiti an den Zaun einer Kranfirma malten, kletterten plötzlich zwei Typen mit Sturmmasken (die wir selbst noch aufzusetzen natürlich vergessen hatten) übers Wellblech, auf das wir gerade in bester Toy-Manier eine Kanne Chrome nach der nächsten klatschten. In den Aerosolduft hinein fragten sie, ob wir ebenfalls einen Bruch geplant hätten, und da schmissen wir die Dosen ins Gebüsch und rannten davon, während sie lachend, jeder einen Sack über der Schulter, in die andere Richtung losmachten.

Meinen ersten Zug malte ich im Yard von Wanne-Eickel. In einer lauen Sommernacht hatten wir endlich mitkommen dürfen, each one teach one, waren durch eine aufgesägte Stelle im Gatter geschlüpft, bevor wir nun also unter den Zug robbten, auf dem unsere Panels schon fertig prangten, um nicht von einer rangierenden Lok entdeckt zu werden. Aus den schmalen Sichtschlitzen unserer Shirts, die wir um die Gesichter gewickelt trugen, blickten Nils und ich uns an. So nah, dass wir ihr Husten hören konnten, stieg die Lokführerin aus. Ich presste meinen Körper auf die von der Sonne des Tages aufgeheizten Holzschwellen. Über den Kies entfernten sich ihre Schritte nicht einmal halb so schnell, wie mein Brustkorb seinen Rhythmus auf die Bretter schlug. Als Ruhe eingekehrt war, krochen wir unter dem Waggon hervor, machten noch ein Tag: „Die Städte sind eng und so sind die Köpfe", und sahen zu, schleunigst aus Wanne zu verschwinden.

Von da an waren wir überall im Ruhrgebiet unterwegs. Während der Weltmeisterschaft 2006, als sich Dortmunds Freund und Helferin für ein paar Wochen um die große weite Welt kümmern musste, stiegen wir stockbesoffen ins heimische Yard und machten uns im Licht der Unionsbrauerei an einer S-Bahn zu schaffen. Ich war gerade mit Vorziehen fertig und blickte rüber zu Nils, der so nah am Zugende angesetzt hatte, dass sein Name nicht einmal zur Hälfte aufs Stahl passte, und da brachen wir ab und stolperten den Bahndamm hinab und schworen uns, nie wieder vor dem Malen so viel zu trinken.

Wir verbrachten Wochen damit, das scheinbar endlose Schienensystem zwischen Duisburg und Hamm entlangzuspazieren, stundenlang im Holunder zu hocken und einen Spot, wie man so sagt, auszuchecken. Wir lernten unser Ruhrgebiet von dort aus kennen, das innerhalb seiner Grenzen nie wirklich endet, weil jede Stadt immer schon den Übergang in die nächste ankündigt. Ein Verständnis für den Ort und seine lokale Anästhesie wie eine auf links gedrehte Hose, ganz so, als werde ihr Schild sichtbar, auf dem Material und Waschtemperatur vermerkt sind. Als provoziere ein Gleisbett das Negativ gewöhnlicher Blicke, die ja stets von den Straßen ausgehen. Augé sagt: „Der Zug war immer schon indiskreter", schließlich überrasche die „Eisenbahn, deren Trasse häufig hinter den Häusern der Ortschaften verläuft, Städter in der Intimität ihres Alltags". Im Ruhrgebiet bedeutete das, sich entlang von Halden und Brachflächen zu hangeln, eingezäunte Gebiete, deren montanindustrielles Erbe längst von der Vegetation zurückerobert wurde.

Als ich später nach Berlin zog und meines Zivildienstes wegen viel in einem Heim für geistig Behinderte saß, stieg ich auf dem Rückweg (der von Marienfelde nach Weißensee ein langer war) mitunter an der S-Bahn-Station Yorkstraße aus, um ein bisschen unter den Brücken der Gleisanlage spazieren zu gehen. Einmal fragte meine Kollegin, die Sozialpädagogin, ob es für mich, nun ja, schwierig sei, in eine Großstadt gezogen zu sein, und da fiel mir nichts Besseres ein, als zu antworten, bis auf Mitte hätte ich alles schon gesehen, das Ruhrgebiet sei ja der böse, auf einen Dachboden verbannte Zwilling, der nicht mehr zwischen Euthanasie und blühender Landschaft unterscheiden könne, was überhaupt keinen Sinn ergab, natürlich nicht, schließlich sah nicht mal Gelsenkirchen-Bismarck aus wie die DDR, aber damals war ich jung und ein Freund des weithergeholten Vergleichs, und da fing meine Kollegin an, den Kopf hin und her zu wiegen, weshalb ich noch schnell hinzufügte, der Staat zahle mir außerdem nur dafür ein Tränengeld, dass ich nicht zuhause stationiert sei, und so hätte auch ich die Pflicht, auf Heimweh zu verzichten.

Am letzten Tag meiner Pflegerkarriere kletterte ich dann vor einer blitzeblanken Fassade auf ein Baugerüst. Und obwohl ich der besoffenen Aktion abgeschworen hatte, hielt ich zwei Dosen in den Händen, auf denen Belton und Kindl geschrieben stand. Dass ich die Bullen nicht kommen sah, war schon blöd, dass ich zu sehr torkelte, um das Gerüst hinabsteigen zu können, allerdings noch blöder. Im Gefangenentransporter nach Hohenschönhausen versuchte ich, mich zu beruhigen, indem ich *Jenseits von Eden* vor mich hin sang, doch es gelang mir einfach nicht, und da beschloss ich also, nie wieder zu malen und mir gleich nach der Entlassung im Real an der Hansastraße einen Korbiniansapfel zu kaufen, in den ich später biss, während über dem Weißensee die Sonne aufging.

Mensch, bringt Kraus hier genau auf den Punkt[4], was an Heines Sonnenuntergangsgedicht problematisch ist. Aber mit zwanzig

---

4   Franzen bezieht sich hier auf jene Stelle in *Heine und die Folgen*, an der Kraus schreibt: „Kein Dichter ruft einem Fräulein, das den Sonnenuntergang gerührt betrachtet, die Worte zu:

Mein Fräulein, sein Sie munter,
Das ist ein altes Stück;
Hier vorne geht sie unter,
Und kehrt von hinten zurück.

fand ich es trotzdem herrlich. Mir gefiel, wie es den Ernst all der anderen deutschen Literatur, die ich gelesen hatte, unterhöhlte. Wow, dachte ich, der ist ja einer von *uns*. Heine ist bei den Deutschen bis heute beliebt, weil es ihnen genauso geht wie mir damals: Er befreit vom Gewicht eines großen Teils der deutschen Kultur. Heines Ironie leistet für die Deutschen das Gleiche wie die Flucht in ein südeuropäisches Land, wo das Leben freier und leichter ist; sie lesen ihn, so wie sie in ihren Ferien scharenweise ans Mittelmeer strömen.[5]

Nicht aus Respekt vor dem Fräulein, aber aus Respekt vor dem Sonnenuntergang."

5 Und wie ich also mit dem *Kraus-Projekt* in der Kuhle kauere, da fange ich an zu verstehen, was bei Franzen los ist. OMG, denke ich, der argumentiert ja beinah, als gehöre er zur Neuen Rechten. Alles ist so zyklisch und dennoch unveränderbar und deshalb nur durch Flucht zum Ballermann erträglich, zumindest legt sich Franzen so seine Deutschen zurecht: Stock im Arsch und Hände in den Fotzen, und ständig wirkt es, als wären ihm seine Zuschreibungen sympathisch, als wäre vielleicht auch er gern ein ernsthafter Onanist. Dabei entgeht ihm, na klar, eine Menge, aber das Tolle an Stereotypen ist ja eben, dass es keine Mühe macht, sie in der Realität aufzuspüren.

Kultur scheint für Franzen etwas zu sein, das in seiner Homogenität geschützt werden muss, bevor sich „Coolness" rechtsrheinisch nicht mehr rezessiv vererbt. Er meint das nicht mal böse, er ist einfach nur ein vom Internet überforderter Maurer, der den Mörtel anrührt. Dass aber Kraus genauso fleißig spachtelte, als er mit *Heine und die Folgen* einen antifranzösischen Schutzwall zwischen U und E, zwischen syphilisinfizierten und rosig deutschen Eicheln hochzog, kann nicht mit der von ihm diagnostizierten Feuilletonisierung, also der stumpfen Maurerkelle einer Kritik an ökonomischer Verwertbarkeit, entschuldigt werden. Kraus' kulturalistisches Nachtreten gegen Harry bremste die deutschsprachige Literatur natürlich viel stärker aus, als es Franzens H-Kennzeichen auf der Datenautobahn jemals könnte.

OMG, denke ich, vielleicht war es überhaupt kein Zufall, dass Kraftwerk nur einen Steinwurf von Heines Geburtshaus entfernt den

Techno erfand, weil eben immer alles mit allem zu tun hat, aber dann fällt mir ein, dass ich mal wieder William Onyeabor vergesse, der mit seinen Synthesizern ja auch den Techno in die Welt brachte. Doch obwohl Techno genauso wie die Infinitesimalrechnung zur exakt gleichen Zeit an verschiedenen Orten entstand, Enugu oder Düsseldorf, denke ich, Hauptsache, es ballert, liegt ein Großteil dessen, was darüber bekannt und erinnert wird, in den ziegelzentrierenden Händen von Typen wie Kraus und Franzen.

Um zu überprüfen, ob ich nicht übers Ziel hinausschieße, gucke ich auf dem iPhone gleich mal einen Imagefilm der Identitären, dieser selbsternannten Jugendbewegung. „Ihr macht eine Politik, die unsere Werte und Traditionen für eine multikulturelle Utopie opfert", sagt irgend so ein Martin zum Einstieg, und eine Perle mit stahlblauen Augen pflichtet ihm bei: „Ihr liebt und fördert das Fremde, und hasst und bekämpft das Eigene." Weil aber Martin der Anführer ist, liegt es an ihm, auf den Punkt zu kommen, der an seiner „Jugend ohne Migrationshintergrund" am meisten nagt: „Ihr wollt uns einreden, dass wir keine Identität haben, zu homogen sind. Wir sollen verdrängt und ausgetauscht werden", sagt er nach Art eines neofaschistischen Paranoikers. Kurz überlege ich, eine Ausgabe von Renaud Camus' *Revolte gegen den Großen Austausch* im Webshop des Antaios-Verlags zu bestellen, doch dann weiß ich nicht, wohin Götz Kubitschek es mir schicken könnte, eine Verkehrsinsel besitzt ja weder Anschrift noch Postfach, und da höre ich eben wieder Martin zu, der sagt: „Unser Ziel ist keine Beteiligung am Diskurs, sondern sein Ende als Konsensform. Wir wollen nicht mitreden, sondern eine andere Sprache", und weil das natürlich ganz und gar arg ist, und auch weil ich nicht sagen kann, wie genau Martin der Boden, den er zur „Rückeroberung" bestimmt sieht, unter den New Balance wegzuziehen wäre, rufe ich Enis an, von der ich weiß, dass ihre IB-Expertise in den letzten Wochen fröhlich vor sich hin wuchert.

„Die Frage ist doch: Wie sprechen über Menschen, die jedes Sprechen, das von ihnen handelt, als Erfolg betrachten?" Unsere Kopfhörer im Ohr, schweigen wir eine Weile, dann sagt Enis, die Identitären seien keine Leute, auf die man dem Diktum vom hehren Ideal des Dialogs folgend im Gespräch wenn nicht gleich zugehen, so doch wenigstens argumentativ eingehen könne. Klar, sage ich, genau das habe Martin ja auch gesagt, und da meint Enis, dass sie jetzt ein bisschen ausholen müsse: „Unter jener schroffen Politpoesie schimmert natürlich die angeeignete Sprache des jugendlichen Linksradikalismus hervor, der nicht den Kuchen will, sondern die ganze Bäckerei. Sie ist außerdem aber, und das vor allem, ein Bekenntnis zur Chiffre, zur verdeckten Operation, zum »bis es so weit ist«, zum, wiewohl von der »Bewegung« öffentlich verleugneten, nazistischen Traum vom Tag X, der gerade nicht den Traum von der Befreiung der Unterdrückten bezeichnet, sondern vielmehr den Moment, ab dem das Fremde und mit ihm auch das Dissidente ohne Furcht vor Konsequenzen ausgelöscht werden dürfen." Enis holt kurz Luft, dann fährt sie fort: „Die radikale Rechte wittert im jetzigen weltgeschichtlichen Moment ein revolutionäres Fenster, in dem die herrschende Ordnung tatsächlich umgeworfen werden kann. Dieser Glaube an die tatsächliche Umsetzbarkeit der eigenen Idee unterscheidet sie von den linken Bewegungen in Nord- und Mitteleuropa und Nordamerika, oder anders: Ihn hat sie gemein mit den linken Bewegungen des Südens, von Podemos bis zu den Zapatisten, denn jeder weiß, der Süden ist eine Fläche, die unter Innsbruck beginnt." Das stimme ja sicher, sage ich, das Goldene Dachl als Grenze alles Nordischen, na klar, aber was genau habe der Martin denn nun mit „andere Sprache" gemeint? „Die radikale Rechte", sagt Enis, „arbeitet an einer grundlegenden Änderung der Sprechverhältnisse. Gleichzeitig hat sie ein Interesse an einer Zementierung der ohnehin schon herrschenden, aber an ein paar Ecken und Enden eben zaghaft schwächelnden weißen, europäischen, völkischen, christlichen, heterosexuellen – das sind Worte, die ich gebrauche, weil sie gebraucht werden – Normalität in Europa, und zwar in einem Europa, das ökonomisch und politisch die Zügel in der Hand behält. Bleibt diese Welt nicht nur bestehen, sondern entwickelt sie sich zurück in ihre Fünfzigerjahre-Variante, in ihre Dreißigerjahre-Variante oder meinetwegen auch in ihre Neunzehnhunderterjahre-Variante, wird das dazugehörige Denken und Sprechen ganz von selbst wieder salonfähig. Darum geht es, und diesen vergangenen, alten Zustand, der dem jetzigen fest eingeschrieben ist, der nicht einmal verschüttet, sondern bloß von etwas Staub bedeckt ist, gilt es wieder einmal mit den zeitgenössischen Methoden der Massenkommunikation zu erreichen." Als ich Enis aufgeregt frage, wie genau die IB das anstellen wolle, bricht die Funkverbindung auf dem Ei ab.

Ich verwöhne mein Kleinvieh wie ein guter Farmer. Dabei überlege ich, ob es nicht interessant wäre, sich also lohnen könnte, zur Sommerakademie nach Schnellroda zu fahren, auf das Rittergut, wo Kubitschek und seine Siezfreundin Ellen Kositza homestorykompatibel ihre Power-Zigaretten teilen, Ziegen melken, angehende AfD-Mitarbeiter auf Linie bringen und ihre sieben blonden Kinder gleich mit, wobei für Letztere zu hoffen bleibt, dass ihnen nicht das gleiche Ende blüht wie den sieben blonden Kindern eines anderen großen deutschen Ehepaars, Mutterkreuz hin, Konsequenz her. Und während ich also übers Zyankaliknabbern nachdenke, fängt meine Pute zu nicken an, ja wirklich, sie hebt und senkt ihren Kopf, als wollte sie mir sagen: Buch einen Platz, time is money, los los!

Auf der Homepage des „Instituts für Staatspolitik" steht, die Akademie finde diesmal unter dem Motto „Lage 2016" statt. „Neben Vorträgen gibt es wie immer einen Filmabend, Sport und ausreichend Gelegenheit zum Austausch. Die Akademie ist Teilnehmern unter 35 Jahren vorbehalten", lese ich und bin sofort sehr aufgeregt, das klingt ja beinah wie die Ausschreibung zu einem Wettbewerb für junge deutschsprachige Literatur, denke ich und schaue mir, um die Vorfreude noch zu steigern, das Video der letzten Winterakademie an. Es dauert nicht lange, bis Martin, der mit Nachnamen Sellner heißt, vor die Kamera tritt. „Die *Sezession* und Schnellroda waren für uns immer schon ein geistiges Zentrum", sagt er, und ein Mädchen namens Melanie sagt, sie wolle hier Leute kennenlernen und „ihre Meinung äußern, ohne Angst haben zu müssen". Ich stelle mir vor, wie Designerbrillen-Sellner und ich ausdiskutieren, wer von uns das bessere Gestell trägt, schließlich meinte Nils erst kürzlich, ich sähe mit meiner aus wie ein Nazi, der mal ein Buch gelesen habe. Doch gerade als ich mich anmelden will, lese ich, das Camp sei restlos ausgebucht. Tränen der Enttäuschung kullern meine Wangen hinab. Einen der 130 begehrten Plätze ergattern, das muss doch möglich sein, rufe ich so erstickt ins Innere der Insel, dass zwar einige Amseln aufschrecken, mich aber sonst niemand hört.

Zur Aufmunterung schaue ich den Mitschnitt einer Rede, die Kubitschek den Burschis 2015 zum Zweihundertjährigen in Eisenach gehalten hat. Mit einem Glas Rotwein steht er am Katheder und sagt, er wolle keiner sein, der „den Ungeist deutscher Größe in sich selbst bekämpft", was auch damit zu tun habe, „dass uns die Grenzenlosigkeit in ökonomischer, moralischer, politischer und räumlicher Hin-

Das Land, das zwischen der zwölften Auffahrt der A2 und der hundertsten Abfahrt der A1 lag, war meine gesamte Jugend über ein weißer Fleck, der sich nur allmählich mit Erlebtem zu füllen begann. Es gibt diese eigenartige Form von Vertrautheit, die genau genommen ihr Gegenteil bedeutet, befindet man sich zum ersten Mal abseits einer Strecke, deren Verlauf schon immer zum Inventar der eigenen Erfahrung gehörte.

sicht einer Entwicklungsgeschwindigkeit ausliefert, der die gesetzestreuen deutschen Bürger nichts entgegenzusetzen haben". Da klopfen die Alten Herren gleich begeistert auf die Tischdecken, na klar, so etwas würde ja selbst meine Mutter unterschreiben, die sagt in letzter Zeit auch immer öfter, dass ihr alles viel zu schnell geht, aber Halt! Stop!, so meint Götz das gar nicht, er redet schon weiter, man habe es nämlich „mit einem Gesellschaftsexperiment zu tun"; und dann folgt auch schon das große Gejammer, das scheinbar mit „dem großen Austausch unseres Volkes" einhergehen muss, über die „Aushöhlung aller Werte und Normen durch die Konzepte des Gendermainstreamings und der Political Correctness, die alles Gültige in ein Gleichgültiges verwandeln". Schon witzig, denke ich, dass Götz glaubt, es gebe so etwas wie völkisch wahrhaftige Programmierungen, als sei das Niederwalddenkmal nicht auch nur eine Unisex-Toilette, als könne die Wacht am Rhein die erdachte Erbfeindschaft tatsächlich noch überwinden. Gerade frage ich mich, was der Götz dem Ganzen eigentlich entgegenzusetzen gedenkt, da findet er schon warme Worte für das Fechten, in Zeiten wie diesen, sagt er, bedürfe es „einer jähen, einer vielleicht sogar blutigen Initiation, die den jungen Mann noch einmal und rätselhaft unmodern gründet". Und sofort fällt mir ein, dass in Heidelberg die Story kursierte, nicht die Mensur sei das Ärgste, mitunter müsse sich ein Bursche auch ein Huhn auf den Schwanz stecken, denn „eines ist gewiss: Es gibt dieses Eigene, dieses Deutsche, das auf der ganzen Welt noch immer sprichwörtlich ist und mit Achtung oder Verachtung uns und keinem anderen Volk zugeschrieben wird." Dass Kubitschek damit gar nicht mal so falsch liegt, hängt natürlich auch mit Typen wie Franzen zusammen, die eine Gabel nie zu den Stäbchen legen würden.

Jede Ackerscholle wird so egal wie der Fluss, in den niemand ein zweites Mal steigt.

Augé sagt: „Die Reise erzeugt eine fiktive Beziehung zwischen Blick und Landschaft."

Ich blicke zur Industriestraße hinaus. Vor der Platin Eventlocation begrüßt sich eine Gruppe Schüler, umschwärmt die Homecoming Queen, nur um gleich darauf wieder auseinanderzustreben und sich neu zu ordnen. Weil sie Anzüge und Abendkleider tragen, fallen ihre Umarmungen ungelenk aus, und sofort packt mich ehrliches Entsetzen, ein Abiball, denke ich, und kehre eilig zurück in die Geborgenheit meiner Kuhle. Als ich später im Schein des iPhones *Unschuld* lese, höre ich hinter der Plane immer wieder, wie meine Insel durch die Unterführung betreten wird.

»Tja, und deshalb ist Martin auch aufs Internet eifersüchtig, weil ich mit meinen Freundinnen in erster Linie darüber kommuniziere. Ich habe viele Freundinnen, die ich noch nie gesehen habe – echte Freundinnen. Über E-Mails, soziale Netzwerke, Foren. Ich weiß, dass Martin manchmal Pornos guckt, wir haben keine Geheimnisse voreinander, und wenn er es nicht täte, wäre er wahrscheinlich der einzige deutsche Mann, der keine guckt – ich glaube, die Internet-Pornographie ist für deutsche Männer[6] entwickelt worden, weil sie gern allein sind,

---

6 Und weil Franzen damit Recht hat, die Traurigkeit der Schwänze, ja wirklich, Deutsche lieben Pornos, und auch weil ich finde, dass Hans Reiter der größte deutsche Schriftsteller des 20. Jahrhunderts ist, einer, der keine Angst davor hatte, in Draculas Schloss gegen das Mauerwerk zu wichsen, krabble ich also aus dem Zelt und lege mich zusammen mit Bolaños *Präfiguration von Lalo Cura* in meine Kuhle. Ich lese: „Meine Mutter war zweifellos eine Traumtänzerin. Sie hieß

Connie Sánchez, und wärt ihr jünger und versauter, käme euch der Name nicht so fremd vor. Sie war eine der drei weiblichen Stars der Filmproduktionsfirma Olimpo. [...] Die Produktionsfirma Olimpo drehte Pornofilme, und obwohl das Geschäft halb illegal war und das Umfeld unverhohlen feindlich, hielt sich die Firma bis Mitte der Achtziger über Wasser. Der Hauptverantwortliche war ein Deutscher namens Helmut Bittrich, eine schillernde Persönlichkeit, der es schaffte, als Geschäftsführer, Regisseur, Dramaturg, Musiker, PR-Manager und zeitweiliger Leibwächter der Firma aufzutreten. Manchmal stand er sogar vor der Kamera. Dafür benutzte er dann den Namen Abelardo Bello. Ein seltsamer Typ, dieser Bittrich. Nie sah man ihn mit erigiertem Schwanz. [...] Wenn Sie genau hinschauen, können Sie ihn als Voyeur erleben [...]. Am besten gefiel er sich in der Rolle eines Arztes. Eines deutschen Arztes, versteht sich [...]. Der Doktor mit den blauen, hinter einem opportunen Samtvorhang geschützten Augen. [...] Connie nahm mich regelmäßig mit. Ich blieb im Hof und spielte mit den Hunden und den Gänsen, die der Deutsche aufzog, als wären es seine Kinder. [...] Einmal bin ich in die Küche gegangen, um zu helfen, und als ich die Küchenschränke öffnete, fand ich nur Klistiere, Hunderte von Klistieren, in Reih und Glied wie zu einer Militärparade. [...] Die Filme wurden an Abnehmer in Deutschland, Holland und der Schweiz verschickt. [...] Vielleicht aus diesem Grund schilderte eine Stimme aus dem Off, Bittrichs Stimme, auf Deutsch die dargestellten Szenen. Wie ein Reisetagebuch für Schlafwandler. Und die Obsession für Muttermilch, auch so eine europäische Eigenart. Connie arbeitete weiter, als ich in ihr war. Und Bittrich drehte Muttermilch-Filme. Also Filme über Muttermilch- und Schwangerschaftsphantasien, die auf den Markt von Männern zielten, die glaubten oder glauben wollten, Schwangere hätten Milch. Connie mit Achtmonatsbauch presste ihre Brüste, und die Milch floss wie weiße Lava. Sie hockte sich über Pajarito Gómez oder über Sansón Fernández oder über beide, und die Milch strömte auf sie nieder. Tricks des Deutschen. Connie hatte nie Milch. Oder nur ein bisschen, zwei Wochen lang, genug, damit ich sie probierte. Aber mehr nicht. In Wirklichkeit drehten sich die Filme um Schwangerschaftsphantasien, nicht um Milch. Man sieht Connie – blond, rund, und ich zusammengekauert in ihr drin –, wie sie lacht und Pajarito Gómez' Arsch mit Vaseline schmiert. Ihre Handgriffe sind schon die genauen und vorsichtigen Handgriffe einer Mutter. [...] Das Geheimnis des Lebens alles kontrollieren wollen und Machtphantasien haben. Aber er sagt, er guckt sie bloß, weil ich so viele Internet-Freundinnen habe.«

»Was ja vielleicht eine Art Porno für Frauen ist«, sagte Pip.

Über dem Gedanken, ob es nicht doch sinnvoll wäre, mich zu bewaffnen, schlafe ich ein.

Die Eltern meiner Mutter fuhren seit der Frührente meines Großvaters saisongebunden in den Urlaub; im Frühsommer in die österreichischen Alpen, wo sie immer bei der gleichen Wirtsfamilie unterkamen, und im Herbst nach St. Martin am Rand des Pfälzerwalds. Einmal begleiteten sie meine frisch verlobten Eltern an die holländische Nordsee, aber nicht nur das Foto, das meinen Großvater in pinkem Poloshirt auf irgendeiner Promenade zeigt, beweist, dass sie damit wenig anzufangen wussten. Für beide sollte es das einzige Mal sein, dass sie Deutschland verließen. Als ich meinen Großvater vor einigen Jahren fragte, ob er nicht Lust habe, mit mir einen Ausflug nach Stettin zu machen, legte er sich gleich ein ganzes Arsenal an Ausreden zurecht, warum das keine so gute Idee sei.

in Lateinamerika. Wie ein Kaninchen vor einer Schlange. Die Macht ist mit mir, sagte sie zu mir, als ich mit neunzehn den Film zum ersten Mal sah, Rotz und Wasser heulte, mit den Zähnen knirschte und mich kniff, ob ich nicht träumte, die Macht ist mit mir. Alle Träume sind wirklich. Ich hätte gern geglaubt, dass die Schwänze, die in meine Mutter drangen, am Ende ihres Weges auf meine Augen trafen. Ich hatte oft davon geträumt: Meine geschlossenen, lichtdurchlässigen Augen in der schwarzen Suppe des Lebens. Des Lebens? Nein: der Geschäfte, die das Leben imitieren.“

Mein Großvater und ich gehen auf den Markt, um eine Pute zu kaufen. Wir entscheiden uns für eine schöne große, einen richtigen Dinosaurier. Zurück auf dem Ei, beginne ich aus Ästen einen Zaun zu bauen. Meine Pute soll es gut haben, denke ich, und ziehe die Grenzen großzügig. Als ich fertig bin, werfe ich ihr ein paar Körner hin und lege mich mit Franzen zurück in die Kuhle. Die Pute pickt.

Die Mutter meiner Mutter las alles von Böll, was sie kriegen konnte. *Die verlorene Ehre* steht noch heute ganz vorn im Regal, und vielleicht ist dieses Buch auch der Grund, weshalb meine Großeltern nie eine andere Tageszeitung als den *Kölner Stadtanzeiger* lesen wollten. Später besorgte sie dann für meinen Großvater und sich Theaterabos. Wenn meine Großmutter davon erzählt, betont sie jedes Mal, am liebsten habe sie die Opern gehabt.

Als Abiturientin trug meine Mutter Armyparka. Den Accessoires ihrer Zeit folgend, klemmte ihr ein Anti-Atomkraft-Button am Revers. Sie wollte sich für Sozialpädagogik einschreiben. Aber mein Großvater bestand darauf, dass so etwas kein Beruf sei, und da gab meine Mutter nach und ließ sich zur Chemisch-Technischen Assistentin ausbilden, um fortan Mehl in einer Mühle auf seine Qualität zu kontrollieren.

Gestern schmiss ich meiner Pute ihren Mitternachtssnack ins Gehege und hörte einen Waldkauz rufen. Es klang, na klar, als fordere er mich auf, mit ihm zu kommen. Aber ich fürchte mich trotz allem und Schwarzer Hütte kaum, wenn sich eine Eule in meiner Nähe aufhält, was naturgemäß nicht oft, aber mitunter sogar auf einer Verkehrsinsel passieren kann, weil ich zur Beruhigung daran denke, dass Nils' Vater, der jahrelang

Deutscher Meister im Züchten von Jungtauben war, eine CD besitzt, auf der ein Uhu in Endlosschleife seinen Namen buchstabiert, um Raubvögel vom Taubenschlag fernzuhalten.

Damit möchte ich auf mich selbst zu sprechen kommen, da ich meine eigene Geschichte ohnehin schon in die von Kraus hineinlese.

Echter Zorn, Zorn als eine Lebensform, war mir fremd – bis zu einem Nachmittag im April 1982. Ich stand auf einem verwaisten Bahnsteig in Hannover. Aus München kommend, wartete ich auf einen Zug nach Berlin, es war ein dunkler, grauer deutscher Tag, und ich nahm eine Handvoll deutscher Münzen aus meiner Hosentasche und begann, sie auf den Bahnsteig zu werfen. Mein Verhalten war nicht ganz frei von antideutschen Ressentiments, denn ich hatte kurz zuvor ein grässliches Erlebnis mit einer alten deutschen Pfennigfuchserin gehabt, und es tat mir gut, mir andere alte deutsche Pfennigfuchserinnen vorzustellen, die sich typischerweise bückten, um die Münzen aufzuheben, und so ihre Knie- und Hüftprobleme verschlimmerten.[7]

7   Ich habe Flieder gepflückt und mit ihm die Grenzen meiner Kuhle markiert. Es ist ein duftender, weichgezeichneter deutscher Tag, und da lege ich *Das Kraus-Projekt* zur Seite und freue mich über die Kupfermünzen, den Lachs der Weisheit gewissermaßen, die es ja nicht aus Geiz, sondern aus Aberglauben aufzusammeln gilt. Kleinvieh macht auch Mist, denke ich und überlege, wie irre es einem Kwakiutl vorgekommen wäre, dass der wertloseste Pfennig mit Kupfer ummantelt wurde, irrer vielleicht nur, wenn er gesehen hätte, dass Franzen sie wegschmiss, um seine Verachtung zu demonstrieren. Das ist schon schön, denke ich, wie er sich da Befriedigung auf dem Bahnsteig verschaffte.
    Und wie ich so über Franzen und seine Forderung nach der Konservierung deutscher „Uncoolness" nachdenke, frage ich mich, wie

An einem warmen Morgen im April verlasse ich das Niehler Ei, um die Mutter meines Vaters auf den Friedhof zu begleiten. Über Ausfallstraßen spaziere ich nach Longerich, dann fahren

das zusammenpasst, diese Identitären, die so gerne vloggen und bloggen und bei Instagram rumhängen, und die Reaktion, die sie mit ihren Posts beschwören, und weil mir dazu nicht viel einfällt, rufe ich also Enis an. „Der Unique Selling Point der Identitären Bewegung liegt in ihrem Coolnessfaktor. Diese »Coolness«, die Jugendlichkeit", sagt Enis, „der sichere Umgang mit den kontemporären Formen der Massenkommunikation, mit den sozialen Medien, ist eine zentrale Parallele der »Bewegung« zu den ursprünglichen Faschisten, zu den Schwarzhemden und deren Liebe für schnelle Autos und Technik, zu den Nazis mit ihrem flugzeugunterstützten Wahlkampf." Innerhalb eines Tages an drei Orten zu sein, da habe der Führer schon gut vorgelegt, sage ich, und da lachen wir ein bisschen und freuen uns darüber, dass Hitlers liebster Itaka als Erster seiner Art eine private Propellermaschine über europäischen Boden steuerte, bevor wir in unseren Geldbeuteln nachsehen, ob darin *Einzigartige Formen der Kontinuität im Raum* klimpern, jene Skulptur, die auf italienischen Zwanzigcentstücken abgebildet ist, Boccionis bronzegewordenes Voranschreiten in eine Zukunft, die schon ein Jahr später ein Krieg wurde. Enis sagt: „In diesem Zusammenhang ist es natürlich geradezu enttäuschend, dass die Identitären das futuristische, bacchanalische Element des Faschismus, einer Ideologie, die in ihrer megalomanischen Klammer für Marinetti und Riefenstahl ebenso viel Platz bietet wie für Volksempfänger und Gaskammern, leider nicht auszuschöpfen wissen, eben weil sie so hoffnungslos rückwärtsgewandt sind, dass ihnen kein innovativer Gedanke, kein frisches Bild abzupressen ist, ihre ästhetischen Bemühungen auf den Kitsch und das Kunsthandwerk beschränkt bleiben, ihre Kritik auf das Jammern und ihre Visionen auf den dilettantischen Vorschlag. Der Reaktionäre kann nichts Neues schaffen, und in diesem einen interessanten Unterschied zwischen Reaktion und Faschismus entscheiden sich die Identitären für die sichere Seite, was natürlich weniger eine Entscheidung ist und mehr die notwendige Konsequenz aus dem Mangel an Kompetenz und Talent in ihren Reihen, noch zumindest."

wir gemeinsam Straßenbahn. Zum Grab gehe sie nicht mehr so häufig, sagt meine Großmutter und hakt sich bei mir unter. Sie beschwert sich nie. Als sie ein Hörgerät bekam, ließ sie zwar ihre Haare wachsen, schimpfte aber nicht aufs Alter. Anstatt ihre Enkel anzurufen, verschickt sie Nachrichten via WhatsApp, weil sie niemanden nerven will, und erst seit ihre Augen im letzten Jahr trotz Operation schlechter wurden, fährt sie zu Silvester nicht mehr allein zum Dom, um sich während des Feuerwerks einen Piccolo aufzuschrauben.

Der Friedhof sieht ganz anders aus, als ich ihn in Erinnerung habe, was natürlich daran liegt, dass ich vor zwanzig Jahren zuletzt hier war. Die Bäume sind gewachsen, denke ich, und stoße mit der Schuhspitze gegen einen Kieselstein. Auf den Gräbern wuchert obligatorischer Efeu. Die Sonnenstrahlen hängen zwischen den Nadeln der Kiefern. Während wir durch die neuangelegten Bestattungsgärten spazieren, spricht meine Großmutter von moderner Friedhofskultur. Hier im Ruhehain, sagt sie, wolle sie für sich einen Platz reservieren. Im ausliegenden Infoflyer lese ich: „Der »Ruhehain« bietet ein stilvolles Gesamtbild aus geschwungenen Wegebögen und perfekt gepflegten Bodendeckern. Hier bekommt der kostenbewusste Bürger ein namentlich gekennzeichnetes Urnengrab mit Liegestein, das auch ohne Blumenschmuck einen würdevollen und gepflegten Anblick bietet."

Im Auengarten sprechen wir über meinen Entschluss, nicht Garten- und Landschaftsarchitektur zu studieren, ein Beruf, von dem meine Großmutter bis vor kurzem meinte, er sei der einzig wahre für mich, noch als Jugendlicher hätte ich doch so gern draußen im Wald gespielt. Dann fragt sie, was das Leben auf der Verkehrsinsel mache, und da flunkere ich ein bisschen, der Wildwuchs sei schon heftig, sage ich, ein Experte müsse da mal mit der Heckenschere ran. Weil es heute so schön mild ist, weder zu heiß noch zu kalt, schlage ich vor, gleich ein Fürst-Pückler-Eis zu essen, was ja besonders im Frühjahr und im Herbst eine reizvolle und schmackhafte Sache ist. Im Infoflyer lese ich später: „Der »Auengarten« ist ein naturnah gestalteter Bereich, der sich wohl am stärksten von dem gewohnten Friedhofsbild unterscheidet. Abseits von den traditionellen Grabstätten mit ihren klar begrenzten Einfassungen, betten sich die Gräber im Auengarten scheinbar verstreut in die gewachsene Landschaft ein. Als Grabmale zeugen handwerklich beschriftete Findlinge von der Individualität der hier beigesetzten Verstorbenen."

Als wir das Grab ihres Manns erreicht haben, blinzeln wir eine Weile ins Gegenlicht, dann sagt meine Großmutter, sie glaube nicht, dass es nötig sei, die Pacht noch einmal zu verlängern.

Ich sitze auf dem Ei und esse gegrillte Auberginen. Während ich ihrem Nikotin nachschmecke, fällt mein Blick auf eine Ameisenstraße, die durch meine Kuhle verläuft. Es ist mir nicht möglich, festzulegen, welcher Nachtschatten der beste ist: Kartoffeln, Tabak, Chilis, Engelstrompeten, Tomaten, Alraunen? Mit vollen Backen blicke ich meine Pute an, aber diesmal weiß auch sie keinen Rat.

So, wie er hier mit seiner Potenz prahlt[8] und die seines Gegners kleinmacht, könnte er fast ein Rapper sein. Und ich, als ein Spätzünder, war dafür genauso anfällig wie für die Komik der Formulierung »möchte vor allem das nackte Leben retten«. Ich

8 Franzen spricht an dieser Stelle über das, was Kraus sein „Kopfwerk sprachschöpferischer Männlichkeit" nennt. Der komplette Abschnitt bei Kraus geht so: „Der deutsche Geist aber möchte vor allem das nackte Leben retten; und er wird erst wieder hochkommen, wenn

befand mich in seliger Unwissenheit über das gefährliche Terrain, das Kraus, entfesselt durch den Juden Heine, mit seiner Rede von der ›Schmutzflut‹ betrat. Doch dass Kraus eine Rückkehr zur Reinheit forderte und ein vollständiges System lieferte, mit dem sich die Welt in Bezug auf ihre Verseuchung begreifen ließe: das sprach mich an, wie einen Zweiundzwanzigjährigen heute die regionale Öko-Landwirtschaft oder der radikale Islam ansprechen mag.[9]

Mein Großvater erzählt gern Geschichten aus der Esso. Streiche, die er seinen Vorgesetzten spielte, Revanchefouls, die er als Keeper der Betriebsmannschaft austeilte, und sobald das Gespräch nur ansatzweise aufs Trinken kommt, was es ja immer tut, Kölsch oder Pils?, spricht mein Großvater davon, dass der Schnaps meist schon mittags auf dem Tisch stand. „Wir müssen uns", sagt er dann, „die alte Bundesrepublik als einen glücklichen Ort vorstellen."

Folgt man der Industriestraße weiter nach Norden, schließt sich rechterhand zuerst eine Müllverbrennungsanlage und später das Ford-Werk an. Auf ihrer linken Seite liegt das ehema-

sich in Deutschland die intellektuelle Schmutzflut verlaufen haben wird. Wenn man wieder das Kopfwerk sprachschöpferischer Männlichkeit erfassen und von dem erlernbaren Handwerk der Sprachzärtlichkeiten unterscheiden wird. Und ob dann von Heine mehr bleibt als sein Tod?"

9   Anders als in den letzten Wochen ist das Netz auf der Insel schlecht. Und wie ich also den umgestürzten Baum hinaufbalanciere, um mit Ben zu telefonieren, bricht allmählich die Nacht über das Ei herein. Ich erzähle von meiner Pute, vom Nachtschatten, und wie stumpf es mich mache, *Das Kraus-Projekt* zu lesen, und da beginnt Ben sich auf der Karl-Marx-Straße kaputtzulachen, Franzen, ruft er ins iPhone, lese Kraus eben genauso wie ein Fundi die Bibel.

lige Esso-Gelände, das heute Deutsche Infineum GmbH heißt und zu ExxonMobil gehört. Jede Dynastie neigt dazu, den Ort ihrer Herkunft zu verklären. Dass aber die Anfangsbuchstaben von Standard Oil phonetisch zum Namen Esso gedoppelt wurden, nachdem die Vorfahren des Gründers 1723 aus dem rheinischen Rockenfeld ausgewandert waren, und ihre Ölbranche also noch immer Exkremente dorthin leitet, wohin auch schon Ururgroßvater Rockefeller seinen Mittelstrahl hatte fließen lassen, ist dann doch besonders schön.

Kurz bevor mein Grinsen zu funkeln begann, stiegen Nils und ich unter meiner Wohnung in einen Zug und fuhren die schönste Bahnstrecke Deutschlands bis Rheinbrohl hinunter. Dort schlugen wir uns in die Wälder und erreichten nach Stunden jene Stelle, von der mein iPhone behauptete, sie müsse Rockenfeld sein. Eine Weile saßen wir im Laub, sahen aber vor lauter Bäumen den Ursprung des Geldes nicht. Genau genommen war hier überhaupt nichts, was an eine Siedlung erinnerte. Es fing schon zu dämmern an, als endlich ein Förster vorbeifuhr, und da sprangen wir ihm also vor den Jeep und fragten, wo es nach Rockenfeld gehe. Wir stünden doch bereits mittendrin, rief er, aber es sei nun mal eine Wüstung, 1969 habe man die verlassenen Häuser und Höfe in Brand gesetzt.

Als wir später nach OK zurückkehrten, um ein Huhn nach Colonel Sanders geheimem Rezept zu frittieren, schauten wir auf dem MacBook das Super-8-Video *Rockenfeld brennt*. Ein Feuerwehrmann leiht einer Frau seinen Helm. Ein Schaulustiger streckt der Kamera die Zunge raus. Alle lachen, während im Hintergrund das Fachwerk lodert. Klar, die Rockefellers interessierten sich für die Verwüstung des Ursprungs kein bisschen, und klar, das Beste an der ganzen Sache war, dass Nils bald eine Leinwand nach Art des letzten Feuers lackierte.

Augé sagt: „Die gegenwärtige Überfülle des Raumes führt zu beträchtlichen physischen Veränderungen: zur Verdichtung der Bevölkerung in den Städten, zu Wanderungsbewegungen und zur Vermehrung dessen, was wir als »Nicht-Orte« bezeichnen – im Unterschied zum soziologischen Begriff des Ortes, den Mauss mit dem Begriff einer in Zeit und Raum lokalisierten Kultur verknüpft. Zu den Nicht-Orten gehören die für den beschleunigten Verkehr von Personen und Gütern erforderlichen Einrichtungen ebenso wie die Verkehrsmittel selbst oder die Einkaufszentren oder die Durchgangslager, in denen man die Flüchtlinge kaserniert. Im selben Augenblick, da die Einheit des irdischen Raumes denkbar wird und die großen multinationalen Netze an Stärke gewinnen, verstärkt sich auch der Lärm der Partikularismen, all derer, die für sich bleiben wollen, oder derer, die nach einem Vaterland suchen, als wären der Konservativismus der einen und der Messianismus der anderen dazu verdammt, dieselbe Sprache zu sprechen: die des Bodens und der Wurzeln."

Meine Großeltern wählen schon ihr ganzes Leben lang SPD. Sie wählen sie so, wie sie alles tun, als normalen Move. Obwohl katholisch, spielt Religion keine Rolle, die Kirche ist ihnen egal, weil sie von ihr nichts erwarten. Ich sehe meinen Großvater vor mir, wie er auf der Couch sitzt, während die *Tagesschau* läuft. Er macht sich über das Papamobil lustig oder teilt gegen Politiker aus, Strauß, Stoiber, Seehofer, mein Großvater verzieht das Gesicht, presst die Lippen aufeinander, dann reißt er die Augen auf: „Alles Arschlöcher!"

Was mein Großvater nur ungern erzählt, ist ebenfalls eine Geschichte aus der Esso. Einmal stand der betriebseigene Taxifahrer vor der Haustür und fragte, ob mein Großvater die Nachtschicht übernehmen wolle. Weil er an diesem Abend aber schon Schlafanzug trug, ließ er sich von meiner Großmutter verleugnen. In der Kneipe sei ihr Mann, sagte sie, und da zog der Typ also ab und klingelte beim Nachbarn. In derselben Nacht brach im Werk ein Feuer aus. Den Willi von nebenan, sagte mein Großvater, habe es damals lebensgefährlich erwischt. Und ein anderer Kollege sei so schlimm entstellt gewesen, dass ihn die Frau verließ. Da sei dem nur noch eins geblieben, sagte mein Großvater und machte die universell verständliche Glas-in-den-Rachen-Geste.

Es kränkte mich, dass die deutschen Studenten mich nicht mochten, nur weil ich Amerikaner war. Die Pazifisten mit ihren spärlichen Bärten und olivgrünen Jacken und Atomkraft-nein-danke-Ansteckern schienen mir alle hoffnungslos rückwärtsgewandt.[10] Deutsche Punks stellten hässlichere Dinge mit ihren Gesichtern, Haaren und Kleidern an als die Punks jeder anderen Nation, und ihr Humor beschränkte sich auf die wiederholte, dümmlich ironische Verwendung des Wortes »asozial«, mit dem sie von ihren Kritikern bedacht wurden.

10 In der Kuhle liegend, träume ich von einem Gedicht, das ich vor Jahren mit Kajal an die Kacheln meiner Dusche geschrieben habe, die sich in der Küche befand, gleich nach dem Aufstehen. Auch der Inhalt des Gedichts entsprach einem Traum.

Mein Großvater war
Sein Ende näherte sich bereits
Ein gelbes Huhn geworden
Ich habe ihn in den Raps gehen sehen
Ich habe ihn nicht daran gehindert

Ein Mann, pflegte der Vater meines Vaters zu sagen, dürfe ja wohl sein Feierabendbier trinken.

Einmal verlasse ich die Insel nach Norden zur Industriestraße hin. Vor mir steht ein weißverputztes Haus, dessen Fenster im Erdgeschoss vergittert sind. Das hier ist also die Peripherie, denke ich, auf die Terry Jones seine Freikirche bauen wollte. Als der Amerikaner 1981 ins Rheinland kam, gründete er vom Fleck weg seine Christliche Gemeinde Köln. Der verordnete er nicht nur neupfingstlerische Standards wie Hände hochreißen und booty shaking, auf dass seine Schäfchen in Zungen sprächen, sondern beging auch bald ganz normalen Betrug. Das Amtsgericht Köln jedenfalls verurteilte ihn zu einer Geldstrafe, weil er sich einen Doktor vor den Namen geklemmt hatte. Dabei sah Jones, der in seinen Predigten am liebsten gegen Homos und Muslime hetzte, so wenig nach Uni aus wie Hulk Hogan, und da passte es prima, dass er den gleichen, brutal weißen Schnauzbart trug.

Mitte der Neunzigerjahre zählte die rheinländische CGK knapp tausend Mitglieder. Und es klang ja auch ganz geil, was der Mann aus Missouri (wo die Mormonen immerhin den Garten Eden lokalisieren) erzählte. Weil er nämlich am Dom ein Graffiti gesehen hatte, das besagte: „This could be a place of historical importance", malte sich Jones aus, Köln müsse mindestens das Tor zur Hölle sein, und predigte diese Erkenntnis also fortan im Industriegebiet. 2001 tobte der rheinische Boulevard, als ein Pulheimer seine CGK-hörige Gattin erstach. Seine Frage, für wen sie sich im Zweifelsfall entscheide, hatte sie mit Jesus beantwortet, und da war es mit ihm durchgegangen, so sehr, dass er gleich noch die Kinder mit Plastiktüten erstickte. Aber erst als Jones sieben Jahre später Gelder unterschlug, und die ehrenamtliche Arbeit einigen Mitgliedern zu viel wurde, verbannte die Gemeinde ihren Führer in Einigkeit auf das Niehler Ei. Von dort kehrte er in die USA zurück, um seinen nächsten Coup zu planen.

Zuhause brachte Jones seinen Hass auf Muslime aufs nächste Level, als er das Buch *Islam is of the Devil* veröffentlichte. Weil aber das Schreiben eines Buches niemals so viel bewirken kann wie das Verbrennen eines Buches, setzte er für den 11. September 2010 den „International Burn a Koran Day" an. Mit diesem schmissigen Titel wurde so lange die Werbetrommel gerührt, bis es zu weltweiten Protesten gegen Jones kam, obwohl seine neue Gemeinde in Florida kaum fünfzig Mitglieder zählte. Es lief auf eine Win-Win-Situation hinaus, die einen Fundis konnten sich medienwirksam profilieren, woraufhin die anderen Fundis endlich Grund hatten, auszurasten; als mache erst ihre Meldung die Dinge real. In Kaschmir etwa zündeten Demonstranten Regierungsgebäude und eine christliche Missionsschule an. Jones sagte seine Bücherverbrennung schließlich ab, nur um ein Jahr später doch noch Ernst zu machen. 2011 verbrannte er einen Koran, kurz darauf griffen Demonstranten ein UN-Büro in Masar-i-Scharif an, sieben Mitarbeiter wurden getötet, dann eskalierte die Lage in Kandahar, zehn Menschen starben, vierundachtzig wurden verletzt. Jones verkündete daraufhin, der Islam sei eben nun mal keine Religion des Friedens.

Daraufhin wollte die Bürgerbewegung Pro Köln ihn nach Deutschland einladen, aber Außenminister Guido Westerwelle verhängte ein Einreiseverbot gegen Jones. Und Ägypten verurteilte ihn wegen Gotteslästerung gleich zum Tode. Dass so ein Urteil in Abwesenheit eher wenig bringt, bewies sich ein Jahr später, als er mit seinem Pick-up in eine Verkehrskontrolle geriet und der Sheriff dreitausend in Benzin getränkte Koranausgaben sowie einen riesigen Grill auf der Ladefläche fand.

Und weil mir ja selbst erst kürzlich Lenis Zunge durch den Mund gefahren ist, klingele ich bei der CGK, um mich über ihre Geistesgaben zu informieren, aber niemand macht mir auf. Ein bisschen rüttle ich noch am Tor und denke an Jones, der mittlerweile in einer Mall Pommes verkauft, und daran, wie auch ich einmal eine Zeit lang auf dem Messegelände Hannover an einer Fritteuse stand. Damals glaubte ich, die Augen hinter schmierigen Gläsern versteckt, ich hätte meinen Platz im Leben gefunden.

Augé sagt: „Entscheidend an der Erfahrung des Nicht-Ortes ist dessen Anziehungskraft, die sich umgekehrt proportional zur Anziehungskraft des Territoriums wie auch zum Gewicht des Ortes und der Tradition verhält. Die gewaltigen Stauungen auf den Autobahnen, die Schwierigkeiten der Fluglotsen mit dem überfüllten Luftraum und die Erfolge der neuen Einkaufszentren zeugen zur Genüge davon, aber auch Erscheinungen, die man auf den ersten Blick dem Wunsch zuschreiben könnte, die Werte des »Heimischen« zu verteidigen oder wieder zu einer »heimischen« Identität zurückzufinden. Dass die Einwanderer eine so starke (und oft so abstrakte) Furcht bei den Einheimischen auslösen, rührt vielleicht daher, dass sie ihnen zeigen, wie relativ die an den Boden geknüpften Gewissheiten sind. Eigentlich ist es der Auswanderer, der sie in Person des Einwanderers beunruhigt und zugleich fasziniert."

Ich liege im Zelt und onaniere wie ein guter Deutscher. Von draußen höre ich die Tram, die übers Ei rattert, und den Wind, weil er die Blätter an den Ästen rascheln lässt.

Obwohl davon auszugehen ist, dass Kraus Blogs verabscheut hätte, ähnelte *Die Fackel* doch insofern einem Blog, als von Freud über Kafka bis zu Walter Benjamin praktisch jeder, der in der deutschsprachigen Welt etwas galt, sie lesen und eine Haltung zu ihr haben zu müssen glaubte.

Zu den schlimmsten Seiten des Internets gehört ja, dass es jeden in Versuchung führt, weltläufig zu sein – Standpunkte dazu einzunehmen, was hip ist, und, um bloß nicht als unhip zu gelten, die Standpunkte aller anderen mit in Betracht zu ziehen. Kraus mag sich um Hipsein an sich nicht geschert haben, aber er nahm mit Wollust Standpunkte ein und hatte ein scharfes Gehör für die der anderen. Er war weltläufig, und das ist einer der Gründe, warum *Die Fackel* einem vorkommt wie ein Blog. Kraus verbrachte viel Zeit damit, Sachen zu lesen, die er grässlich fand.[11]

11 Seit Tagen mache ich nichts anders, als mir das anzuschauen, was ich Nazi-Tumblrs nenne. Hin und wieder füttere ich die Pute, aber selbst dabei kann ich die Finger kaum vom iPhone lassen. Die meiste Zeit verbringe ich mit Alina von Rauheneck. Auf ihrem Tumblr versucht sie sich an der ganzen Bandbreite des Selbstporträts. Es gibt so richtig viele Feelings, einmal liegt Alina in lauter Sperrmüll und versteckt das Gesicht unter ihren braunen Haaren (#darkness #broken #mädchen), aber meistens inszeniert sie sich kampfbereit und trägt dann Shirts mit Aufdrucken wie „Heimat – Freiheit – Tradition" (#belle et rebelle [sic!]) #defend europe [sic!]) #patriot), „FIGHTING FOR THE REBIRTH" oder „JE SUIS CHARLIE MARTEL", was natürlich der beste Slogan von allen ist, spielt er doch auf den Frankenfeldwebel Charles Martel an, der 732 die Schlacht bei Poitiers gegen eine maurische Armee gewann, wofür er in völkischen Kreisen als Urverteidiger des christlichen Abendlandes verklärt wird.

Zuletzt widmete ihr das *Compact Magazin* drei Seiten, und da bin ich sofort sehr neidisch, Print, denke ich, #revoltegegendiemodernewelt. Alinas Boyfriend, der unter dem Namen amor-fati-graz bloggt, schickte ihr kürzlich als Pfand seiner Liebe eine kleine Aufmerksamkeit. „Den richtigen Mann hat man dann, wenn man plötzlich die Bücher im Briefkasten findet, die man sich als nächstes kaufen wollte" (#relationshipgoals #reading #simoneweil), freute sich Alina, und weil das wirklich voll lieb von Amor fati war, lasse ich mich gleich auf seinen Tumblr weitergleiten. Schon ganz schön, denke ich, wie der da Soft-SM-Zeugs neben Nietzsches Schnubbi postet, und scrolle also eine Weile durch Landlust, Lektüreempfehlungen (#botho strauß [sic!]), Böcklin-Gemälde und Männerhände, die unter Röcken verschwinden, bevor ich Enis anrufe, um sie nach den harten Fakten zu fragen.

„Alina", lacht Enis und überlegt einen Moment, dann sagt sie: „Alina Wychera tritt auf Tumblr und Instagram unter ihrem Pseudonym »von Rauheneck« auf. Dazu erklärt sie, ihre Familie sei durchaus adlig, aber deren tatsächlichen Adelsnamen, der scheinbar nicht in ihrem Pass steht, wolle sie nicht aufgrund ihres politischen Engagements durch den Dreck gezogen sehen." Adel verpflichte eben, sage ich und will von Enis wissen, was sie von Alina als, nun ja, Aktivistin halte: „Ihre Weiblichkeit ist eine häusliche. Zu ihren Hobbies gehören Backen (#frauenindieküche), Natur, Fotografie (oder, wie sie sagt: Photographie), Insektenkunde (wie bei einem ihrer Lieblingsschriftsteller, Ernst Jünger), Kinder (Mutterschaft ist ihr erklärtes Ziel, bald, aber noch nicht jetzt; #whywefight), Sport (in der Natur), Goldschmieden (#tradition), aber vor allen Dingen: lesen, lesen, lesen, lesen, lesen, und das am liebsten hosenlos in Strümpfen, mal mit Haltern, mal ohne, und zwar rechte Klassiker ebenso wie Texte, die sie dazu erklärt."

Das mit den Strümpfen sei mir auch schon aufgefallen, sage ich und will gerade auf Amors SM-Ästhetik zu sprechen kommen, als mich Enis unterbricht: „Trotzdem scheitert ihr Versuch, eine Art superfeminine, adlige Kämpferin für das Abendland abzubilden, oft genug, und zwar, wenn das Motiv und seine Machart unpassende Allianzen eingehen, wenn man den Schuhen, Taschen und Möbeln allen Filtern zum Trotz anmerkt, wie billig sie sind, vor allem aber scheitert er, wenn es nicht um das geht, was ihr gehört, sondern um das, was zu ihr gehört, um ihr gründlich geschminktes Gesicht, das Aushängeschild der »natürlichen Frau«, die ja immer sowohl eine »natürlich schöne« als auch eine »natürlich weibliche« oder »der weiblichen Natur entsprechende« ist. Wychera trägt auf den allermeisten Fotos viel puderbasiertes Make-up", sagt Enis, „das ein wenig zu hell für ihren Hautton ist, dazu oft matten Lippenstift in rot oder rosa, der mit nicht ganz ruhiger Hand aufgetragen wurde, außerdem viel Rouge. Da sie ihren Concealer nicht ordnungsgemäß verteilt, hat sie zumeist helle Ringe um die Augen. Ihre sehr langen Wimpern tuscht sie zu Spinnenbeinen. Dazu trägt sie manchmal weißen Kajal auf die untere Wasserlinie auf, um die Augen optisch zu vergrößern. Ihre Art, sich zu schminken, spricht die Sprache der Drogerien, der p2-Regale, der Mangamädchen, der Badezimmer ohne Tageslicht, die ganze Sprache der unspektakulären Normalität, des Imperfekten, und damit gerade nicht die Sprache der Selfie- und Instagramprofis, die sie fließend zu beherrschen behauptet. Wycheras Make-up deckt die Lücken ihrer klassenlosen, heimatliebenden, präkapitalistischen Erzählung auf."

Amor fati, sage ich, der sei aber schon, nun ja, cooler, und da ruft Enis ins iPhone: „Diese »Coolness« – es gibt, einschließlich der Anführungszeichen, keinen besseren Begriff, und wenn es ihn gäbe, ich würde es trotzdem dabei belassen – diese »Coolness« ist die einzige Einlassung auf die moderne Welt, zu der sie bereit sind, denn der »inhaltliche Kompromiss«, der »Dialog« ist dem Selbstbild der Identitären erklärtermaßen fremd." Ja, richtig, sage ich, hake aber trotz allem noch einmal nach, was sie von denn nun von Amor halte. Irgendwo in Leipzig holt Enis tief Luft: „Stefan Juritz, der Grazer Burschenschafter", sagt sie, „der zwar nicht an eine österreichische Nation glaubt – die großdeutsche ist ihm lieber – und sich auch schon mal mit Blood-&-Honour-Boys hat blicken lassen, dessen Inhalte also komplementieren Wycheras heimeligen girly Kuchenback-nature-Baby-Pastell-Tumblr vollends, die adlige hotte Rechtsintellektuelle und der nationalkonservative Rowdy bilden gemeinsam einen gleichsam platonischen, völkisch orientierten Kugelmenschen, der glücklich durch das Grazer Becken rollt."

Um dem Sumpf zu entkommen, den die Tumblrs bedeuten, liest Enis einen finalen Instagram-Post von Alina vor: „Europa. Der Name und die Erzählung unseres einzigartig schönen Kontinents sind nicht umsonst einer Frau gewidmet. Die Verteidigung Europas ist also ganz besonders auch Frauensache! Wir lieben unsere Heimat, unsere Kultur und Traditionen. Gender-Irrsinn und Feminismus-Hysterie brauchen wir zur Selbstverwirklichung nicht. Wir sind stolz darauf, europäische Frauen zu sein, die Seite an Seite mit ihren Männern Europa verteidigen! #europa #identitariangirls #identitär #phalanxeuropa."

Einen Moment ist es ruhig, dann sagt Enis: „Europa, die man ent-
führte, phönizische Königstochter, middle eastern girl, Europa, die
man einst erob, den Abend, nannte, Europa, die ein Stier vergewal-
tigte, der Gott war, schneeweiß und scheinbar friedlich (was für ein
Irrtum!), Europa, die junge Frau, wurde bewusstlos gemacht, ge-
schändet und schließlich zurückgelassen an demjenigen Ort, den wir
heute das Abendland nennen. Sie trägt ihren Namen mit Anmut, wie
wir die unsren."

Als wir aufgelegt haben, gucke ich auf YouTube ein bisschen Ellen
Kositzas kanal schnellroda, auf dem ich mir bereits vor einigen Tagen
das Video der Winterakademie angeschaut habe. In einem Clip stellt
sie das neue Buch ihres „Lieblingsdeutschtürken" Akif vor. „Sie fragen sich vielleicht, woher meine Sympathie für Pirinçci rührt", sagt
Ellen, schließlich sei sie ein „erklärter Feind von Fäkalausdrücken",
und überhaupt: „Es ist in unserer Familie so, sollte je einem Kind
auch nur das Wort mit SCH... über die Lippen kommen, wir würden
den ungezogenen Mund schnell und gründlich mit Seife auswa-
schen." Okay, na gut, immer noch besser als gleich Zyankali, denke
ich, während Ellen erzählt, sie habe Akif auf der Buchmesse getroffen
und festgestellt, er sei „ein süßer Typ" und eben auch „Geburtstürke",
da könne man nichts machen, die hätten „ein anderes Tempera-
ment", und so weiter und so fort, aber dann passiert etwas Überra-
schendes. Sie zitiert das schlimmste Wort aus Akifs *Umvolkung*, und
das ist nicht etwa „Umvolkung", sondern „Kacke", und weil sie nun
also selbst „Kacke" gesagt hat, lässt Ellen sich ein Stück pinkfarbene
Seife reichen, umschließt es bis zur Hälfte mit ihren nach Neunziger-
jahre-Art geschminkten Lippen und beginnt ein bisschen daran zu
lutschen oder zu saugen, das kann ich beim besten Willen nicht erkennen, aber es sieht schon ganz gut aus, wie sie da hockt und sich
eine Seife in den Mund schiebt. Nach dem Schlucken der Tenside
sagt Ellen noch einmal: „Umvolkung", als wolle sie beweisen, wie
unbelastet dieses Wort sei und wie weltläufig sie ihre Literaturtipps
inszeniert.

Mein Vater besitzt einen Atlas von 1960, ein Geschenk des Bruders meiner Großmutter. *NEUER GROSSER WELTATLAS* steht auf dem Umschlag, wobei der Geograf Walter Christaller diesen Vorsatz wohl nicht so richtig ernst nahm, orientiert sich die Deutschlandkarte doch an den Grenzen von 1937, weil die „Ostgebiete unter fremder Verwaltung" stünden. Und da passt es natürlich, dass Christaller im Kapitel „Rassen und Völker" schreibt: „Die Elsässer rechnen sich der französischen Nation zugehörig, volksmäßig aber sind sie Deutsche."

Was genau er damit meint, wird klarer, liest man seine Ansichten über Amerika: „Die Bewohner der Republik Haiti sind reine Neger, die französisch sprechen, während die englisch sprechenden Neger in den Vereinigten Staaten weder zum amerikanischen Volk gehören noch ein eigenes Volk darstellen." Bang wird ihm, besieht er sich die Situation, wo „die »Buren« und Briten ein ganz modernes europäisches Staatswesen, die Südafrikanische Union, aufgebaut haben", schließlich „fällt auf diesen Staat der Schatten der Rassenfrage: Ob die vollständige räumliche Trennung von Negern und Weißen eine Lösung bringen kann", schreibt er, „muß die Zukunft zeigen."

Christaller, dem 1968 die Ehrendoktorwürde der Uni Bochum verliehen wurde, obwohl doch gerade das Ruhrgebiet komplett durch seine Theorie der zentralen Orte fiel, war ab 1940 Mitarbeiter im „Reichskommissariat für die Festigung deutschen Volkstums", das sich um „Lebensraum im Osten" kümmern sollte. Orte müsse man gemäß ihres Versorgungsangebots klassifizieren, meinte Christaller, weshalb seine Theorie, deren Entwicklung bis in die Zwanzigerjahre zurückreicht, als er selbst noch Kommunist war, die einzig denkbare Integration des „Führerprinzips" in der Raumplanung sei. Und als wäre gar nichts gewesen, programmierte die Bundesrepublik schon bald ihre brachliegenden Landschaften nach seinen Ideen neu.

Einmal hole ich die Mutter meines Vaters an der Straßenbahnhaltestelle ab. Wir machen uns auf den Weg zur Lottobude. Braun sei ich geworden, sagt sie, und ich sage, die frische Luft tue mir gut. Seit ihr auf einer Fahrt nach Italien ein Reh vor den Kühler gesprungen ist, hat sich meine Großmutter nie wieder selbst hinters Steuer gesetzt. Wann sie das letzte Mal etwas gewonnen habe, will ich wissen, und da winkt sie ab, hin und wieder gebe es drei Richtige, na klar, doch das, sagt sie und sieht mich eindringlich an, reiche ja nicht aus. Dann betreten wir die Bude, wo meine Großmutter die gleichen Zahlen ankreuzt wie in den letzten fünfzig Jahren zuvor.

Weil mein Großvater 1962 eine Hepatitis aus Hamburg mitbrachte, nachdem er dort Sandsäcke gegen die Sturmflut gestapelt hatte, begann meine Großmutter als Putzfrau zu arbeiten. Anfangs war sie bei der Deutschen Bahn angestellt, was den Vorteil besaß, dass sie die Fahrt zur Klinik in Kassel, wo mein Großvater aus gelben Augen an die Decke glotzte, zum Mitarbeiterpreis lösen konnte. Später fing sie an, sich um den Haushalt einer Apothekerfamilie zu kümmern. Erzählt sie heute davon, betont sie jedes Mal ihre Scham, die mit dem Überziehen des Putzkittels einherging. Erst in der Apotheke habe sie das Gefühl gehabt, ihre Arbeit werde als etwas angesehen, das nicht unanständig sei.

Östlich des Eies hole ich Nils am Pinscher-Schnauzer-Klub von 1895 ab. Er trägt ein Outdooroutfit wie ein lieber Rentner. Unter seiner Käppi gucken ein paar blonde Locken hervor. Seit kurzem lässt er sich einen Schnurrbart stehen. Wir überlegen, wie lange eine Insel als Insel durchgeht, und beschließen, es müsse schon möglich sein, sie an einem Tag zu durchqueren. England sei keine Insel, sagt Nils, England gehöre nicht einmal zu Europa. Weil er einen Angelschein besitzt, liegt es an Nils, meine Pute zu köpfen. Mit beiden Händen drücke ich ihren purpurfarbenen Hals auf den umgestürzten Baum. Nils nimmt Maß, und da muss ich an die Mutter meiner Mutter denken, die gern erzählt, wie ihr früher kopflose Hühner auf dem Bauernhof entgegengerannt kamen, die Nerven, sagt sie dann, das habe an den noch zuckenden Nerven gelegen, aber von so etwas bleiben Nils und ich verschont, es dauert nur eine ganze Weile, bis die Pute aufhört zu bluten. Während ich ihre feinmarmorierten Federn rupfe, sucht Nils im Inneren des Eies Brennholz und zwei massive Wünschelruten. Abseits weide ich die Pute aus, dann schieben wir einen Stock durch sie hindurch und hängen ihn über das Feuer. Bald ist sie knusprig, bald ist sie braun.

Als wir vor Jahren einmal auf Acid durchs spanische Gebirge irrten, sagte ich zu Nils: „Only the Vengabus can save us", aber das stimmte gar nicht, bald fanden wir selbst einen Weg hinaus aus der Sierra Nevada. Weil uns das Geld auszugehen begann, fuhren wir nicht mehr nach Ibiza, sahen jedoch kurz darauf die Vengaboys auf der Düsseldorfer Kirmes, und das war, auch weil sie jeden ihrer Hits zweimal performten, eines der besten Konzerte, die ich jemals besucht habe.

Augé sagt: „Man kann sich freilich gut vorstellen, welche Anziehungskraft Worte anderswo ausüben konnten und können, die in unseren Ohren kaum exotisch klingen oder jeden Geschmack von Ferne vermissen lassen, z.B. Amerika, Europa, Abendland, Konsum, Zirkulation. Manche Orte existieren nur durch die Worte, die sie bezeichnen, und sind in diesem Sinne Nicht-Orte oder vielmehr imaginäre Orte, banale Utopien, Klischees. Das Wort öffnet hier keine Kluft zwischen der alltäglichen Funktion und dem verlorenen Mythos; es erzeugt das

Bild, schafft den Mythos und sorgt zugleich für dessen Funktionieren."

Als meine Großmutter achtzig wurde, lud sie dorthin ein, wo ihr Mann ein Vierteljahrhundert zuvor sein letztes Kölsch getrunken hatte. Inzwischen hieß die Kneipe anders, ihre alten Besitzer hatten schon vor einiger Zeit das Handtuch geschmissen, und so war mit ihnen auch der Name verschwunden, der an seinen Alkoholismus erinnerte. Alle waren gekommen. Sogar die Eltern meiner Mutter hockten in einer Sitznische und unterhielten sich. Zuletzt hatten sie hier etwas getrunken, als Helmut Kohl noch Thema am Tresen gewesen war. An diesem Abend gelang es meiner Großmutter, den Schankraum von seinen Abstürzen und den Jahren der Ehe zu lösen, ihn allein dadurch zu dekontaminieren, dass sie diejenige war, die heute neben der Jukebox stehend in ihr Toast Hawaii biss, aufrecht, weise und stabil, weil ja auch das Gedächtnis nichts anderes als eine VHS-Kassette zu sein scheint.

Die Kneipe, die es in Wahrheit gar nicht mehr gab, wirkte auf mich, als habe Peter Alexander nur ihretwegen seinen Song geschrieben, obwohl inzwischen die Aschenbecher auf der Klöppelspitze fehlten, aber das schien kaum jemanden zu stören, vor der Tür wurde mir eine Reval ohne Filter angeboten, und der Abend senkte sich auf die Dächer der Vorstadt, und als wir wieder hineingingen und uns noch drei Gläser aus dem Kölschkranz griffen, erzählte mein Vater, wie er hier sein erstes Bier getrunken habe, und meine Mutter erzählte vom Karneval, da seien Laden und Besucher stets rappelvoll gewesen, sagte sie, und geknutscht habe man auch die ein oder andere. Später hakte sich dann meine Großmutter bei mir unter, und so spazierten wir am Küchenfenster meiner Großeltern vorbei, die sich bereits früher verabschiedet hatten, nie wieder Spießrutenlauf, dachte ich, als meine Großmutter zu mir sagte, am besten gefalle ihr, wenn endlich mal alle beisammen seien. Dafür, dass es gegen Mitternacht ging, war die Luft noch warm, beinah schwül. Über uns flackerte das Licht einer Straßenlaterne, bis wir ihre Wohnung erreichten.

Auf der Feier zur Goldenen Hochzeit meiner Großeltern saß ich mit der Mutter meiner Mutter bis morgens früh vor einer Flasche Wodka. Als wir schlafen gingen, war sie leer, und meine Großmutter gerade damit fertig, mir zu erzählen, sie habe nie richtig schreiben gelernt.

Die letzten Tage waren verregnet, selbst der Boden unter meinem Zelt fühlt sich aufgeweicht an. *Unschuld* habe ich über die Wäscheleine gehängt, weil es mir gestern in eine Pfütze gefallen ist. Und wie ich im Trockenen liege, lese ich: „Diesseits des Flusses folgt alles, was dich interessiert, noch der gleichen Mechanik. Die für größtmögliche Sonnenausbeute geöffneten Terrassen, die Mädchen, die ihre Motorroller parken, die von Gardinen verdeckten Mattscheiben, die Rentner, die auf den Plätzen herumsitzen. Hier weiß der Text von nichts als seinem Eigenleben. Der Schatten, den du provisorisch Autor nennst, macht sich kaum die Mühe, zu beschreiben, wie die Unbekannte alles für ihren Atlantismoment bereitet." Plötzlich merke ich, dass ich nicht allein auf der Insel bin. Die Vögel werden unruhig. Irgendwer nähert sich meinem Lager. Hinter der Plane brechen Äste im Unterholz. Ungesund sei das Leben auf dem Ei, höre ich ihre Stimme sagen, und als ich den Reißverschluss der Zelttür öffne, sehe ich sie, Enis, die ihre Nase in Falten legt und einen tiefen Zug Autobahn inhaliert. Ob ich noch immer Angst wegen der Sache im Lenirista hätte, will sie wissen, und da beginne ich schuldbewusst zu nicken. Weil aber das Gras nicht über jede Geschichte wachsen kann, und auch weil Enis sagt, die beste Inselluft gebe es auf Helgoland, ziehe ich mir fix eine Hose an, bevor wir nach Norden hin aufbrechen.

Mit einem Bein
auf Atlantis

Im Marschland begann das Hochhaus zu wackeln, als die Lady von Büsum den Dieselmotor anließ. Wie ein Stöpsel, dachte ich, von der Kurverwaltung ins Watt gerammt, damit die Deutsche Bucht nicht abläuft bei Flut. Umringt von Rentnern saßen wir auf dem Sonnendeck. Einige hielten Phallusneid nach Art eines Objektivs in den Händen, weshalb auch Enis den Selfie-Stick auspackte, Butterfahrt sagte und abdrückte. Während wir die Winkel variierten, berichtigte sie ein alter Mann mit Backenbart. Die seien doch schon lange verboten, rief er, Butterfahrten, rief er, heutzutage nicht mehr, EU, rief er, Buh!, Buh!, Buh!, aber Helgoland, sagte er und zwinkerte, gehöre ja nicht zum Zollgebiet, das habe mit der Schmugglerei zu tun, damals bei Napoleon. Eine Möwe landete auf der Lehne seines Liegestuhls. Und wie das Sonnendeck zum allgemeinen Oh! und Ah! ansetzte, vergaß der Alte, was er über die Kontinentalsperre wusste, griff nach seiner Canon, die bis eben auf seinem Bauch hin und her gehüpft war, und nahm den Vogel ins Visier. Er wollte sich gerade wieder uns und dem Freihandel widmen, da stach die Lady mit unentwirrbar vielen Knoten in See. Die Rentner schlossen die Reißverschlüsse ihrer Windbreaker. Am Heck wirbelte ein schwarz-rot-goldener Schweif. So eine Überfahrt, dachte ich noch, legt einen ja eh in Übelkeit und Aspik, dann tauchten wir die Schlüssel tief ins Ketamin.

Am frühen Morgen hatten wir versucht, im Hotel Siegfried die Zeche zu prellen, ein Missverständnis, na klar, der Teufel ist ein Kreditkärtchen, doch davon wollte die Wirtin nichts wissen, als sie Enis und mich vor dem Café Octopus stellte. Ein wenig angeschlagen spazierten wir anschließend durchs Dorf, verglichen die Promenade mit allen uns bekannten Promenaden und kauften in der Delphin-Apotheke ein Köfferchen Koks, ganz so, als bereiteten wir uns auf die Milne Bay Province vor, bis wir schließlich die Schule am Meer erreichten.

Nachdem wir uns auf den Weg in den, wie man so sagt, hohen Norden gemacht hatten, war ich auf einen *Zeit*-Artikel von 1965 gestoßen, *Braun in Büsum*, der die Geschichte dreier Lehrer zusammenfasst, gegen die damals Verfahren wegen »Völkerhetze«" eingeleitet wurden. Studienrat Dr. Endrigkeit, Biologielehrer und Mitbegründer des NPD-Landesverbandes Schleswig-Holstein, der „bei Veranstaltungen grundsätzlich nur die erste Strophe des Deutschlandliedes" sang und darauf bestand, „daß die Amerikaner die Gasöfen in den Konzentrationslagern erst nach Kriegsschluß montiert hätten, um den Deutschen die Judenvernichtung in die Schuhe schieben zu können", versuchte seinen Schülern weiszumachen, es sei überhaupt gar nicht möglich gewesen, aus toten Juden Seife herzustellen, da zur Seifenherstellung Fett benötigt werde, aber Fett, so der Doktor, habe man an Juden nun wirklich nicht mehr finden können. Ein anderer, Chemielehrer Fleischhauer, „holte mitten im Unterricht sein Notizbuch heraus und erklärte: »So, jetzt wollen wir Auschwitz spielen«; man werde dabei sehen, wer in die Gaskammer komme und hinter welchem Namen ein Kreuz zu machen sei." Die Dritte im Bunde, Studienassessorin Besecke, schlug ihren Schülerinnen vor, die Türen der Klassenräume mit Ländernamen oder den Namen berühmter Frauen zu beschriften, verbot dann aber progressiven Primanerinnen ihre Ideen Israel und Anne Frank. Und als hätten die verbliebenen Leerkörper des Kollegiums, darin den Bürgern von Weimar ähnlich, nicht bereits schlecht genug dagestanden, „lagen in allen Klassenbüchern des Büsumer Gymnasiums Zettel mit dem Aufruf: »Hört nicht auf die Zeitungsschmierer. Stellt euch hinter eure Lehrer. Wir müssen endlich aufhören, das eigene Nest zu beschmutzen.«" Klar, immer das gleiche mit der Lügenpresse, und klar, Kraus, auch wir sind nur Vögel, die ihr Nest beschmutzt.

Im Sommer, als ich sieben wurde, fuhren unsere Eltern mit meiner Schwester und mir zum ersten Mal nach Büsum. Die Großmutter der Mutter meines Vaters stammte aus dem benachbarten Heide, weshalb sich auch die meine ihre Jugend über immer mal wieder im Seebad aufhielt. Als sie dann mit achtzehn den Vater meines Vaters kennenlernte, reisten sie für ihren ersten gemeinsamen Urlaub dorthin, um der Romantik wegen auch später jedes Jahr eine Juliwoche in Büsum zu verbringen. Ich weiß nicht, ob sich mein Vater zusammenreißen musste, nicht sentimental zu werden, jedenfalls bezogen wir eine Ferienwohnung nicht unweit des einzigen Hochhauses. Noch bevor meine Schwester und ich zum ersten Mal das Meer sahen, gingen wir Klappspaten shoppen. Weil es der Sommer war, in dem Roberto Baggio seinen Elfmeter in den Himmel über L. A. schoss, trug ich tagelang dasselbe T-Shirt, schwarzrot-goldene Rauten auf weißem Grund, die zum Kragen hin spitz zuliefen. Es war ein heißer Sommer, daran erinnere ich mich, ein Sommer, der im Meer verbracht werden wollte, aber da war keins, zumindest nicht so oft, wie meine Schwester und ich es gewollt hätten. Einmal wagten wir uns weiter ins Watt hinaus und schmissen den Schlick, in dem wir eben noch jauchzend und bis zu den Hüften versunken waren, der versandeten Kimm entgegen. Die meiste Zeit aber taten wir nichts, außer mit wattierten Füßen herumzulaufen und unsere Spaten so choreografiert unter null zu stoßen, dass es der Riefenstahl Freudentränen in die Augen getrieben hätte. Wir bauten eine Sandburg nach der nächsten, nur um jedes Mal aufs Neue darauf zu warten, dass die Nordsee zurückkehrte und unsere Wallanlagen flutete. Und während wir unserem Werk so routiniert wie entsetzt beim Untergang zusahen, dösten im Strandkorb unsere Eltern hinter getönten Gläsern. Sie kannten die Gezeiten schon lange, na klar, es gibt ein Bild, auf dem mein Vater mit seinem sechsjährigen Körper versucht, ein Neuschwanstein aus Schlick vor dem steigenden Pegel zu schützen; ein Foto, entwickelt in diesem irren Sechzigerjahre-Licht, das mir als Kind immer viel zu transparent und warm erschien, ohne dass ich hätte sagen können, was genau daran nicht stimmte, und das durch sein bloßes Aufscheinen alle mir unbekannten Moden, die Frisuren und Brillen und Autos relativierte, weshalb ich mir nie richtig vorstellen konnte, dass diese Aufnahmen eine Gegenwart zeigten, zu der einst auch meine Eltern gehört hatten.

Viel später erfuhr ich, dass dieses Farbfilmmaterial, auf dem unsere Familienfotos belichtet wurden, gewissermaßen auch wegen des Lichts, das die Positive so eigenartig prägte, nicht in der Lage war, dunkle Haut in korrekten Kontrasten wiederzugeben. Dunklere Gesichter und Körper wucherten auf ihnen als schwarze Flecken, vielleicht weil Kodak keinen wirtschaftlichen Nutzen in ihnen sah. Die chemische Zusammensetzung des Materials und damit die Farbbalance der Fotos wurde jedenfalls erst geändert, als Stimmen aus der Werbeindustrie bemängelten, man könne die Abstufung zwischen Vollmilch- und Rum-Traube-Nuss-Schokolade nicht ausreichend genau abbilden. Wer also nicht wenigstens ein bisschen aussah wie Shirley, das namensgebende Model für die Testkarten, die in Fotolaboren Verwendung fanden, der brauchte erst gar nicht zu versuchen, fotogen zu wirken, weil einfach alle, deren Hautfarbe von Shirleys abwich, tatsächlich nicht zu dieser Gegenwart gehörten, das ist klar, und klar ist auch, dass gerade meine Eltern es taten, glühende Geranien hin, lodernde Markise her.

Alte Bundesrepublik, dachte ich mit Blick auf die sich sonnenden Rentner, das hieß ja, gar kein normales Meer zu kennen, höchstens diesen lächerlichen Fitzel Ostsee bei Lübeck, so wie es auch hieß, von Kodaks Material nichts wissen zu wollen, alte Bundesrepublik, dachte ich, hieß schlicht und klein, sich mit dem eigenen Watt zu arrangieren. Aber glücklicherweise herrschte auch dabei die gute alte Distinktion, es gab Büsum, Sankt Peter Ording und Sylt, da konnte sich jede Schicht allein durchs wurmzerfressene Sediment wühlen. Und das war es doch, was alle in einem urbundesrepublikanischen Move einte, Generationen von Urlaubern waren Sisyphos im Welterbe und jeder Tag der erneute Untergang eines Reichs. Aber Halt!, Stop!, spätestens am vierten Tage soll der Deutsche ruhen, und außerdem gab es Typen, denen das Watt nicht passte, so unberechenbar in Ausdehnung und Viskosität drohten böse Flashbacks darin, weshalb sie also im Käfer über die Alpen fuhren, um unten bei Rimini das Verhältnis zum italienischen Kameraden zurechtzurücken.

Ich musste an Franzen denken, der ja meint, die Deutschen läsen ihren Heine aus dem gleichen Grund, der sie auch einmal im Jahr ans Mittelmeer treibe, nämlich um die Last der deutschen Kultur loszuwerden, was ein Quatsch ist, weil es sie nur deshalb in den Süden zieht, damit sie nicht jeden Sommer bis zu den Brustwarzen in stinkendem Schlamm feststecken.

Aber die Frage nach der besten Destination schien mir nun, während die Lady an einem Krabbenkutter vorbeizog, ohnehin ziemlich hinfällig, als stecke noch etwas anderes als Ökonomie dahinter, dass Fischer ihren Fang zuerst ins marokkanische Tanger verschiffen, wo die Krabben dann gepult und auf Eis gelegt darauf warten, den ganzen Weg zurückzupendeln, um am norddeutschen Deich als lecker Brötchen mit Salat und Remou verramscht zu werden. Selbst die EU-Vorschrift, die aus hygienischen Gründen das Pulen zuhause verbot, hatte genauso wie die später entwickelte Krabbenpulmaschine weniger mit der Befreiung der Büsumer Hausfrau zu tun als damit, durch deren Freizeit und kaufkräftige Hilfe einen eigenverantwortlichen Konsum aufzupäppeln und in die westdeutsche Wirklichkeit zu entlassen. Hey Franzen, what is it that makes today's homes so different, so appealing?

Heine für seinen Teil war ja auch nach Helgoland gefahren und nicht wie Udo Berger an die Costa Brava, was vielleicht nichts mit irgendetwas zu tun hatte, mir aber nun, da das Ketamin zu wirken aufhörte, schlagartig einfiel, Heine, dachte ich, Heine!, wegen dir verbrennen wir hier auf dem Sonnendeck.

Dabei war seine Helgolandfahrt damals im Sommer 1830 kaum mit den normalen Badeurlauben vergleichbar, wie er sie seiner schlechten Konstitution wegen regelmäßig unternommen hatte, Heine hing Deutschland nach Jahren der Zensur und Gängelei ganz einfach dermaßen zum Hals heraus, dass er sich des Klarkommens wegen auf die damals englische Insel absetzte. Max Brod schrieb über Heines letztes Jahr in Deutschland: „Die »Reisebilder III« erschienen Anfang 1830. Gleich darauf wurden sie in Preußen verboten. Der als Lyriker allgemein Anerkannte war schon durch die beiden vorangegangenen Reisebilder-Bände zum Sprecher freiheitlicher Politik gewor-

den, und jedes seiner Worte wurde rigoros auf seine Gefähr-
lichkeit hin untersucht." All das sollte sich bis in die Matratzengruft hinein nicht mehr ändern. „Ahasverische Atmosphäre
umwittert ihn. Ein Mensch im Aufbruch. Deutschland wird
ihn nicht lange mehr halten", schrieb Brod über die Tage vor
seiner Abfahrt, und auch Heine ahnte bereits etwas, als er am
1. Juli Helgoland erreichte: „Welche Ironie des Geschickes, daß
ich, der ich mich so gerne auf die Pfühle des stillen beschau-
lichen Gemütslebens bette, daß eben ich dazu bestimmt war,
meine armen Mitdeutschen aus ihrer Behaglichkeit hervor-
zugeißeln, und in die Bewegung hineinzuhetzen!" Ausgerechnet er „mußte politische Annalen herausgeben, Zeitinteressen
vortragen, revolutionäre Wünsche anzetteln, die Leidenschaften aufstacheln, den armen deutschen Michel beständig an
der Nase zupfen, daß er aus seinem gesunden Riesenschlaf er-
wache", nur um dann festzustellen, dass er „dadurch bei dem
schnarchenden Giganten nur ein sanftes Niesen, keineswegs
aber ein Erwachen bewirken" konnte. Sein Überdruss war so
arg, dass er „kein einziges Buch, das sich mit den Tagesinteres-
sen beschäftigt", mit auf die Insel nahm, stattdessen die Bibel,
Homer, „Paul Varnefrids »Geschichte der Longobarden«" und
einige „Scharteken über Hexenwesen". Er las im alten Testament, „wie lange Karawanenzüge zog die heilige Vorwelt durch
meinen Geist", und von langvergangenen Revolutionen, weil
ihm zur eigenen die Puste ausging. „Ich bin müde und lechze
nach Ruhe", schrieb er, „ich werde mir ebenfalls eine deutsche
Nachtmütze anschaffen und über die Ohren ziehen. Wenn
ich nur wüßte, wo ich jetzt mein Haupt niederlegen kann. In
Deutschland ist es unmöglich. Jeden Augenblick würde ein
Polizeidiener herankommen und mich rütteln, um zu erpro-
ben, ob ich wirklich schlafe".

Da hockte Heine also auf der Insel, hielt den Kopf unten

und laborierte am Entwurf einer kosmopolitischen Moral: „Wahre Sittlichkeit ist, wie von Dogma und Legislation, so auch von den Sitten eines Volks unabhängig. Letztere sind Erzeugnisse des Klimas, der Geschichte, und aus solchen Faktoren entstandenen Legislation und Dogmatik. Es gibt daher eine indische, eine chinesische, eine christliche Sitte, aber es gibt nur eine einzige, nämlich eine menschliche Sittlichkeit." Oh tempora, oh mores, oder scheiß auf die Sitten, weil beständig die Gefahr besteht, sie mit dem Grundlegendsten zu verwechseln.

In einem anderen Brief schreibt er: „Ich habe mich mit dem Meere wieder ausgesöhnt, (Du weißt, wir waren en délicatesse) und wir sitzen wieder des Abends beisammen und halten geheime Zwiegespräche." Klar, alle Schikanen der See sind leichter zu verzeihen als jene, die einem das Land der eigenen Geburt zumutet, und klar, kurzzeitig resignieren darf jeder mal. „Ja, ich will die Politik und die Philosophie an den Nagel hängen und mich wieder der Naturbetrachtung und der Kunst hingeben. Ist doch all dieses Quälen und Abmühen nutzlos, und obgleich ich mich marterte für das allgemeine Heil, so wird doch dieses wenig dadurch gefördert. Die Welt bleibt, nicht im starren Stillstand, aber im erfolglosesten Kreislauf", schreibt er am 1. August, und überhaupt: „Auch die Menschheit bewegt sich nach den Gesetzen von Ebb und Flut." Eskapismus als letzte Konsequenz, wobei auch das nur eine seiner Finten war, erfuhr Heine doch nur eine Woche später von der Julirevolution in Frankreich, „als das dicke Zeitungspaket mit den warmen, glühend heißen Neuigkeiten vom festen Lande ankam", und da ging es ihm sofort sehr viel besser, er wollte „den ganzen Ozean bis zum Nordpol anzünden", was er nicht tat, natürlich nicht, stattdessen lief er „wie wahnsinnig im Hause herum, und küßte die dicke Wirtin". Ganz bipolarer Dichter rastete er dann völlig aus: „Fort ist meine Sehnsucht nach Ruhe. Ich weiß jetzt wieder was ich will, was ich soll, was ich muß ... Ich bin der Sohn der Revolution und greife wieder zu den gefeiten Waffen, worüber meine Mutter ihren Zaubersegen ausgesprochen ... Blumen! Blumen! Ich will mein Haupt bekränzen zum Todeskampf. Und auch die Leier, reicht mir die Leier, damit ich ein Schlachtlied singe ... Worte gleich flammenden Sternen die aus der Höhe herabschießen und die Paläste verbrennen und die Hütten erleuchten".

An Varnhagen schrieb er später: „Wie es Vögel gibt, die irgendeine physische Revolution, etwa Gewitter, Erdbeben, Überschwemmungen vorausahnen, so gibt's Menschen, denen die sozialen Revolutionen sich im Gemüt voraus ankündigen, und denen es dabei lähmend, betäubend und seltsam stockend zumute wird. So erklärte ich mir meinen diesjährigen Zustand bis zum Ende Juli. Ich befand mich frisch und gesund und konnte nichts treiben als Revolutionsgeschichte, Tag und Nacht. Zwei Monate badete ich in Helgoland, und als die Nachricht der großen Woche dort anlangte, war's mir, als verstände sich das von selbst, als sei es nur eine Fortsetzung meiner Studien." Und tatsächlich brach mit der Revolution auch Heines Urlaub aus: „Alle meine Gedanken brennen lichterloh. Vergebens tauche ich den Kopf in die See", weshalb er nun also anfing, zur Düne überzusetzen, die Helgoland vorgelagert ist, seitdem eine Sturmflut die Landenge zwischen ihnen zerstörte. „Der Fischer, welcher mich gestern nach der kleinen Sandinsel, wo man badet, überfuhr, lachte mich an mit den Worten: »Die armen Leute haben gesiegt!«"

Von hoher See aus betrachtet, schien alles ungetrübt gut zu sein, aber obwohl Heine sich ausmalte, „wie dem Neapolitaner der Makkaroni und dem Irländer seine Kartoffel im Munde stecken bleibt, wenn die Nachricht bei ihnen anlangt", schrieb er: „Und Deutschland? Ich weiß nicht. Werden wir endlich von

unseren Eichenwäldern den rechten Gebrauch machen, nämlich zu Barrikaden für die Befreiung der Welt?" Es sah nicht danach aus, und so saß Heine schon ein Jahr später auf gepack-
ten Koffern, bereit, endgültig nach Paris zu emigrieren.

Es knisterte in den Lautsprechern, der Kapitän machte eine
Durchsage. Schwere See, sagte er, was wir kaum verstanden,
denn mit einem Mal bäumte sich die Deutsche Bucht auf.
Durch Gläser voll Gischt sah ich, dass sich die schwarz-rot-
goldene Flagge selbst verschlang. Und wie die Lady wild durch
die Wellen pflügte und sich die Rentner an den Händen zu
halten begannen, legte der Backenbärtige zu Schutz und Trutz
die seinen übers Okular, alles reelle Zwischenbilder, na klar,
während der Schiffsjunge zu uns auf Deck stieg, nicht einmal
schwankte und in aller Gelassenheit anfing, Kotztüten zu ver-
teilen. Als ich meine ablehnte, musste ich an den seekranken
Heine denken. „Am Ende bildete ich mir ein, ich sei ein Wall-
fisch und ich trüge im Bauche den Propheten Jonas." Der erzählte ihm irgendwas über das untergehende Ninive und „eine
dünne homöopathische Scheinspeise", wobei er so „stark zu
gestikulieren" anfing, dass Heine „es endlich nicht länger er-
tragen konnte und den Propheten Jonas ausspuckte". Und da
flog auch schon die erste randvoll gefüllte Tüte über Bord, und
weil so etwas wirklich kein schöner Anblick ist und ich außerdem ein starkes Verlangen nach Fanta verspürte, stand ich auf
und torkelte vorsichtigen Schrittes die Treppe in den Schiffs-
bauch hinab.

Unter Deck bot sich eine gänzlich andere Szenerie, von Seekranken keine Spur, stattdessen saßen Männer mit Männern
und Frauen mit Frauen an Tischen und tranken. Es ging gerade
einmal gegen elf, aber die von Gelächter und Schaumwein
saure Luft ließ keinen Zweifel daran, dass hier seit Abfahrt

schwer gesoffen wurde. Nur vereinzelt saßen Familien zwischen den Steuerflüchtlingen. Still hockten sie inmitten des allgemeinen Gelages und spielten Mau-Mau oder Black Jack. Während ich mich am holzvertäfelten Schiffskiosk anstellte, fielen mir Norbert Elias' *Studien über die Deutschen* ein, „die eigentümlichen Trinksitten der Deutschen", schreibt er dort, „die im Bierkomment der Studenten fortlebten, ermöglichten es dem einzelnen, sich in guter Gesellschaft zu betrinken und zu berauschen. Zugleich lehrten sie ihn, sich noch im schweren Rauschzustand zu kontrollieren und so die Trinkenden selbst wie ihre Mitmenschen vor den Gefahren der Enthemmung zu schützen." Im Kiosk begann der Smutje zu kichern, als ich meine Bestellung aufgab. Um nicht unangenehm aufzufallen, bestellte ich noch fix einen Korn hinterher, Folklore hin, sich selbst erfüllende Prophezeiung her.

Als mich der erste Schluck wieder frisch gemacht hatte, spazierte ich mit meinem Glas zwischen den Tischreihen auf und ab. Es gab Männer, die sich nach Art eines Kegelclubs aufführten. Sie trugen Karohemden zur Jeans, tranken Bier und führten Gespräche ohne jedes Merkmal eines Gesprächs. Und es gab Frauen mit roten Brillen und Strähnchen im Haar, die sich mithilfe eines ausgefuchsten Systems von lauten und leiseren Lachern verständigten. Fromm schmeckte ich dem letzten Schlückchen Fako nach.

Die einzige gemischte Gruppe befand sich anscheinend auf Betriebsausflug, immer wieder wurde das Sie großgeschrieben, aber auch sonst hielten sich die allermeisten von der Contenance her wacker, und da dachte ich, dass ein Teambuilding-Termin auf Helgoland ebenso fröhlich aus der Zeit fällt wie der Bierkomment der Burschis, wird doch heute viel lieber ein Ausflug zum Rafting gemacht, weil eben längst alle Arbeitskollegen in einem Boot sitzen sollen statt einfach nur im gleichen.

Eigentlich fehlte nur, dass sich die Belegschaft der Sparkasse Harburg-Buxtehude frei genug fühlte, hier schachtelweise HBs zu rauchen. Gute alte Bundesrepublik, dachte ich, im Bauch der Lady von Büsum gibst du dich noch immer souverän.

Ich bestellte eine zweite Runde Fanta und Korn und dachte, dass 2 plus 4 Drinks auf diese Weise ein Dutzend ergäben, wobei Elias ja schreibt: „Gesellschaftliche Gebräuche, die zum schweren Trinken anregen und die zugleich an eine gewisse Disziplin im Betrunkensein gewöhnen, lassen auf ein hohes Maß an Unglücksgefühlen schließen: offenbar sucht man sich auf diesem Wege eine gesellschaftliche Notlage, die schmerzt, aber der man nicht entrinnen kann, erträglicher zu machen." Ich sauf, um zu vergessen, dass ich saufe, was auch sonst, in vino veritas no more, dachte ich, denn davon rührte sie ja her, diese bundesrepublikanische Resistenz der Fünfziger- und Sechzigerjahre, die nicht zuletzt bedeutete, stets mit der Flüchtigkeit des Rauchs zu argumentieren, um von dem, was passiert war, nichts wissen zu müssen, so machte man das, wie man auch wieder Perlenkette trug und nur solche Männer mochte, denen ein Feierabendbier im Schnauzbart klebte. „Und das ist meine Meinung!", dachte ich noch, dann kehrte ich zurück aufs Sonnendeck.

Helgoland war am Horizont aufgetaucht. Die Rentner drängelten sich vor Bug. Auch wir warfen uns die Seesäcke über die Schultern, obwohl es ja immer ein bisschen merkwürdig ist, dass jede als Erste von Bord gehen will, Rentner und Kinder zuletzt ins Rettungsboot, als gäbe es wirklich eine Art Futterneid wegen des steuerfreien Suffs, was ein Quatsch ist, weil die Duty-free-Shops dieser Welt ja ausreichend gut sortiert sind. Andererseits mussten die Tagesausflügler bereits gegen Nachmittag zurück auf das Schiff, und in solchen Fällen zählte dann vielleicht doch jede Minute. Unser Problem sollte das nicht sein, wir wollten länger bleiben, und so bestiegen wir als letzte Passagiere eines der Börteboote, die von den Locals an der Lady vertäut wurden.

Das Ausbooten war ein hervorragend folkloristischer Spaß, die Fährmänner sahen aus, wie Männer auf Hochseeinseln nun einmal aussehen, wettergegerbte Haut unter wildwuchernden Bärten und blau-weiß-gekringelte Hemden, und dazu sprachen sie auch noch lupenreines Platt, wodurch wir ihre Witze nur so semigut verstanden. Oft schon habe ich mich gefragt, wie es wohl den Menschen geht, die für Disneyland in Kostüme schlüpfen, und ob sie sich wenigstens ein bisschen mit ihrer Aufgabe identifizieren, was zu hoffen ist, weil sonst alles irgendwie umsonst wäre. Auch deshalb läge der Fehler natürlich bei mir, dachte ich, wenn ich jetzt davon ausginge, dass die Helgoländer nur eine Show für uns abzögen, schließlich lebten sie tatsächlich auf einer Insel, die sich siebzig Kilometer weit entfernt vom Festland befindet, und selbst wenn sie verwaltungstechnisch zum Kreis Pinneberg gehört, dachte ich mit Blick auf die bunt gestrichenen Hummerbuden, die nun als verpixelte Promenade näher kamen, was weiß ein Helgoländer schon von rotgeklinkerten Speckgürteln.

Als wir der Landungsbrücke entgegenschaukelten, und die Fährmänner im Fahrtwind ihre Witze rissen, machte sich allmählich der Alkohol bemerkbar, die knapp vierzig Leute um uns herum waren, wie man so sagt, gut drauf und wurden nicht müde, diesen eher verwackelten Moment mit den Kameras ihrer Telefone festzuhalten. Dass wir zwangsläufig in ihren Fokus gerieten, war kein Problem, doch da entschuldigte sich die auslösende Frau auch schon, wobei ihr beinah das Smartphone ins Wasser fiel, das heißt, eigentlich entschuldigte sie sich nicht bei uns, sondern bei ihren Freundinnen und sagte, sie müsse aufpassen, wen sie hier so alles fotografiere, sonst wundere man sich später noch, das sagte sie, während Enis und ich lieb lächelten und nur leise berieten, ob wir nicht vielleicht unseren Selfie-Stick auspacken sollten, um die Damen behutsam von Deck zu bugsieren, was wir nicht taten, natürlich nicht.

Stattdessen dachte ich noch einmal an den Sommer 1994 und daran, dass ich das Shirt der deutschen Nationalmannschaft gar nicht mehr hatte ausziehen wollen; erinnerte mich, wie mir die Mutter meines Vaters gerade den Kölner Dom zeigte, als eine Gruppe asiatischer Touristen auf uns zukam und fragte, ob sie mich kurz für ein Foto ausleihen dürfe, und wie ich dann inmitten der freundlichen Asiaten stand und meine siebenjährige Brust schwarz-rot-golden vor ihrer Spiegelreflex anschwoll, während meine Großmutter, die letztere als Enkelpfand in den Händen hielt, ein mildes „Cheese" intonierte und abdrückte.

Kurz nach zwölf erreichten wir den Anleger. Die Frauen wurden bereits von zuvor ausgebooteten Freundinnen erwartet. Ob sie das letzte Flüchtlingsboot doch noch erwischt hätten, wollte eine wissen, und sofort war das Gelächter groß, hihi, Flüchtlingsboot, riefen die Frauen, woraufhin wir unsere Schritte beschleunigten, um nicht mit anhören zu müssen, was sie über das Mittelmeer wussten. Am Quai standen Flaggenmasten in der Lache ihrer eigenen Schatten. Eine Schulklasse wartete in der Mittagssonne. Synchron ließen die Schülerinnen Yo-Yos auf- und abschnellen, eine Art Kaugummi für die Hand. Unter dem wolkenlosen Himmel wirkte die Promenade wie das eingetrocknete Taschentuch eines feuchten Fünfzigerjahre-Architektentraums. In den Schaufenstern dominierten Whiskeys und überdimensionierte Flakons von Chanel. Am Gebäude der Kurverwaltung prangte das Inselwappen. „Grün ist das Land, Rot ist die Kant, Weiß ist der Sand, Das sind die

Farben von Helgoland", ließ uns eine Ansichtskarte mit nostalgischem Motiv wissen. Eine Weile liefen wir noch im Unterland umher, diesem ehemals versandeten Gebiet, hinter dem steil die kupfernen Klippen aufragen, bevor uns eine motorisierte Fähre zur Düne brachte.

Der Nachmittag fing damit an, dass wir am Flughafen Helgoland-Düne standen und zwei Jever aus der Flasche tranken. Die Piste Helgoland-Düne gibt es nur dank der Nazis, die sie während ihres Projekts Hummerschere planieren ließen. Damals sollten Düne und Hauptinsel durch Sandaufschüttungen so massiv erweitert werden, dass ein Seehafen für die gesamte deutsche Kriegsmarine entstehen könnte, aber bereits 1941 wurde die ganze Sache wieder abgeblasen, es gab ja auch sonst irre viel zu tun, und so beschränkte man sich darauf, den roten Sandstein Helgolands mit Bunkeranlagen zu untertunneln. Davon las ich in einer Infobroschüre, und weil in der Broschüre auch stand, dass gleich eine Führung durch den Bunker beginnen würde, tranken wir aus und liefen zurück zur Fähre.

In der Kurverwaltung kauften wir Tickets. Wir könnten, sagte die Frau hinter dem Schalter, für sechzig Cent den Aufzug ins Oberland nehmen oder die hundertvierundachtzig Treppenstufen hinaufspazieren, das sei uns überlassen, Hauptsache, wir gingen zu Café Krebs, sagte sie, dort beginne die Bunkerführung, und da eilten wir auch schon an Kneipen und Fischbuden vorbei, direkt in den Fahrstuhl hinein.

Am Treffpunkt warteten bereits einige Rentner und sahen hinüber zur Düne. Ein über den Panoramafenstern angebrachtes Schild wies das Café als Meisterkonditorei aus. Eine Weile blickten auch wir hinaus aufs Meer, während ein Rentner den anderen erzählte, er komme aus dem gleichen Dorf wie der Vizeweltmeister des Konditoreifachs, und das fanden die Rentner allesamt super, Vizeweltmeister, riefen sie im Chor und lachten. Als wir uns wieder zum Krebs umdrehten, erkannte ich im Innern die Frauen vom Flüchtlingsboot, jede einen Backfisch mit Petersilienkartoffeln vor sich. Nachdem die Fische verspeist waren, trat eine nach der anderen zur Tür heraus. Ihre Bunkertickets benutzten sie als Fächer. „Das Meer ist unbarmherzig wie ein Kind", sagte Enis, aber da bog auch schon unser Führer um die Ecke, achtzig plus, hager und schlaksig. Er begrüßte uns mit ausgeprägt friesischem Dialekt, was die Frauen gleich mal auf die Idee brachte, ein paar Witze über das Nuscheln zu reißen.

In Zweierreihen marschierten wir durch das Oberland, bewunderten einen Maulbeerbaum, Günstling des Golfstroms, und staunten über die immer gleichen, zweistöckigen Häuser, Eins-a-Reißbrettarchitektur, bis wir schließlich vor St. Nicolai standen. Diese sei zwar nur die Nachfolgerin der beim Bombardement zerstörten Kirche, aber dieses Mal, sagte der Führer und blinzelte in die Sonne, stünde sie wahrscheinlich tausend Jahre, wobei seine Worte eher klangen, als spräche der junge Hans Reiter: „Wahrschich tausjahr." Überhaupt wirkte seine Mimik und Gestik ein wenig so, wie ich mir Reiter immer vorgestellt hatte. Was er ganz sicher mochte, dachte ich, war der Meeresgrund, dieses andere Land, mit Ebenen, die keine Ebenen, Tälern, die keine Täler, und Abgründen, die keine Abgründe waren. Gut möglich, dachte ich, dass auch er unter Wasser weinen konnte, eben weil er eine Ahnung von den Algenwäldern hatte, schließlich waren alle Meere ein einziges Meer. Und wie ich in einen Tangwald abdriftete, begann unser Führer ein Impulsreferat zu halten, das Oberland, sagte er, sei von den Briten komplett ausgebombt worden, nur der Flakturm habe noch gestanden, wobei die Verwüstung nicht allein den Fliegerangriffen des letzten Kriegsjahres zu verdanken sei, sondern dem sogenannten Big Bang, sagte er, diesem Versuch, die Insel an einem von Morgentau verzierten Dienstag im April 1947 für immer aus allen Seekarten auszuradieren, was nicht gelungen sei, der poröse Sandstein habe es verhindert, er zeigte der besseren Illustration wegen mit seinen Armen auf den Zementboden, obwohl es die heftigste nichtnukleare Detonation der Weltgeschichte gewesen sei, ihre Erschütterungen habe man bis Cuxhaven gespürt, er wisse das, sagte der Führer, auch er habe sich damals im Exil befunden.

Im Bunker war es dann, na klar, kühl und beklemmend. Die vom Backfisch ausnüchternden Frauen kicherten trotzdem vor sich hin, was den Führer einmal, wie man so sagt, aus der Haut fahren ließ, aber das war kein Problem, von da an blieben sie einfach im Hintergrund, um in aller Ruhe hinter vorgehaltenen Händen zu tuscheln. Interessierter zeigten sich ein Vater und sein erwachsener Sohn, zwei ordentlich austrainierte Brandenburger, die auch unter Tage keinen Sinn darin sahen, ihre Neunzigerjahre-Techno-Sonnenbrillen abzusetzen. Immerhin klemmte der Sohn seine rückwärts an die Ohren, während er gelegentlich Fragen bezüglich Kriegsverlauf und Hummerschere in die Bunkerschächte warf, die ihm der Führer, ob er nun etwas darüber wusste oder nicht, in aller Ausführlichkeit beantwortete. Weil ich direkt hinter ihm stand, war mir, als spräche sein glattrasierter Hinterkopf auf mich ein.

Einmal nannte unser Führer den anderen beim Vornamen, worüber das Gemurmel etwas anschwoll. Als wir aber kurz darauf eine grünbewachsene Stollenwand betrachteten, war auch das schnell wieder vergessen, nun galten die Ahs! und Ohs! der Tatsache, dass diese Alge ausschließlich in Malaysia, der Antarktis und hier in den Organen Helgolands wuchs. Gern hätte ich den Führer gefragt, ob er das Buch *Tier- und Pflanzenarten an Europas Küsten* gelesen habe, doch war meine

Furcht einfach zu groß, weil sich direkt vor mir die Nacken-
falten des Sohns wie Ober- und Unterlippe schlossen. Richtete
er die Sonnenbrille, sah es aus, als lege er warnend seinen Zeigefinger über einen winkellosen Mund.

Durch einen schmalen Gang mit herunterklappbaren Sitz-
schalen erreichten wir einen der Versorgungsräume. Er sei
jetzt fertig, sagte der Führer, ob noch irgendwer eine Frage
habe, und da meldete sich eine der Frauen. Warum, fragte sie,
hätten die Engländer kurz vor Ende des Krieges überhaupt
noch Angriffe auf Helgoland geflogen. Es wurde still im Bunker, bis der Führer nach einer Weile sagte, er wisse das auch
nicht so genau, obwohl sein Vater Ausbilder bei der Wehrmacht gewesen sei, aber selbst der habe sich nie erklären können, weshalb noch im April 1945 Bomben fielen, oft habe er
ihn gefragt und nie eine Antwort bekommen.

Den Bürgern von Weimar wäre diese Frage kaum eingefallen, dachte ich, aber vielleicht lag es neben allem anderen doch
tatsächlich an der abgebrochenen Hummerschere, schließlich
wurden hier weiterhin Schiffe seetauglich gemacht, U-Boote
im U-Boot-Bunker versteckt und Störfunkwellen gegen das
alliierte Radio in London ausgesandt; oder weil sich Tausend-
füßler und fleißige Lieschen auf Helgoland befanden, oder
weil der deutsche Kommandant auf sechs Kapitulations-Auf-
forderungen keine Antwort gegeben hatte, oder, so musste es
sein, weil sie immer noch sauer wegen Sansibar waren. Oder
die Bomben fielen, weil die Nazis in ihren esoterischen Anfäl-
len angenommen hatten, Helgoland sei der letzte Teil von Atlantis, der Heimat des Urariers. Und den hätte der Weltgeist
1945 dringend wieder komplett unter Wasser drängen müssen, was ihm nicht gelang, dachte ich und blickte zwischen
fraglichen Frauen, Brandenburgern und der malayischen Alge
hin und her.

Sollte es diesen Arier und mit ihm eine ganze Herrenrasse wirklich geben, dann musste er auch von irgendwoher gekommen sein, und die große Suche nach ihrem Ursprungsort begann eigentlich bereits, als Arthur de Gobineau 1853 in seinem französischen *Versuch über die Ungleichheit der Menschenrassen* den bis dahin nur als Label für eine indogermanische Sprachgruppe aufgetauchten Sanskrit-Begriff Arier für seine Rassenklassifikation umdeutete. Das Wort Arier habe, grübelte Gobineau, etymologisch irgendwie mit Ehre zu tun, wobei er auf diese Idee nicht mal selbst kam, sondern bei Friedrich Schlegel bitete, der Arier zuvor als „die Ehrenhaften" übersetzt hatte. Jedenfalls gebe es drei Rassen, die schwarze (wie Tiere, guter Geruchs- und Geschmackssinn), die gelbe (mittelmäßig, müssen immer auf Arbeit) und weiße (einfach wow), weshalb der Arier zwangsläufig über den anderen stehe, was für ihn nicht immer leicht sei, ständig müsse er aufpassen, keine Rassenschande zu begehen, andernfalls drohe selbst ein Arier zu entarten. Einmal versuchte Gobineau, seine Familiengenealogie auf den germanischen Gott Odin zurückzuführen, woran er scheiterte, aber Richard Wagner und er schrieben sich trotzdem weiterhin Liebesbriefe, obwohl er dessen Judenhass nicht teilte. Wagners Lieblingszutat rührte dann erst sein eigener Schwiegersohn, das Gobineau-Groupie Houston Stewart Chamberlain, mithilfe seiner *Grundlagen des neunzehnten Jahrhunderts* unter den übrigen Rassismus; das heißt, eigentlich beruhte auch Chamberlains Hochzeit mit Wagners Tochter Eva auf seiner Liebe zu Richard und dessen Denken, hatte er doch bereits zuvor versucht, sich Isolde und Blandine zu klären, was nicht geklappt hatte, und so nahm er eben Eva, auch okay.

Zwar gab Chamberlain bereits im Vorwort seiner *Grundlagen* zu, er sei „ein ungelehrter Mann", der gern von sich in der dritten Person spreche, aber „gerade in seiner Ungelehrt-heit schöpfte er den Mut zu einem Unternehmen, vor welchem mancher bessere Mann erschrocken hätte zurückweichen müssen", und so lasen sich seine *Grundlagen* auch eher, nun ja, präfaktisch: „Was sollen uns die weitläufigen wissenschaft-lichen Untersuchungen, ob es unterschiedliche Rassen gebe? Wir kehren den Spiess um und sagen: dass es welche giebt, ist evident; dass die Qualität der Rasse entscheidende Wichtig-keit besitzt, ist eine Thatsache der unmittelbaren Erfahrung". Klar, keine Ahnung haben, aber ein Kackwort wie evident be-nutzen, und klar, das Alleinstellungsmerkmal gefühlter Wahr-heiten zog immer schon den Rassisten an. Als Engländer wusste Chamberlain zudem Wissenswertes von der Insel zu berichten: „Wer die kleine Strecke von Calais nach Dover zurückgelegt hat, glaubt sich auf einem anderen Gestirn an-gekommen, so tief ist der Unterschied zwischen den doch so vielfach verwandten Engländern und Franzosen. Zugleich kann der Beobachter an diesem Beispiel den Wert der reineren »Inzüchtung« kennen lernen." Houston hatte ein Problem, sich an „write what you know" zu halten, weshalb er, der 1916 die deutsche Staatsbürgerschaft annahm, Happy Welcome, hier hast du eine Pickelhaube, nicht anders konnte, als Gobi-neaus Irrglauben, der französische Adel sei das arischste aller Exkremente, dahingehend zu korrigieren, nun jede Deutsche damit synonym zu setzen, und da passte es ganz gut, dass Go-bineau 1882 verarmt in Turin starb, während er gerade zum Bahnhof hetzte, um den Sonderzug nach Pisa zu kriegen. Ita-lienische Faschisten stellten ihm dann 1932 für posthume Eh-ren ein Schild vors Grab: „Die Zeit und die Ereignisse erhöhen die Figur des ahnungsvollen Denkers", war darauf zu lesen, und das war ja, in Anbetracht der Umstände, gar nicht mal so falsch.

Ein anderer ahnungsvoller Denker, Ignatius Donnelly, ein Amerikaner, der zeit seines Lebens aussah, als trüge er eine Schweinemaske zum Zylinder, malte sich 1882 in seinem Buch *Atlantis, die vorsintflutliche Welt* aus, wie es einigen Ariern gerade noch so gelungen sei, von der versinkenden Insel zu klettern, bevor sie auf direktem Weg heim ins Reich geschwommen seien und sich über Europa bis nach Indien verbreitet hätten. Seitdem Platon Atlantis zum ersten Mal erwähnt hatte, gab es eben immer wieder Versuche, den Kontinent zu lokalisieren und ihn dabei gleich möglichst edel mit sich selbst zu verbandeln. Mit dem einsetzenden Kolonialismus fühlte sich dann halb Europa berufen, alle möglichen Ecken der Welt und insbesondere Amerika zum atlantischen Ursprung der eigenen Zivilisation zu erklären, was die Unterwerfung der Einheimischen gleich weniger schlimm aussehen ließ.

Und weil es immer noch ärger geht, stellte die Begründerin der Theosophischen Gesellschaft, Helena Blavatsky, am Ende eines den Scheiß heiß vorkochenden 19. Jahrhunderts in ihrer esoterisch-okkultistischen *Geheimlehre* die Behauptung auf, es gebe fünf Wurzelrassen. Um eine ordentliche Rassenlehre zu formulieren, sind fünf natürlich ein bisschen wenig, weshalb sie ihre Wurzelrassen nochmal in sieben Unterrassen aufteilte, die wiederum aus jeweils sieben Familienrassen bestanden. So wurde es unübersichtlich im Geäst des blavatskyschen Stammbaums. Und weil immer schwierig ist, Hierarchien dort zu behaupten, wo es keine gibt, führte Blavatsky noch fix die „»höheren intellektuellen Rassen«" in Abgrenzung zu den „»niederen Rassen«" ein, was sie schließlich dazu brachte, „die letzten Atlantier vermischt mit dem arischen Element" zum „Atlanto-Arier" digitieren zu lassen.

Sie schrieb das, nur um es mal kurz einzuordnen, 1888, als

Darwins *The Descent of Man, and Selection in Relation to Sex* längst in den Ramschkisten auslag. In Horst Bredekamps *Darwins Korallen* ist nachzulesen, wie sehr sich dieser sträubte, den Baum als Evolutionsmodel zu benutzen, erschien ihm doch die unhierarchisch wachsende Koralle viel geeigneter, und nur dem Wettlauf mit Alfred Wallace war geschuldet, dass sich Darwin schließlich doch für das etablierte Bild des Baums entschied. Bredekamp geht so weit, die Herausbildung des Sozialdarwinismus, dem all die Verfasserinnen esoterischer Fiktionen über die Entstehung des Menschen unterstützend zur Seite sprangen, als eine durch die Koralle vermeidbare darzustellen.

Blavatsky waren darwinistische Zweifel natürlich fremd, ohne ihre Hände schützend über den Sahnetopf zu halten, verquirlte sie naturwissenschaftliche Erkenntnisse mit dem Rührstab des Antiklerikalen zu religiösem Methadon, zu dem also, was sie als Theosophie ausgab: „Die Universalseele, die Matrix des Weltalls, das Mysterium magnum, aus dem alles, was existiert, durch Trennung geboren ist." Mit ein paar Beipackzetteln ihrer Esoterik ließ sich später locker die Waldorfschule gründen, denn war er erst einmal gefallen, der Schlagbaum des Schwachsinns, konnte auch dort in Räumen ohne rechte Winkel ungestört über Rasse schwadroniert werden.

Apropos: Blavatsky war eine Cousine des russischen Finanzministers Sergej Witte, dessen Politik wohl den Grund für das erstmalige Ausspielen der *Protokolle der Weisen von Zion* lieferte. Jeffrey L. Sammons schreibt: „Die Darstellung von Modernisierungsbestrebungen als jüdisches und freimaurerisches Komplott sollte Zar Nikolaus II. gegen Witte aufhetzen. Nach dieser Hypothese soll die Umfunktionierung von Jolys *Dialogue* das Werk eines erbitterten Feindes von Witte, Elia de Cyon, gewesen sein." So legte die Cousine ein Fundament für das Herrenrasse-Gerede, während ein anderes als Ass gegen ihren Onkel gelegt wurde und schon bald den Tisch des tagespolitischen Pokers bildete.

Aber zurück zu dem, was sich nun hinter dem nächstbesten Schlagbaum, in diesem Falle tatsächlich in Österreich, zu organisieren anfing. Von der Blavatsky-Lektüre befeuert war es Guido von List (den Adelstitel schob er sich einfach so zwischen Vor- und Nachnamen), ein Wiener mit turnvatereskem Rauschebart, der germanisch-mythologische Ideen zu ihren theosophischen schüttete, um den eigenen Anhängern eine das Deutschtum erweckende Melange zu servieren. Seine Hobbys waren Rudern, Runenkunde und sich mit Freunden treffen. Während er von 1868 bis 1870 das Theater Walhalla leitete, beschäftigte sich List außerdem ausgiebig mit Wotan und entwarf die Fiktion eines Wotan-Kults, der früher einmal die Religion der Teutonen gewesen sei. Die *Edda* erklärte List kurzerhand zum Werk germanischer Flüchtlinge, die es anno dazumal aufgrund von christlicher Verfolgung in den höheren Norden verschlagen habe.

Es muss der 28. August 2015 gewesen sein. Auf halbem Weg zum Gipfel des Drachenfels stand ich vor der Nibelungenhalle und sah mir die gusseisernen Kreuze an, mit denen die Butzenfenster verriegelt waren. Dahinter hing ein Zettel, den seine Verfasserin wohl in einem Bonner Home-Office ausgedruckt hatte: „Die Zeichen in den Fenstern", las ich, „sind »Swastika«. Das sind die alten germanischen Runen der Winter- und der Sommer-Sonnenwende. Sie sind 1913 beim Bau der Nibelungenhalle angebracht worden, leider später entsetzlich zweckentfremdet worden." Sofort machte ich mir eine Notiz, entsetzlich entfremdet, schrieb ich und malte daneben einige Swastikas, aber was war das?, bestürzt stellte ich fest, dass es

Hakenkreuze waren, ich malte Hakenkreuze in mein Notizbuch!, um Gottes willen, dachte ich, Hakenkreuze.

Um auf andere Gedanken zu kommen, steckte ich mir ein Stück von Konrad Adenauers 1915 patentiertem Notzeitbrot in den Mund, ein dröges Gebäck aus Mais, das ich vor dem Aufstieg in seiner Geburtsstadt Rhöndorf bei einer Brotberaterin gekauft hatte. Wenn dieses Backwerk nach dem Krieg aktuell blieb und auch für die Verhältnisse der Republik von Weimar stand, dachte ich, gingen dann mit der Fixierung auf deutsches Brot und der Weigerung, einfach mal am Kolben zu knabbern, weil sich aus Mais ja gar kein richtiges Brot herstellen lässt (höchstens Tortillas, aber mit Fusion Food wussten weder Adenauer noch die anderen etwas anzufangen), gingen also mit dieser Sturheit nicht auch die geringe Mindesthaltbarkeit demokratischer Ideen und eine Republik einher, der durch das Untertanentum des dicken Delitzsch von Beginn an ihr eigener Sturz versprochen war, und erklärte das Notzeitbrot deshalb nicht in einem Abwasch, weshalb kaum ein Wirt sie auf die Speisekarte seines Stammtischs setzen wollte? Aber vielleicht, dachte ich, war das okay, Adenauer erfand schließlich auch noch die Tofuwurst, und die durften sich die Deutschen dann in dicken Scheiben auf die Stulle legen. Ich kaute und stierte immer noch die Swastikas an, während ich mich fragte, ob Hitler diese Wurst wohl gemocht hätte. Er als Vegetarier brannte ja durchaus für einige Konzepte des Kontemporären, was unter anderem immerhin dazu führte, dass die Nazis das erste Nichtrauchergesetz der Weltgeschichte verabschiedeten. Ach, du weizengenährter Volkskörper, dachte ich und streichelte mit einer HB meine Lungenbläschen.

Im Inneren der Halle roch es streng, was an den Würgeschlangen liegen musste, die nebenan in einem Reptilienzoo lebten. An den Wänden hingen Ölgemälde, auf einem war

Siegfried gerade dabei, dem Drachen das Blut abzulassen. Über ein Absperrgitter hinweg blickte ich in eine Apsis, wo ein Relief Wagners aus dem Stein ragte. Dann sah ich mir Siggis Stammbaum an, und da verstand ich es. Sieglinde und Siegmund, die Eltern des größten deutschen Helden, waren Geschwister, schlimmer noch, die von Wotan und Fricka gezeugten Zwillinge wollten sich erst lieben, als sie begriffen, dass sie Bruder und Schwester waren, sie erkannten sich, um sich zu erkennen. Inzest!, schrie ich und lief aufgebracht in der Nibelungenhalle umher, unfähig, gegen die Tränen anzukämpfen, die in hoher Frequenz aus meinen Augen kullerten. Und da eilte auch schon ein Mann herbei, wuchtig schossen Kinn und Unterlippe hervor, ganz so, als entstamme er in direkter Linie den Habsburgern. Ob bei mir alles in Ordnung sei, fragte er, und da wischte ich mir die Tränen von den Wangen und schrie, Siegmund habe seine Schwester gefickt, das stehe hier schwarz auf weiß, und sofort griff mich der Mann bei den Schultern, ich solle mich beruhigen, sagte er, das sei bloß ein Märchen, eine Geschichte, das müsse ich doch verstehen, außerdem mache es keinen Sinn, schlecht über die alten Germanen zu sprechen, Germanen, sagte er, die seien schon geil gewesen.

Den Begriff Ariosophie prägte dann Lists Freund Jörg Lanz von Liebenfels, der genauso wenig Adliger wie List war, sondern ebenfalls Kleinbürgersohn aus Wien und eigentlich auf den Namen Adolf Joseph Lanz getauft war. Bevor Lanz in Sachen Rassenhygiene agitierte, trat er 1893 erstmal in das Zisterzienserkloster Heiligenkreuz im Wienerwald ein. Fünf Jahre später wurde Lanz zum Priester geweiht, aber schon 1899 jagten ihn die Mönche wieder vom Hof, er sei „der Lüge der Welt ergeben und von fleischlicher Lust erfasst", was wohl irgendwie stimmte, veröffentlichte er doch 1905 seine *Theozoologie*

*oder die Kunde von den Sodoms-Äfflingen und dem Götter-Elek-
tron.* Darin fabuliert Lanz, wie arische Gottmenschen ihren
ganz eigenen Sündenfall erlebten, nachdem sie sich mit Tieren
gekreuzt hätten. „Wir müssen", schreibt er, „den Zuchtmüttern
der neuen heldischen Herrenrasse eigene Klöster schaffen,
wo sie von allen irdischen Sorgen befreit, nur dem Berufe der
Zuchtmutter leben können. Im Verborgenen, im Geheimen, an
versteckten Orten müssen wir schon jetzt die Reservationen
der blonden Rasse anlegen, damit dann die Erde, wenn sich
die Tschandalen in bestialischer Weise gegenseitig ausgerottet
haben werden, von dort aus neu besiedelt werden kann."

Als ich selbst einmal im Wienerwald unterwegs war, die Füße
nach Tagen des Umherirrens zur letzten Salbung bereit, zog es
auch mich ins Kloster Heiligenkreuz. Unterhalb eines Fensters
las ich: „Von diesem Erker aus grüsste und segnete Papst Be-
nedikt XVI. am 9. September 2007 die grosse Schar der Pilger",
und da freute ich mich, unser Mann im Vatikan, von der HJ zur
Skyline Gottes, dachte ich, aber Halt! Stop!, das stimmte gar
nicht, er war ja zurückgetreten, einfach so, nicht mal bei seiner
Dissertation *Volk und Haus Gottes* hatte er abgeschrieben, und
trotzdem machte er den Theo, obwohl doch seit über sieben-
hundert Jahren keiner mehr seine Mitra an den Nagel gehängt
hatte. Vielleicht, dachte ich, sind sogar die Managerinnen der
katholischen Kirche nicht vor einem Burnout gefeit, Gott hin,
goldene Scheißhäuser her, ständig müssen auch sie ihre Pro-
duktion in irgendwelche Drittweltländer outsourcen, was ja
daran liegt, dachte ich, dass Europa so übertrieben betfaul geworden ist. Bevor ich über den Innenhof des Klosters in Richtung Biergarten davonhinkte, verließ fix ein Vaterunser meine
Lippen.

Um mich über die wahre Verfasstheit der Kirche zu informieren, schrieb ich Bergoglio bei Twitter, aber Pontifex Praxis antwortete nicht, weit und breit kein Shitstorm in Sicht, und so blickte ich zu den Mönchen am Nachbartisch, die mit gefalteten Händen vor ihren 5-Minuten-Terrinen saßen. Und weil mir das Glutamat in die Nase stieg, bekam ich Hunger. Über mir löste sich die Sonne in Coca-Cola-Schirmen auf. Unbemerkt verband ich mir die blutigen Füße. Die Speisekarte studierend, dachte ich, dass sich Adolf Lanz schon während sein Namensvetter, nun ja, regierte, als dessen Wegbereiter darstellen wollte, was ein Quatsch war, obwohl Hitler während seiner „Wiener Lehr- und Leidensjahre" im Männerwohnheim tatsächlich die von Lanz herausgegebene *Ostara* nach Art eines Wichshefts durchgeblättert hatte. Diese erschien zwischen 1905 und 1917 und war laut Eigenbeschreibung „die einzige und erste rassenwissenschaftliche Zeitung, die die Ergebnisse der Rassenkunde tatsächlich in Anwendung bringen will, um die sozialistischen und feministischen Umstürzler zu bekämpfen und die arische Edelrasse durch Reinzucht vor dem Untergang zu bewahren", schließlich stamme „alles Häßliche und Böse von der Rassenmischung her, der das Weib aus physiologischen Gründen mehr ergeben war und ist als der Mann".

Auch nach dem 2. Weltkrieg wurde Lanz seiner selbst nicht überdrüssig, kurz vor seinem Tod führte er Gespräche mit dem Autor Wilfried Daim, der dann 1958 *Der Mann, der Hitler die Ideen gab* veröffentlichte. Aber eigentlich, dachte ich, ist völlig egal, wer da wem die Ideen gab, schließlich passierte alles genau so, wie Lanz es postuliert hatte: Eugenik, Sterilisation und Deportation nach Madagaskar, die Nazis dachten sich diese Dinge nicht aus, sie knüpften an bereits vorhandene Erzählungen an, und so wie die *Protokolle* aus einer antisemitischen Tradition entstanden, stapelte sich auch der Schwachsinn rassischer Überlegenheit so lange, bis einer kam, um für seinen

Kampf aus beidem ein Buch zu kompilieren. Alles bloß hasserfülltes ideologisches Sampling, jeder Erzählstrang des Hasses ein neu variiertes Zitat.

Als mir der Kellner ein Mohrenbräu hingestellt und ich Eiernockerl mit grünem Salat bestellt hatte, musste ich an die Releaselesung der kommentierten Ausgabe von *Mein Kampf* im Haus der Geschichte denken. Zufällig hatte mich meine Mutter an diesem Tag besucht, aber auf die Frage, ob sie mitkommen wolle, nur abgewunken und gemeint, sie kenne das Buch schon, und tatsächlich behielt sie Recht, anstatt mit verteilten Rollen Punchlines und Gegenpunchlines vorzulesen, sprachen die Männer nur darüber, wie heikel es sei, Hitler herauszugeben, und das Einzige, was ich behalten habe, ist die Feststellung, *Mein Kampf* sei in mancher Hinsicht als Genreliteratur zu betrachten.

Was Hitlers Bestseller vom übrigen Lebensreformzeug unterschied, war die Nutzung etablierter Denkfiguren, an die sein späteres Volk deutlich besser andocken konnte als beispielsweise an August Engelhardts Kokosnusskult, das ist klar, und klar ist auch, dass noch heute Menschen ihre Namen nach Art eines Rudolf Steiner tanzen, obwohl auch er aufs Wurzelrassensystem verwies: „Die größte Masse der atlantischen Bevölkerung", schreibt Steiner, „kam in Verfall, und von einem kleinen Teil stammen die sogenannten Arier ab, zu denen unsere gegenwärtige Kulturmenschheit gehört." Immerhin machte er seinen potenziellen Untermenschen ein bisschen Hoffnung für ihr nächstes Leben: „Ein jeder von uns geht durch die verschiedensten Stufen der Rassen hindurch und der Durchgang bedeutet für die einzelne Seele gerade eine Fortentwickelung." So fing er also an, der Marsch des Waldorfschülers durch die Institutionen, und dann schön alle Barcodes durchstreichen und Kuhhörner bei Vollmond im Garten verbuddeln. Die Fiktion war und ist doch das größte Problem, dachte ich noch, aber da kam auch schon der Kellner und servierte mir die dampfenden Nockerl. Und wie ich sie laut schmatzend verschlang, las ich auf dem iPhone einen Sargnagel-Post und war sofort sehr glücklich, denn das stimmte ja: „Eierspeis schmeckt mild, fettig, stärkend. Nicht intensiv wie fleisch. Nicht würzig. Nicht diaf. Elegant und zart und nahrhaft wie ungeborenes leben schmecken sollte."

Helgoland als Atlantis tauchte dann zum ersten Mal 1936 auf. Der FKK-Fan Heinrich Pudor titelte damals: *Völker aus Gottes Athem – Atlantis-Helgoland, das arisch-germanische Rassenhochzucht- und Kolonisations-Mutterland.* Er behauptete, die Insel in der Deutschen Bucht sei das letzte Überbleibsel des versunkenen Kontinents, der sich einst von Schottland bis Norwegen erstreckt habe. Um sich von der sonstigen Arbeit Pudors einen Eindruck zu verschaffen, genügen einige Titel seiner Bücher, die teilweise auch unter den Pseudonymen Heinrich Scham und Ernst Deutsch erschienen: *Mutter-Milch. Offenbarung der Natur, Hygiene der Bewegung, Die Sicherung der Heimat und die finanzielle Sicherung bei dem Kriege gegen das Weltjudentum, Mein Leben. Kampf gegen Juda für die arische Rasse.* Pudor glaubte, nur so als Beispiel, „dass Adam in Wirklichkeit Odin ist, dass also Odin als Adam der erste Mensch im Paradies Atalantasa war".

Okay, das klingt etwas abwegig, fand aber vielleicht gerade deshalb bei der NS-Spitze Gehör. Heinrich Himmler ließ sich jedenfalls nicht lumpen und begann ganz ernsthaft nach Heiligem Gral und des Urariers Heimat zu suchen, die er zwar eher auf den Kanarischen Inseln vermutete, doch letztlich sei es „ganz Wurst, ob dies oder etwas anderes die wirkliche Wahrheit über die Vorgeschichte der germanischen Stämme ist".

Helgoland interessierte den Reichsführer SS trotzdem. Im September 1938, genau ein Jahr vor dem Überfall auf Polen, mailte er aufgebracht an Walther Wüst, Professor für „Arische Kultur- und Sprachwissenschaft" an der Universität München: „Lieber Wüst! Bei meinem letzten Besuch auf Helgoland stellte ich fest, dass über die Geschichte Helgolands fast nichts bekannt ist. Ich bitte Sie, einmal alles, was in den Sagas über Helgoland zu finden ist, zusammenzutragen. Veranlassen Sie doch ferner, dass die Berechnungen des Ortungsnetzes, das dieser eine Mann aus Hamburg aufgestellt hat, auch auf Helgoland ausgedehnt wird. Man kann vielleicht auf diese Art feststellen, wie groß die Insel war, wo sich der wirkliche Mittelpunkt befand und wo die heilkräftigen Quellen gewesen sind. Wasser gibt es heute auf Helgoland nicht mehr. Ich nehme jedoch bestimmt an, dass auf der Insel, die sicher einmal 5 bis 6 × so groß war wie sie heute ist, ein Brunnen vorhanden war."

Bereits 1935 hatte Himmler zusammen mit seinem SS-Obersturmführer Herman Wirth die Forschungsgemeinschaft Deutsches Ahnenerbe e.V. gegründet, und weil deren Mitglieder nicht immer bloß mit den geomantisch aufgeladenen Externsteinen im Teutoburger Wald spielen wollten, stürzten sie sich in und auf die vermeintlichen Untiefen der Deutschen Bucht. Als Wirth aber zu erzählen anfing, Arierinnen hätten auf Atlantis das Matriarchat ausgerufen, schmiss ihn Himmler achtkantig aus seinem Verein. Seine matriarchalen Impulse hatte Wirth zuvor aus der *Ura-Linda-Chronik* gesogen, einer irgendwann im 19. Jahrhundert verfassten Fälschung, die in angeblich altfriesischer Sprache vom frauenregierten Paradies Atland erzählte und von ihren niederländischen Verfassern als Bibelparodie gedacht gewesen war. Obwohl ihre Echtheit schon 1870 angezweifelt wurde, übersetzte und veröffentlichte Wirth sie noch 1933.

Wirth und Wüst überlebten ihr Naziregime gut. Wirth gründete 1954 in Marburg die Herman-Wirth-Gesellschaft, die ihrem Ehrendienst am deutschen Volke bis heute unter dem Namen Ur-Europa e.V. nachgeht, und ließ sich dort auch mal von Willy Brandt besuchen, um ihm ein paar Artefakte zu zeigen. Wüst war ab 1951 Professor zur Wiederverwendung.

Als sei gar nichts gewesen, glaubte auch Jürgen Spanuth, ein evangelischer Pfarrer, der sich als gebürtiger Leobener für den Anschluss der Ostmark eingesetzt hatte und ab 1933 einer nordfriesischen Gemeinde vorstand, noch lange nach 1945 daran, die versunkene Insel bei, in und unter Helgoland finden zu können. Sein *Atlantis. Heimat, Reich und Schicksal der Germanen* erschien 1965 im rechtsextremen Grabert Verlag. Anders als viele seiner Vorgänger machte sich Spanuth die Mühe, Platon ein bisschen genauer zu lesen, was ihn dazu brachte, ein angeblich auf Atlantis vorkommendes Metall namens Oreichalkos, von dem es im *Kritias* heißt, es habe „den höchsten Wert nächst dem Golde" besessen, einfach mal mit Bernstein gleichzusetzen. „Alle Angaben des Atlantisberichtes über den Oreichalkos", schreibt Spanuth, „treffen für den Bernstein und allein für den Bernstein zu. Es gibt wirklich Bernsteinsorten, die einen »feurigen Glanz« haben. Bernstein wurde tatsächlich neben dem Gold am höchsten geschätzt; man kann ihn in Öl kochen und als »Bernsteinlack« zum Maueranstrich verwenden", und weil das alles so herrlicher Unsinn war, charterte der Pfarrer ein Boot, um in der Deutschen Bucht Tauchgänge zu unternehmen.

Das Vorwort schrieb sein Verleger Herbert Grabert dann gleich selbst, schließlich verhalte es sich so, dass Spanuths Buch „zu einem Geschichtsbewusstsein verhilft, mit dem ein so geschmähtes Volk wie das deutsche wieder den Weg zum inneren Gleichgewicht und zu einem würdevollen Selbstbewusstsein zu finden vermag". Alles kein Problem, vor allem nicht für einen wie Grabert, der 1928 seine Dissertation *Eine vergleichende Studie zur Psychologie der Mystiker und Psychopathen* vorlegte, um sich während der nächsten Jahre von der Alfred-Rosenberg-Stiftung sponsern zu lassen. „Noch aber steht das religiöse Judentum", schreibt er später, „in Gestalt seiner christlichen Kirchen und Sekten im Leben unseres Volkes und hindert deutsche Menschen daran, ganz ihrem Volke und nur ihrem Volke zu gehören."

Chefideologe Rosenberg selbst sah die Sache mit der versunkenen Atlantis ein bisschen verhaltener, im *Mythus*, seinem hundertfach aufgelegten Remake der *Grundlagen* Chamberlains, schreibt er 1930: „Mag vieles auch sehr fraglich sein, das Ergebnis der Forschung vermag jedoch an der einen großen Tatsache nichts zu ändern, dass der »Sinn der Weltgeschichte« von Norden ausstrahlend über die ganze Erde gegangen ist, getragen von einer blauäugig-blonden Rasse, die in mehreren großen Wellen das geistige Gesicht der Welt bestimmte."

Als unter Tage alle Fragen beantwortet waren, wollten wir schleunigst Land gewinnen. Und weil so eine Führung zwar viele, aber eben nicht alle Ansprüche des ernsthaften Urlaubers erfüllt, kehrten wir direkt ins Café Krebs ein, um bei einem Tässchen Kuchen wieder zu Kräften zu kommen. Mit seiner holzvertäfelten Decke, den Tischdecken und ausgetretenen Teppichen machte es ganz den Eindruck, als konserviere Wirt Benno hier seine eigene Stunde Null. An den Tapeten hatte sich allerhand maritimer Tinnef angesammelt. Ein Ventilator drückte die Luft bis in die hinterletzten Ecken des Raums. Es roch nach gebratenem Fisch und Eiergrog, eine mindestens so furchtbare wie typische Helgoländer Spezialität, weshalb die meisten Gäste auch in rotwangiger Skepsis davorsaßen, nur um sich schließlich doch schaumig geschlagenes Eiweiß aus den Mundwinkeln zu wischen. Alkoholische Heißgetränke, dachte ich mit Blick auf die Karte, sind immer ein Irrtum, ab und zu ein Bier gegen die Grippe auf den Herd stellen, okay, aber alle anderen bezeugen ja nichts weiter als das kulinarische Kapitulieren vor dem Kuchen. „Cognac", sagte Enis, „Cognac und Kaffee müssen reichen."

Weil geklöppelte Gardinen die Fenster zur Hälfte verdeckten, hatten wir sie zuerst nicht erkannt, die bunkeraffinen Brandenburger, die nun das Krebs betraten. Anders als im Innern des Felsens nahmen Vater und Sohn ihre Sonnenbrillen ab, bestellten unter großen Gesten große Biere und warteten sieben Minuten vor der Tortenvitrine, bevor sie mit ihren Willibechern in den Außenbereich abzogen. Der Wissbegierde des Sohns wegen erzählte Enis mir, wie sie einmal in Jerusalem die Holocaust-Gedenkstätte Yad Vashem besucht hatte, und als sie dort unter Deutschen die Allee der Gerechten unter den Völkern entlangspazierte, da besah sich eine Pilgergruppe aus Bayern ganz besonders ausgiebig Oskar Schindlers Gedenkbaum, und später in einem der Ausstellungsräume, in denen Fotografien aus den Lagern gezeigt wurden, fragte dann ein anderer Deutscher beim Leiter der Führung nach, wie genau sie eigentlich funktioniert hätten, die Öfen, also technisch, dafür habe er sich schon immer interessiert, sagte der Mann, was den Führer nur eine halbe Sekunde lang überraschte, bevor er antwortete, sein Schwerpunkt liege nicht auf der Technik, hier gehe es um andere Dinge, er könne, sagte er, diese Frage nicht beantworten.

Als wir Kaffee, Cognac und Frankfurter Kränze bezahlten, stellten auch wir mal eine Frage, wo es denn zu den Toiletten gehe, wollten wir wissen, und da zeigte die Kellnerin zur De-

cke, das Klo, sagte sie, gehöre eigentlich zur Disko, und weil
Enis und ich wohl etwas zu derangiert dreinblickten, fing sie
gleich an zu schwärmen, Discothek Krebs, sagte sie, genieße
einen legendären Ruf, die erste Disko Deutschlands, da sei
immer etwas los, also Tanz und Polonaise und mitunter gebe
es auch Karaoke, Spitzenstimmung, sagte sie, wir sollten uns
das unbedingt anschauen, und weil das natürlich alles herrlich
klang, versprachen wir, wiederzukommen, wobei, sagte ich,
die letzte Fähre ja schon gegen neun zur Düne übersetze, und
sofort schüttelte die Kellnerin den Kopf, heute nicht, rief sie, in
der Nordseehalle gebe es einen bunten Abend mit Volkstanz
und allem Pipapo, in solchen Fällen, rief sie, verkehre doch
eine Sonderfähre, und da ließen wir das Wechselgeld als Tip
liegen, um Hals über Kopf aus dem Café zu stürzen. Mit dem
Fahrstuhl fuhren wir ins Unterland.

Die Pappen hatten wir auf den Treppen der Nordseehalle
genommen, und jetzt, da mit einer Tanzeinlage der Helgoländer Abend eröffnet wurde, setzte das Acid seine Wirkung frei.
Die Männer des inseleigenen Shanty-Chors Karkfinken und
in Trachten gekleidete Frauen waren schon im späten Gegenlicht des Nordostufers an uns vorbeigestiegen, ausnehmend
freundliche Leute, die uns systematisch gegrüßt hatten, bevor
sie nun also die Bühne betraten. Im rentnergespickten Publikum hob Applaus an. Wir saßen uns an einem Biertisch gegenüber. Von der Hallendecke baumelten Seesterne. Draußen
schwappte die Nordsee vor und zurück. „Wir könnten", sagte
Enis, „stabiler sein, indem wir nicht ständig beschwören, was
uns schadet." Sie räusperte sich. „Die Hohlkörper, von denen
das Meer der größte ist." Ihre Stimme klang amorph und belegt
wie unreife Walnüsse. Vor uns standen zwei Gläser Jever Fun.
Hinter den Eichstrichen gingen unsere Blicke unter.

Als wir wieder aus dem Bier stiegen, ließ ein Typ das Schif

ferklavier dreimal auf seinem Bauch wippen. Dem folgte deutscher Gesang: „Nichts geht über Helgoland, das sieht jeder ein, unsere Welt heißt Helgoland, und ist sie noch so klein." Eine Gruppe Jugendlicher begann, sich zwischen den Bierbankgarnituren zu drängeln. Schunkelnd stießen sie mit ihren Astra-Knollen an. „Der Mensch ist vielleicht ernst, aber als Tier hat er versagt", sagte Enis, sichtlich darum bemüht, sich nicht zu sehr vom Viervierteltakt abholen zu lassen. Ringsherum klatschten sich die Rentner in Rage. „Groß ist die Welt, schön ist die Welt, am schönsten ist doch Helgoland", sang der Chor. „Nichts geht über Helgoland, das ist jedem klar, unsere Welt heißt Helgoland, so wie es immer war." Durst, dachte ich und nippte am Fun, kann für einen Karkfinken gar nicht schlimmer sein als Heimweh. Das Cuxhavener Exil, der Mythos ihrer Gründung 1949, die sehnsuchtsvollen Stunden am Strand, dabei ständig ein Marschland im Rücken, nun schien aus aller Folklore etwas Wahres zu sprechen. Das Material, dachte ich, schreibt sich ein oder wird eingeschrieben. Und während sich die Volkstanzgruppe auf der Bühne immer schneller im Kreis zu drehen begann und die Männer von blutjungen Mädchen sangen, die zu allem bereit seien, ging mir die Möglichkeit eines Filters vollends verloren. „Gleich klatschts, aber keinen Beifall", hörte ich Enis noch sagen, bevor auch ich etwas wahrzunehmen glaubte, das jeden Moment zu kippen drohte. Die Vierviertel-Vibration wie einen Schmerz in den Brüsten sprangen wir auf und bahnten uns einen Weg nach draußen.

Nach Art eines View-Masters sahen wir der Abendsonne dabei zu, wie sie scheibchenweise über das leuchtend rote Oberland wanderte. Jeder Schritt, der uns die Kurpromenade entlanglaufen ließ, brachte uns ein Bild weiter. Der Felsen warf uns seinen Schlagschatten vor die Füße. Die Vegetation war eine Vegetation. Wir passierten einen Sportplatz, dann den

Vorhof einer Jugendherberge. Plastikstühle lehnten vornüber an einem Gartentisch. Auf einem verwaisten Spielplatz saßen Möwen in einem Karussell. Sie kreischten, als ginge es ihnen gleich an den Kragen. Wind wehte ebenda. Mit Mühe und Not erreichten wir den Aufzug. Als der Fahrstuhlführer stumm seine Faust öffnete, erinnerten wir uns an einen Euro und zwanzig Cent, die wir ihm angezählt in die Hand rieseln ließen.

Wir schlichen am Krebs vorbei, ließen den Kleingartenverein Helgoland e.V. von 1968 links liegen und betraten die graswachsene Weite des Oberlands. Bombentrichter imitierten den Wellengang der See. Was einmal Plateau gewesen war, schmiss nun seine Geografie gegen unsere Schritte. Querfeldein stiegen wir in die Krater hinab und wieder aus ihnen hinaus, bis wir den höchsten Punkt Pinnebergs erreichten. Wir lehnten uns gegen das Gipfelkreuz und blickten auf das Meer. Die Sonne schien hinter der Langen Anna festzustecken, deren schiefe Wicklung stoßweise Vögel ausspie, ganz so, als seien sie Rauch. Lange Anna, dachte ich noch, das ist doch kein Name für so einen die Brandung abfangenden Felsen, aber da rollten wir auch schon als Kugelmensch bis zur äußersten Spitze des Oberlands hinab. Ein Schild informierte über ein Seegefecht während des Deutsch-Dänischen Krieges 1864, das sich, so lasen wir, genau von dieser Stelle aus viele Helgoländer angesehen hatten. Für die, dachte ich, war das sicher spannend, immerhin wollten sie ja wieder deutsch sein und nicht mehr britisch, und da drückte man also die Daumen von hier oben, mit bestem Blick.

Einmal auf dem Rundweg angekommen, ließen wir uns leiten und standen schon bald vor der Hauptattraktion Helgolands, dem Lummenfelsen, dessen roten Sandstein eine schwarz-weiße Marmorierung durchzog, weil in seinen Vorsprüngen so viele Trottellummen nisteten. Und weil sich die

Jungvögel zum Flüggewerden erst in der Abenddämmerung mit einem sogenannten Lummensprung vom Felsen stürzen, drängten sich am Geländer dutzende Vogelbeobachter. Es war laut, die Trottel machten einen solchen Lärm, dass wir das Klicken der Kameras kaum hörten.

Mit der Sonne waren auch die Vogelfans verschwunden. Nur ein einziger Mann stand noch in Funktionsweste am Rand des Felsens und starrte durch sein Fernglas. Als er sich umdrehte, erkannte ich ihn, wie er in heiligem Ernst dastand und seine Hornbrille richtete. Franzen, dachte ich, um Gottes willen, er ist es. Und wie ich so im Feinripp auf ihn zumarschieren wollte, zerrte Enis von hinten daran, so sehr, dass es endlich riss, und da rief ich vor lauter Übermut Franzens Vornamen, Jonathan, rief ich, und weil er nicht reagierte, packte ich ihn also am Schlafittchen und stellte ihn, wie man so sagt, zur Rede, was ihm einfalle, rief ich, Kraus wie ein Fundi zu lesen, Fundi?, fragte Franzen und sah mich ganz verwirrt an, aber davon ließ ich mich nicht beirren, mit der Masche würde er nicht durchkommen, dachte ich und schrie ihn an, was er sich während seines *Kraus-Projekts* eigentlich gedacht habe, ob er das okay finde, mir nichts dir nichts so einen Stuss zu schreiben, nur weil er mal einen Winter in Westberlin gelebt habe, das sei doch lächerlich, Westberlin, rief ich, lächerlich.

Weil ich ihn heftig zu schütteln begonnen hatte, das heißt, eigentlich drückte ich ihn gegen das Geländer, hinter dem sich die Lummen noch immer ungerührt die sechzig Meter hinabstürzten, fuchtelte Franzen mit den Armen, ich solle ihn loslassen, schrie er, sein brauner Männerbob klebte ihm als feuchte Strähne in der Stirn, überhaupt schwitzte er stark, was mich nur noch befeuerte, ein Geständnis, dachte ich, während ich ihn auf den Felsvorsprung schob, und da schrie er, er habe große Angst vor Klippen, aber das wusste ich schon, na klar, und das sagte ich ihm auch, gerade weil ich ihn gelesen hätte, sei ich ja so sauer. Um Fassung bemüht, ließ ich seinen Hemdkragen los und fragte, ob er tatsächlich fürchte, wie dieser Andreas Wolf vom Felsen zu stürzen, und da wechselte sein Gesichtsausdruck von erschrocken zu ärgerlich, der schämt sich nicht einmal, dachte ich, doch bevor ich noch etwas sagen konnte, griff mich Enis von hinten am Arm und zog mich ins Oberlandesinnere zurück. Franzen hob drohend die Faust, aber da waren wir schon ineinander verkrallt und zu weit entfernt, vor lauter Lummen verstand ich nicht, was uns der Romancier nachrief, und so rangen Enis und ich noch eine Weile miteinander, bis wir in einen Krater stolperten und im kniehohen Gras liegen blieben.

Den großen Wagen im Blick, hielten wir ein bisschen die Köpfe unten, ehe wir in Richtung des alten Flakturms spazierten. Nachdem er als einziges Gebäude den Big Bang überstanden hatte, wurde das Kanonen- zu einem Leuchtfeuer abgedimmt. Während wir den größten Bombentrichter der Insel, das sogenannte Mittelland, durchquerten, um unten am Hafen eine Kneipe zu suchen, fegte sein Lichtkegel in regelmäßigen Intervallen über uns hinweg. Bald standen wir vor dem Sturmheulen, was so finster klang, dass wir unmöglich ein Schnelles ausschlagen konnten. Außerdem interessierte uns, wenn auch indirekt, das Angebot, einen Eiergrog umsonst zu bekommen, sollte man erstmal fünf von ihnen geschafft haben.

Wir klopften auf Holz und klemmten uns an die vollbesetzte Theke. Auch der übrige Schankraum war gut gefüllt, alles prima, dachten wir, und fragten den Wirt zuallererst nach Zigaretten. So lange schon hatten wir nicht mehr in einer Kneipe geraucht, dass unsere Lungenkapillaren zu kribbeln anfingen. Holstein, Hort der Freiheit, dachte ich gerade, da kam der Wirt zurück und legte eine rote Schachtel mit dem stilisierten Gesicht Che Guevaras auf den Tresen. „Ein großer Arzt, Kettenraucher und Homophober", sagte Enis, während ich vom Wirt wissen wollte, was das für eine Zigarette sei, habe er nichts normales, fragte ich, Marlboro vielleicht, und da grinste er ein viel zu schiefes Grinsen. Sein Schnäuzer umspielte die Zwischenräume wie Zahnseide. Was will dieser Wirt, dachte ich, als er zu lachen begann, ob wir denn keine Terroristen seien, haha, machte er, und weil das zwar blöd war, wir aber auch unbedingt rauchen wollten, bestand ich noch einmal auf Marlboros. Und weil wir auch ganz schrecklich ausgedörrt waren, bestellte Enis zwei Jever, ein Fehler, da hatte sie die Rechnung ohne den Wirt gemacht, das verkaufe er nicht, rief er, anderswo könne man das kriegen, aber nicht bei ihm im Sturmheulen, er habe Budweiser und Brinkhoffs am Zapfhahn, und da freute ich mich, ein Dortmunder Pils, vielleicht würde doch alles gut enden, aber noch während mir der Lokalpatriotismus ein Strohhalm war, schrie der Wirt, was das Mädchen denn jetzt ein Bud bestelle, er habe wohl eine Bierpolyamoristin am Tresen sitzen, man könne immer nur eine Sache lieben, rief er, bitter sei etwas ganz anderes als süß. Alle Biere sind anders, aber alle Biere sind gut, sprach ich mein Mantra, ein universell anwendbares, das ich bei meinem Zivildienst von einem geistig Behinderten gelernt hatte und bei dem ich immer nur das von ihm vorgeschlagene Wort „Menschen" für ein anderes austauschen musste. Ach, zartes Samenkorn des Philanthropen, dachte ich, aber da sprang Enis auch schon über den Tresen, beinah als sei er ein Barren, und gab dem Wirt eine Kopfnuss. Bevor irgendein Rentner reagieren konnte, schmissen wir die Tür von außen ins Schloss, bereit für einen letzten Tanz in Deutschlands ältester Diskothek.

Den Bass spürten wir bereits auf den Stufen ins Oberland,

von denen wir immer zwei auf einmal nahmen, falls sich die Rentner doch noch entscheiden sollten, ihren Wirt zu rächen. Am Krebs gab es keinen Türsteher, natürlich nicht, unbehelligt stiegen wir die Wendeltreppe in den ersten Stock hinauf. Und dann sahen wir sie, all unsere liebgewonnenen Miturlauber, die sich unter der verspiegelten Decke der Disko verteilten. Aus einer mit rotem Vinyl bespannten Sitzecke drang das Lachen der Frauen vom Flüchtlingsboot. Die Sparkasse Harburg-Buxtehude tanzte Foxtrott. Flaschenbier trinkend lehnten die Brandenburger an der Bar, und selbst der bärtige Butterfahrtexperte war mitsamt seines Kameraclubs dem Glamour gefolgt, den Discothek Krebs auf dieser Insel garantierte. Als wir zwei Jever bestellten, nickten Vater und Sohn uns freundlich zu, ehe die Barfrau sagte, gewöhnlich sei hier mehr los, aber das war ja egal, denn alle, auf die es ankam, begannen nun zu *Conny Kramer* Klammerblues zu tanzen.

Später stand ich allein auf dem Balkon des Krebs. Von hier aus konnte ich das gesamte Nordostufer und die Düne überblicken. Hübsch hing der Mond über Helgoland. Am Quai saßen Leute im Licht einer Stehlampe. Nach einer Weile tauchte hinter mir ein Typ mit Halbglatze auf, der so viel getrunken hatte, dass er kaum noch stehen konnte. Ob denen nicht kalt sei, lallte er mir ins Ohr, und da sagte ich, die säßen doch auf Stühlen, aber der Typ schüttelte den Kopf, das heißt, eigentlich schüttelte er seinen ganzen Körper, die Lampe, lallte er, die stehe doch auf Stein, und da sagte ich, ja richtig, das mache die Lampe, was ihn seltsam zu beruhigen schien. Stein, sagte er noch einmal, dann schauten wir schweigend aufs Meer.

Er war gerade in einen Liegestuhl gewankt, als Enis mit zwei Klaren zurückkam. „Auf die deutschen Frauen", zitierte sie Hoffmann von Fallersleben, und erst als der Korn in unseren Hälsen brannte, fiel mir auf, dass wir dessen Denkmal unten am Hafen noch gar nicht gesehen hatten. Drinnen setzten die ersten Takte von Helenes großem Hit ein. Als wir das Krebs über die Tanzfläche verließen, standen die Sparkassenangestellten Spalier: „Wir ziehen durch die Straßen und die Clubs dieser Stadt, das ist unsere Nacht, wie für uns beide gemacht, Oho, Oho", sangen sie, und noch im Unterland meinten wir, ihr Grölen zu hören.

Unterhalb der Büste des Dichters legte Enis auf. Während ich die erste Strophe sang, zog sie ihre Lines, dann tauschten wir Positionen. „Deutsche Frauen, deutsche Treue, deutscher Wein und deutscher Sang", sagte Enis und leerte ihre Flasche. Fallersleben hatte sich die Hymne ja eigentlich als Sauflied vorgestellt, so wie alle seine Lieder, dachte ich, vielleicht mit Ausnahme von denen, die er für Kinder schrieb, und da schraubte ich meinen Flachmann auf, um ihm, der in Bronze gegossen wie ein lieber Opi aussah, zuzuprosten. Anstatt der letzten beiden Verse seiner dritten Strophe, „Blüh im Glanze dieses Glückes, blühe, deutsches Vaterland", hatte er selbst immer „Stoßet an und ruft einstimmig: Hoch das deutsche Vaterland" gesungen, was auf deutschen Fanmeilen gut käme, oder bei Staatsbegräbnissen, einfach mal den Leichenschmaus eröffnen, während die Soldaten noch vorm Sarg salutieren, dachte ich und nahm vorsorglich noch ein Schlückchen.

Fallersleben war ja generell ein großer Trinker, einer, der im Wirtshaus zu Hause war, und dem es, so viel steht fest, am allerbesten gefiel, in Deutschland unter Deutschen zu saufen. 1839 machte er trotz allem den Fehler und fuhr nach Frankreich. Anfangs schien alles noch halbwegs okay: „Da ich damals so nahe der Champagne war und so gerne Champagner trinke, so wollte ich die Gegend kennen lernen, wo das vortreffliche Getränk bereitet wird." Doch kurz darauf war er schon enttäuscht. „Eine langweilige Fahrt. Die Gegend in Champagne beinahe überall ohne Reiz: Hügel bald kahl, bald mit Getreide, bald mit Reben, keine dunkelen Wälder, keine Wiesen; die Dörfer alle wie Städte, kahl und durchsichtig", schreibt er, um dann vernichtend zu urteilen: „Alles ohne Poesie." Selbst in Paris sollte es nicht besser werden, im Louvre gab es „zu viel des Sehenswerthen", und auch „die Julifestlichkeiten 29. Juli ließen viel zu wünschen übrig. Sie hatten gewiß Geld genug gekostet", was nichts half, denn das Feuerwerk war „so matt wie die Begeisterung des Volks."

Linksrheinisch war schon arg: „Die angenehmste Erinnerung an Paris ist immer noch für mich, wenn wir Deutsche unter uns waren. Es war immer eine lebendige, gemüthliche Unterhaltung, voll Scherz und Witz, daß wir oft mehr Lärm machten als hundert Franzosen. Wir verzehrten aber auch in wenigen Stunden mehr als ebenso viel Franzosen oft kaum in einer Woche, 87 Francs 8 Sous." Weil man sich aber auch mal an die eigene Nase fassen muss, merkte er selbstkritisch an: „Mein Zweck war gewesen, Paris kennen zu lernen, die Bibliothek zu benutzen und mich im Französischsprechen zu üben. Von diesen drei Dingen hatte ich das erste so ziemlich erreicht, das zweite wenig und das dritte gar nicht: meine Landsleute waren mir lieber als mich in einer fremden Sprache mit Fremden zu unterhalten über Dinge, die mir am Ende recht gut fremd bleiben konnten." Nachdem er zig vernichtende Hotel- und Restaurantbewertungen auf Google gestellt hatte, fuhr Fallersleben noch fix nach Straßburg und stieg ohne zu schwindeln das Münster hinauf. „Als ich von dem herrlichen deutschen Baudenkmale in das weite reiche und schöne Elsaß hinabschaute, ward ich wehmüthig", schreibt er und schiebt gleich noch die rhetorischste aller Fragen hinterher: „Und welcher Deutsche würde es hier nicht?"

Um nicht noch einmal einen solchen Reinfall erleben zu müssen, buchte Fallersleben im nächsten Jahr all-inclusive auf Helgoland. Weil er damit rechnete, dort auf den Verleger seiner *Unpolitischen Lieder* Julius Campe zu treffen, besuchte er diesen erstmal in Hamburg, schließlich kannte er Campe noch nicht persönlich, weshalb eine Begegnung in Badehose eher unangenehm ausgefallen wäre. Als Fallersleben in dessen „Comptoir, das klein und unansehnlich war", eintrat, wusste er sofort, was bei Campe los war: „In seinen Augen liegt eine lauernde Schlauheit, die sich erst recht verräth, wenn er sich die Mühe giebt, durch Blick und Worte sich als treuherzigen, grundehrlichen, uneigennützigen Geschäftsmann darzustellen."

Auf Helgoland angekommen, hielt sich Fallersleben streng an den touristischen Ehrenkodex: „Morgens Spazierengehen, dann Ueberfahrt zur Düne, Baden, Rückfahrt, Spazieren, Mittagessen, Kaffeetrinken, Ausruhen auf der Klippe, einen Augenblick im Conversationshause um Zeitungen zu lesen, dann letzter Spaziergang und zu Bette." Und weil er ein solcher Rebell war, fuhr Fallersleben auch mal auf Haifischfang, um vierzehn Haie und einen Rochen zu angeln und der wilden See wegen „eine bewundernswerthe Fertigkeit im Entstöpseln des Champagners" zu entwickeln.

Campe jedoch ließ sich im Sommer 1840 nicht auf Helgoland blicken, und da schaute Fallersleben bei seiner Rückreise erneut bei ihm vorbei: „Wir sprechen viel über die zweite Auflage und einigen uns erst als wir beim Frühstück sitzen und mit einer Flasche Champagner nachhelfen." So beschwipst war der Verleger, dass er seinen Tan-Generator zuerst nicht fand, ihm schließlich aber doch „300 Rb. Gold" überwies.

Auch im nächsten Jahr badete Fallersleben auf Helgoland, und selbst als seine Zechbrüder, „liebe Leute aus dem Lande

Hadeln", abgereist waren, blieb er. „Den ersten Augenblick schien mir Helgoland wie ausgestorben", schreibt er, „ich fühlte mich sehr verwaist. Und doch that mir bald die Einsamkeit recht wohl: ich freute mich, daß ich nach den unruhigen Tagen wieder einmal auch mir gehören durfte. Wenn ich dann so wandelte einsam auf der Klippe, nichts als Meer und Himmel um mich sah, da ward mir so eigen zu Muthe, ich mußte dichten und wenn ich es auch nicht gewollt hätte. So entstand am 26. August das Lied: »Deutschland, Deutschland über Alles!«", und da konnte es Fallersleben kaum noch erwarten, dass Campe endlich kam, ihm ein paar Dollar in die Hand zu drücken.

Nur zwei Tage später, an Goethes Geburtstag, erreichte dann tatsächlich auch Campe die Insel, um gleich mal die *Lieder eines kosmopolitischen Nachtwächters* Franz von Dingelstedts zu erwähnen, „wunderbare Sachen", welche Fallerslebens *Unpolitische* „sowol an Poesie als an Schärfe" überträfen. „Erst nach Jahren", ärgert sich Fallersleben, „ist mir klar geworden, was die Campesche Mittheilung beabsichtigte. Campe schlau wie immer wollte, daß ich mich selber für unbedeutend halten sollte, um keine bedeutenden Honoraransprüche zu machen."

Einer wie Fallersleben zeigte sich jedoch unbeeindruckt: „Am 29. August spaziere ich mit Campe am Strande. »Ich habe ein Lied gemacht, das kostet aber 4 Louisd'or.« Wir gehen in das Erholungszimmer. Ich lese ihm: »Deutschland, Deutschland über Alles« und noch ehe ich damit zu Ende bin, legt er mir die 4 Louisd'or auf meine Brieftasche. Wir berathschlagen, in welcher Art das Lied am besten zu veröffentlichen. Campe schmunzelt: »Wenn es einschlägt, so kann es ein Rheinlied werden.«"

Heine hingegen, nur um das mal kurz einzuordnen, bekam 1827 für sein *Buch der Lieder* von Campe einmalig fünfzig

Louisd'or ausgezahlt, für einen Band also, der sich aus 237 Gedichten zusammensetzte. „In gerechter Weise honoriert", schreibt Max Brod, „hätte es wohl Heine bis ans Lebensende sicherstellen können und ihm alle die Jämmerlichkeiten und Erniedrigungen ersparen müssen, die ihm seine Pariser Zeit brachte. Daß Campe sich an den Buchstaben des Vertrags gehalten hat, selbst reich geworden ist und Heine leiden ließ, bleibt ein Makel auf dem Namen des Mannes." Das *Lied der Deutschen* schien also zwanzigmal wertvoller zu sein als, nun ja, *Das Lied von der Loreley*.

Zu allem Überfluss richtete sich Fallerslebens Judenhass auch gegen Heine. „Herrlich schöne Dichtergabe lieh Jehova dir zu Pfande und du hast damit gewuchert namentlich zu deiner Schande", schreibt er, um dann auf dessen Taufe anzuspielen: „Ja du schwärmtest für das hohe, für das Schöne nur zum Scheine, koscher war für deine Seele doch zuletzt nur das Gemeine." Fallersleben wusste eben am allerbesten selbst, wie 1840 *Emancipation* durchzuziehen sei: „Du raubtest unter unsern Füßen uns unser deutsches Vaterland: Ist das dein Leiden? das dein Büßen? Das deines offenen Grabes Rand? Oh Israel, von Gott gekehret, hast du dich selbst zum Gott gemacht, und bist, durch diesen Gott belehret, auf Wucher, Lug und Trug bedacht. Willst du von diesem Gott nicht lassen, nie öffne Deutschland dir sein Ohr! Willst du nicht deine Knechtschaft hassen, nie ziehst du durch der Freiheit Thor."

Weil die Reimerei, einmal begonnen, locker-flockig von der Hand ging, schrieb er 1842 *Das Lied von Sandomir*: „Ich kenn ein Volk im deutschen Lande, das macht von sich ein groß Geschrei, als ob auf seinem dürren Sande nur Tugend, Kunst und Weisheit sei", das auf die Melodie von *Im Kreise froher kluger Zecher* gesungen werden sollte, und da macht es natürlich Sinn, dass Fallersleben meint: „Ich kenn ein Volk, das sich für

Gäste des Paradieses hier schon hält, dem täglich Gott das allerbeste auf seinen Tisch zur Labung stellt, und dem sein eigenes Dünnebier mehr ist als Sekt und Malvasier." Wer keinen Champagner trinken wollte, den konnte Fallersleben nicht ernst nehmen.

Apropos: Heine hielt sich ziemlich zurück, abgesehen von einem Seitenhieb im *Wintermärchen*, adressierte er einzig ein harmloses Gedicht *An Hoffmann von Fallersleben*: „O Hoffmann, deutscher Brutus, Wie bist du mutig und kühn, Du setzest Läuse den Fürsten In den Pelz, in den Hermelin. Und wen es juckt, der kratzt sich, Sie kratzten sich endlich tot, Die sechsunddreißig Tyrannen, Und es endigt sich unsere Not. O Hofmann, deutscher Brutus, Von Fallersleben genannt, Mit deinem Ungeziefer Befreist du uns das Land."

Während die Sonne über der Düne aufging, rezitierte Enis *Ein Männlein steht im Walde*, und da fingen wir an zu streiten, wer oder was dieses Männlein eigentlich sei. Als sie Hilfe bei Siri suchte, zeigte Wikipedia das Foto einer Hagebutte, und noch während wir Flachmann und iPhone tauschten, las ich weiter, ganz aufgeregt über die Einordnungen des Musikwissenschaftlers Hans-Josef Irmen: „Tatsächlich wächst die Hagebutte nicht im Wald allein", las ich, „sondern zumindest am Waldesrand, »am Rain«, und ihre Früchte stehen zahlreich beisammen. Hoffmann weist dem Ratenden in der ersten Strophe einen falschen Weg", las ich, wobei ich mir so heftig auf die Zunge biss, dass sie zu bluten anfing, „jedermann denkt zuerst an den Fliegenpilz." Jedermann, rief ich Fliegenpilz! „Erst wenn als weiteres Indiz der zweiten Strophe das »schwarze Käppelein« bekannt wird, ist klar, dass es sich um die Hagebutte handelt. Der Widerspruch zwischen beiden Strophen lässt darauf schließen, dass der Dichter inkompatible Vorlagen zu vereinigen suchte." Hoffmann, rief ich und schluckte ein bisschen Blut, inkompatibel, rief ich, nicht mal seine Kinderlieder ergäben einen Sinn.

Als sich später eine frische Ladung Touristen von der Lady ausbooten ließ, lasen wir noch immer das Internet. In der Literaturdatenbank Niedersachsen, die durch das Niedersächsische Ministerium für Wissenschaft und Kultur gefördert und vom Literaturhaus Hannover betreut wird, fand ich eine besonders hübsche Beschreibung Hoffmanns: „Die erste und zweite Strophe sind nach den schweren Erschütterungen und Verfehlungen des deutschen Nationalismus historisch überholt und wirken missverständlich im Kontext der Staatengemeinschaft Europas. Heinrich Hoffmann von Fallersleben zählt nichtsdestotrotz zu den Dichtern der bürgerlichen Revolution für die die deutsche »Einigkeit« allein auf der Grundlage von »Recht« und »Freiheit« denkbar war." – „See what they did there", sagte Enis, inzwischen wohl zu geschafft für ein Gespräch auf Deutsch, weshalb ich also weiterlas, galt es doch ein englischsprachiges auf Helgoland unbedingt zu verhindern. „Sein Denken und Werk war von einer kämpferischen Haltung bestimmt, die vor allem der Demokratie galt." Wir gähnten. „Trotz seiner negativen Erfahrungen während der Besetzung durch das Napoleonische Frankreich war Hoffmann zudem, neben Heinrich Heine, einer der wenigen Autoren seiner Zeit, der keine antifranzösischen Töne anschlug und dem auch der damals grassierende, gar »salonfähige« Antisemitismus fremd war."

Möwen kreisten unter einem Koordinatensystem aus Kondensstreifen. Eine Weile sahen wir den Urlaubern zu, wie sie ins Unterland ausschwärmten, dann warf ich einen letzten Blick aufs iPhone: „In Wolfsburg", stand da, „befindet sich im Schloss Fallersleben das Hoffmann-von-Fallersleben-Museum mit einer Dauerausstellung zum Dichter", aber das wusste ich, da war ich schon einmal zu Besuch gewesen.

Es muss im Herbst 2012 gewesen sein. Ich studierte an der Hildesheimer Schreibschule und besuchte ein Seminar, das eine der Teilnehmerinnen zum Stadtschreiber von Wolfsburg machen sollte, was Ben und ich begrüßten, Wolfsburg, sagten wir uns, du bist ganz sicher die beste aller möglichen Welten. Außerdem gab es Geld zu gewinnen, und Geld war, worauf auch wir es abgesehen hatten.

Einmal stand ein Ausflug auf dem Stundenplan. Weil wir als Literaturstudenten so kulturaffin aussahen, führte uns die Seminarleiterin ins Theater (Scharoun!) und ins Alva-Alto-Kulturhaus (Alto!). Architektur, darauf war man in Wolfsburg besonders stolz. Überhaupt schienen die schönen Künste für diese Stadt wichtig zu sein, und da passte es gut, dass uns ein Fotograf begleitete. Als wir die Porschestraße entlangspazierten, sagte er zur Seminarleiterin, der Blick durchs Objektiv sei immer subjektiv, und da nickte sie und sagte, das müsse man sich merken. Dann trieb sie uns den Klieversberg hoch, einen Kulm, auf dem Speers Kollege Koller seinem Führer eine „Stadtkrone" hatte errichten wollen.

Als Hitler 1938 den Grundstein des Volkswagen-werks legte, hieß die Stadt schlicht Stadt des KdF-Wagens bei Fallersleben, doch Hitler war das egal, er selbst trug ja einen guten Namen, funktional und lautmalerisch, obwohl sich Ferdinand Porsche beschwerte, wenn schon die Stadt keinen habe, brauche wenigstens das Auto einen, KdF-Wagen, das sei doch scheiße, sagte Porsche, unmöglich, ihn so im Ausland zu verkaufen. Hitler aber blieb stur, er habe wirklich keinen Bock auf dieses werbeorientierte Denken, sagte er, Führerhaupt-quartiere, denen könne man Namen geben, Wolfsschanze,

Felsennest, Adlerhorst, Werwolf, Bärenhöhle, Siegfried oder Zigeuner, sagte Hitler, aber für ein Auto müsse „Kraft durch Freude" doch auch mal genug sein.

Mitunter waren sich Porsche und Hitler trotz allem einig: „Beide bewunderten die Idee der preisgünstigen Massenfabrikation Henry Fords und den Grad der Motorisierung in den USA. Das einzige, was Porsche an Amerika nicht gefallen wollte", schreibt Jerry Sloniger in *Die VW-Story*, „war zu sehr gekühltes Bier, ein für einen Mann aus Böhmen fast gotteslästerliches Vergehen, und die unvermeidliche Butter zu jedem Essen, vor dem er ohnehin geradezu einen Abscheu verspürte." Porsche selbst sagte: „Hitlers Unterstützung war einfach notwendig, um meine Ideen erfolgreich durchzusetzen." Ford sagte: „Wenn jemand ein besseres oder preiswerteres Auto bauen kann als meines, dann soll es mir recht sein."

Da standen wir also vor dem Mahnmal der Heimatvertriebenen, eine Tafel für Pommern und eine für Danzig, eine fürs Baltikum und eine fürs Memelland, eine fürs Wartheland und eine fürs Sudetenland, eine für Siebenbürgen und eine für Deutsche aus Russland, und sahen zu, wie der Rauch, den die Schornsteine des Werks ausstießen, in Richtung Westen davonzog. Die Aussicht sei so schön, sagte die Seminarleiterin, dass man fast Natur schreien wolle. Außerdem konnten wir von hier oben jenen Punkt ausmachen, an dem die Berliner Brücke über den Mittellandkanal zur Volkswagen Arena der VfL Wolfsburg-Fußball GmbH führt. Während des normalsten aller Wunder hatte sich dort ein Lager für italienische Arbeiter befunden.

Dass es ausschließlich Italiener waren, die ab Anfang der Sechzigerjahre nach Wolfsburg kamen, war den guten Verbindungen des ersten VW-Generaldirektors in den Vatikan geschuldet. Nachdem Papst Pius XII. Heinrich Nordhoff bereits 1956 zur Privataudienz gebeten hatte und sich die beiden so gut verstanden, dass Nordhoff den Orden Ritter des heiligen Grabes verliehen bekam, orderte der Generaldirektor fünf Jahre später dreitausend „italienische Jungarbeiter" beim Nachfolger Johannes XXIII. Die Organisation übernahm eine vom Vatikan als Gegenpart zu den Gewerkschaften gegründete Arbeitervereinigung. Der ganze Move besaß eine gewisse Tradition, hatte doch auch Mussolini Arbeitskräfte in die Stadt des KdF-Wagens geschickt.

Um seine Bürger zu beruhigen, ließ Oberstadtdirektor Wolfgang Hesse durch die *Wolfsburger Nachrichten* verkünden: „Das Experiment des Volkswagen-Werks läuft zu unser aller Nutzen. Es stärkt die Wirtschaft nicht nur Wolfsburgs, sondern auch ganz Deutschlands." Nordhoff sagte: „Wir sind arm und Amerika ist reich. Deutschland sollte deshalb dorthin folgen, wohin VW es führt, und nicht umgekehrt."

Und weil es sich um ein Experiment auf Zeit handeln sollte, brachte Volkswagen die Italiener kurzerhand in neu errichteten, aber weiterhin umzäunten Baracken unter, die auch diesmal nach Feierabend nicht mehr verlassen werden durften. Wo früher Zwangsarbeiter und KZ-Häftlinge interniert waren, lebten nun „im größten italienischen Dorf nördlich der Alpen" zeitweilig rund 6000 Arbeiter. Damit keine Missverständnisse aufkamen, erschienen regelmäßig Artikel, die ihre Lebenssituation als Provisorium darstellten: „Im Italienerdorf Berliner Brücke herrscht in diesen Tagen Hoch-Stimmung: Giovanni, Alfredo und die anderen »Azuris« werden bald mit zwei Sonderzügen nach Italien fahren", und da konnten sich die Deutschen also beruhigt auf ihre Bonanzabikes schwingen und zum innerstädtischen Hertie radeln.

Als dann im November 1962 einem italienischen Arbeiter

ein kühles Bier auf den Magen schlug, es aber im Lager keinen Arzt gab, der ihn hätte versorgen können, „und erst nach etwa vierzig Minuten ein Krankenwagen eintraf, brachen die Unruhen aus". Anstatt von Streik sprachen die *Wolfsburger Nachrichten* lieber von „Unruhen", obwohl auch sie anmerkten, dass am darauffolgenden Montag „fast alle 4000 Italiener sowohl morgens als auch nachmittags nicht zur gewohnten Schichtarbeit im VW-Werk" erschienen. Eine Woche später wurden 667 von ihnen entlassen, knapp der Hälfte hingen die Zustände im Lager wohl derart zum Hals heraus, dass sie freiwillig gingen.

Erst Ende der Sechzigerjahre fingen die Bürger von Wolfsburg dann an, allmählich zu begreifen, was vor ihren Haustüren abging. In den *Wolfsburger Nachrichten* erschien 1969 ein mit *Italienern menschlicher gegenübertreten* betitelter Leserbrief: „Sie können sich nicht einleben, weil sie unter ihrer Isolierung leiden. Sie haben kaum Kontakte zu deutschen Familien und leiden unter unserer Ungastlichkeit. Es gibt sogar Restaurants, in denen man Ausländer nicht gerne sieht. Immer wieder stoßen sie auf eine Mauer von Vorurteilen und auf Ablehnung bei der deutschen Bevölkerung. Zur Zeit der Rezession warfen deutsche Kollegen ihren ausländischen Kollegen offen vor, sie nähmen ihnen Brot und Arbeit weg."

Die Vorurteile, nur um das kurz einzuordnen, bestanden darin, dass die Italiener faul seien und, ließe man sie erstmal frei herumlaufen, alles ficken würden, was sie in ihre Finger bekämen, und da war nachvollziehbar, dass man sie nicht gern dort sah, wo auch deutsche Frauen ihre Abende verbrachten, auf Schützenfesten oder der nächstbesten Party des Kegelvereins. Passend dazu hatte der *Stern* bereits im ersten Jahr ihrer Anwerbung wissen wollen: „Nix Amore in Castellupo?", und die Zeitschrift *Quick*, bei der Traudl Jung als Chefsekretärin untergekommen war, kritisch nachgehakt: „Brauchen wir denn wirklich diese Italiener?"

Ebenfalls 1969 begann die Gewerkschaftszeitung *Il Nostro Lavoro* ihrem „Arbeitgeber zu erklären, daß die italienische Immigration nach Wolfsburg kein vorübergehendes Phänomen ist". Klar, alles musste man selbst machen, und klar, solche Mühen fanden nicht unbedingt Gehör. Bürgermeister Hugo Bork jedenfalls meinte: „Die Berliner Brücke ist für diese vorläufigen Emigranten die bestmögliche Lösung. Die Miete ist für jeden Geldbeutel bezahlbar und viele versuchen nur, so viel wie möglich dessen, was sie hier verdienen, zu sparen." Ähnlich katastrophal zeigte sich später die Situation in den Wolfsburger Schulen, die zwar mitunter „»Einführungsklassen« zur sprachlichen Integration" anboten, jedoch dermaßen überfüllt waren, dass die italienischen Kinder oft sofort in die deutschen Klassen wechseln mussten. Ihre schlechten Noten versuchte ein stellvertretender Schulleiter dann damit zu erklären, „dass »das durchschnittliche Niveau der Intelligenz von Kindern italienischer Einwanderer weit unter dem deutscher Kinder liegt«". *Il Nostro Lavoro* schrieb: „Unsere Kinder werden zu einem zweisprachigen Analphabetismus verurteilt. Sie werden die Hilfsarbeiter von morgen sein. Aus dieser Situation müssen wir raus. Wir schulden es unseren Kindern und die Gastgesellschaft schuldet es uns, weil sie von unserer Arbeit profitiert."

Dass das Lager fortbestand, lag nicht zuletzt auch daran, dass an Italiener kaum normale Wohnungen vermietet wurden: „Vor einiger Zeit habe ich mich für eine Wohnung interessiert, um meine Familie nach Wolfsburg holen zu können. Ich habe eine Wohnung gefunden. Aber als ich um die Erlaubnis gebeten habe, die Wohnung bewohnen zu können, hat die städtische Behörde sie mir mit der Begründung verweigert, mein Kind müsse ein eigenes Zimmer haben. Jetzt frage ich mich, wie ich an diesen Scherz glauben kann, wenn es hier in der »Berliner Brücke« erlaubt ist, daß drei Personen auf zwölf Quadratmetern schlafen und essen? Vielleicht schaut hier das Gesundheitsamt nicht so genau hin, oder wir befinden uns hier in einer anderen Republik."

Keine andere Republik, natürlich nicht, aber an einem Ort, der Merkmale eines Lagers erfüllte. Es war ja schon arg genug, den Wirtschaftsboom nicht allein stemmen zu können, und da fühlte es sich scheinbar besser an, die Zwischenzeitlichkeit zum Normalzustand zu erklären. Während der ersten Absatzkrise 1967 wurden dann deutschlandweit viele Verträge der italienischen Arbeiter einfach nicht verlängert, die *Bundesvereinigung der deutschen Arbeitgeberverbände* meinte später dazu: „Die Unternehmen trennten sich vorwiegend von Minderleistungswilligen. Trotz teils schwacher Auftragslage werden als Entlassungsgründe von Seiten der Betriebe hauptsächlich Tatsachen angeführt, die in der Person des Ausländers begründet liegen (Unpünktlichkeit, Unzuverlässigkeit, Fehlzeiten u. ä.)."

Die erzwungene Fluktuation, wegen der alljährlich Sonderzüge hin und her kachelten, schuf am nördlichen Ende der Route eine dauerhafte Transitzone, ein Lager, das zwar freiwillig betreten werden konnte, dessen Betreiber aber die Aufenthaltsdauer bestimmten, und das für alle, die bleiben durften, zu einer Art Tal wurde, hinter dem rotgeklinkert und vierschrotig eine Eigernordwand aufstieg. Zwar hatten die Engländer den Namen des Werks kurzzeitig in Wolfsburg Motor Works geändert, „weil manch einer den Namen »Volkswagen« zu sehr mit den Nazis in Verbindung brachte", und ein zum Hakenkreuz stilisiertes Zahnrad aus dem VW-Logo entfernt, doch nun schien die Vertälerung der italienischen Arbeiter der Mindestpreis zu sein, den Deutschland für einen echten Volkswagen zahlen musste.

Später am Tag fuhren wir nach Fallersleben. Im mittelalterlichen Stadtkern empfingen uns Laiendarsteller und simulierten den Alltag zu Zeiten Hoffmanns. Eine Frau schüttete einen Eimer Wasser auf das Kopfsteinpflaster. Sie schien uns zu beschimpfen, aber ihres Platts wegen verstand niemand, was sie sagte. In der Michaeliskirche bliesen Männer in Trompeten. Ich glaube, das Ganze hatte keine Pointe. Bevor wir zurück nach Hildesheim fuhren, sahen wir uns noch Hoffmanns Geburtshaus an. Als wir gerade ein paar Snacks serviert bekamen, erzählte man uns, was für ein feiner Kerl der Dichter des Deutschlandlieds gewesen sei.

Im April des nächsten Jahres trafen Ben und ich unsere Freunde in der Urfiliale des Cafe del Sol am Hildesheimer Autobahnzubringer, legten unsere Telefone auf den Tisch und warteten auf einen Anruf der Seminarleiterin, der nicht kam, natürlich nicht, die Autos jedoch zirkulierten weiter im Kreisel, und so machten auch wir uns anheischig, gewaltige Mengen Schwein zu vertilgen. „Das sind keine Ideale, das ist Ketchup", sagte Ben, als der Schnitzelurlaub vorbei war und wir erfuhren, dass ein Text über Tauben in der Wolfsburger Fußgängerzone gewonnen hatte, gute alte Flaneursprosa, was total okay war, aber wenig damit zu tun hatte, wie ambitioniert uns die Sache mit der Literatur im Vorfeld verkauft worden war. Einmal hatte uns die Seminarleiterin zwar das Zwölf-Punkte-Programm der VW-Kulturförderung vorgestellt, das unter anderem die Schaffung legaler Graffitiwände beinhaltete, ganz einfach weil es in Wolfsburg zu wenig Graffiti gab, und man sich wohl dachte, es sei normal, so etwas von oben herab zu verordnen, aber da hatten wir es nur ein bisschen lustig gefunden, ein Punkt des Dutzends zu sein.

Klar, wir hätten das Marketing drei Meilen gegen den Wind riechen müssen, und klar, der Fisch stinkt vom Kopf her. Irgendwie hatte ich erwartet, *Texte über Wolfsburg* würde kein zweites Mal angeboten, doch im nächsten Wintersemester stand es erneut mit freundlicher Unterstützung der Volkswagen AG auf dem Stundenplan. „Es geht darum", las ich im Vorlesungsverzeichnis, „Wolfsburg literarisch zu entdecken, sich der Stadt aus eigenem Blickwinkel zu nähern und sich schließlich zu einer eigenen Wolfsburg-Perspektive inspirieren zu lassen." Auf der Homepage der Stadt wiederum salbaderten die Verfasser: „Diese Zusammenarbeit mit jungen Menschen repräsentiert eine Philosophie, die beispielhaft ist für Wolfsburg: jüngere Generationen zu fördern und jungen Menschen eine Plattform zu bieten, um sich ohne Druck von außen kreativ entfalten zu können. Gleichzeitig profitiert die Stadt von dem enormen innovativen und gestalterischen Potenzial ihrer jungen Partner." So läuft das nämlich, dachte ich, von einem Druck von außen, einem ökonomischen also, würde das Volkswagengeld die jungen Menschen befreien, sobald sie ihr Talent erst einmal in seinen Dienst gestellt hätten. Ziel der Übung, dachte ich, war letztlich ein Anstellungsverhältnis unter den Bedingungen, die der Arbeitgeber diktierte. Mit einer so weit entkernten Sprache wie nur möglich sollte eine Geschichte erzählt werden, in der es um nichts ging, denn jede Auseinandersetzung mit dem Material wäre zwangsläufig problematisch gewesen, das Gegenteil eines PR-Gags.

Colin Crouch schreibt in *Postdemokratie* über diese Strategien: Die Konzerne „stoßen nun ihrerseits einfach das Kerngeschäft ab. Sobald eine Firma das geschafft hat, kann sie sich ausschließlich der Aufgabe widmen, mit Hilfe der Techniken der Werbeindustrie ein bestimmtes Image zu konstruieren, anstatt sich länger um die Qualität der Produkte zu kümmern."

Ein Stadtschreiber ist zugleich immer auch die Verschleierung des nächsten Abgasskandals: „die perfekte Präsentation!" Es stellte sich also noch eine andere Frage, die nach dem Huhn und dem Ei und dem Krieg, zu dem keiner hingeht, eine, die auch Kraus und Franzen umtrieb: „Der Massenjournalismus begann, sich den Werbetext zum Vorbild zu nehmen", schreibt Crouch, „man setzt die Sprache ein, um möglichst starke Bilder hervorzurufen, nicht um den Intellekt anzusprechen. Werbung ist keine Form des rationalen Dialogs. Auf Werbung kann man nicht antworten."

Es muss am 10. Dezember 2015 gewesen sein. Ich aß gerade Drillinge, die ich zuvor in Olivenöl getränkt und mit Rosmarin und ganzen Knoblauchzehen garniert hatte, um sie bei zweihundert Grad in den (vorgeheizten!) Backofen zu schieben, wo sie innerhalb einer halben Stunde goldbraun buken, als ich *Die Zeit* aufschlug. Unter dem Fenster ratterten Güterzüge vorbei. Ich blickte in das Gesicht Cary Grants, der Ingrid Bergmann und einen Telefonhörer in den Händen hielt, und las: „Ruf! Mich! Nicht! An! Sims mir, mail mir, schreib per WhatsApp – denn ein Anruf stört immer", okay, dachte ich, das stimmt, das sehe ich auch so, und blätterte weiter. „Wie viel wiegen alle Deutschen zusammen?", fragte „Der unnütze Vergleich". Ohne zu schätzen, las ich die Antwort: „5,6 Millionen Tonnen. Das entspricht 32-mal der bisher weltweit geförderten Menge Gold." Mit der Zunge betastete ich meinen Schneidezahn. Er fühlte sich noch immer etwas zu glatt an. Auf der letzten, mit „Wir" überschriebenen Seite suchte die Rubrik „Malen nach Zahlen" die Urheberin des schönen Satzes: „»Mit dem Reichtum fertigzuwerden ist auch ein Problem«". Ich nahm einen Stift und verband die Punkte, obwohl ich ja wusste, dass das Zitat von Ludwig Erhard stammte, hatte ich doch erst vor vier Tagen den Kanzlerbungalow besichtigt. Einige Striche später blickte mein Lieblingskanzler Zigarre rauchend auf einen Text des Gründers der Hildesheimer Schreibschule.

„Liebe Sina Mainitz", schrieb Hanns-Josef Ortheil, „es ist früher Morgen, und in einer dieser ewig laufenden Magazin-Sendungen wird »zu den Börsennachrichten nach Frankfurt« geschaltet. Normalerweise würde ich jetzt wegsehen und weghören, da die Börsennachrichten aus Frankfurt mir rein gar nichts bedeuten. Dann aber sehe ich Sie: Sina Mainitz. Hinter Ihnen lauter Börsenbildschirme, börsengerechte Apparaturen und herumeilende Börsianer. Sie aber stehen locker und herbeigeweht mit langen, schwarzen Haaren da, als kämen Sie gerade von einem Jogginglauf, durch Frankfurter Buchen- und Eichenwälder. Man stellt Ihnen irgendeine belanglose Frage, die nicken Sie kurz weg, und dann legen Sie los. Gibt es im deutschen Fernsehen eine Moderatorin, die so spricht und deutet wie Sie?! Nein, es gibt sie nicht. Druckreif perlen die Sätze aus Ihrem Mund, und sonst schwer durchschaubare Sachverhalte werden zu kleinen Blasen, die durch den Raum steigen und an den Dax-Tafeln zerplatzen. Mühelosigkeit, Leichtigkeit – und gute Laune, das vermitteln Ihre Sätze, die aus Wirtschaftsmeldungen kurze, interessante Erzählungen machen." Am Ende des Briefs schlug Ortheil vor: „Wir könnten einmal am Mainufer entlangschlendern, und Sie würden mir erklären, was mir an der Börse gefallen sollte."

Vielleicht, dachte ich, war genau dieses Wohlwollen einer der Gründe, weshalb in Hildesheim für die Volkswagen AG eine Hebebühne aufgebockt wurde, vielleicht, dachte ich, waren dem Institut für Literarisches Schreiben solche Wirkweisen und Interessen tatsächlich sympathisch. Ich verließ die Küche. Im Railroad Apartment zog ich den Vorhang zurück, hinter dem sich mein Bett befand. Auf dem Nachttisch lag neben Marcel Mauss *Kapitalismus als Spektakel*. Darin nennt Georg Seeßlen diese Art der Wirtschaftsberichterstattung „Econotainment, die Vermischung von Begriffen und Narrativen der Unterhaltung mit jenen der Ökonomie". Er schreibt: „Jeden Tag präsentiert das Erste Deutsche Fernsehen in einer Sendung vor den Nachrichten die Börse als Schicksalsraum und Stimmungszirkus. Moderator oder Moderatorin, charmant wie Heizdeckenverkäufer bei Senioren-Kaffeefahrten, preisen das System als so umfassend wie menschlich, nie verabschieden sie sich, ohne die komplexen Aktienbewegungen in einen volkstümlichen Sinnspruch verpackt zu haben."

„Man soll aufhören, wenn es am schönsten ist", sagte Enis, als eine Gruppe Rentner uns einkesselte, um Hoffmanns Büste zu fotografieren, und da standen wir also auf und fuhren mit dem Aufzug ein letztes Mal hinauf ins Oberland. Im Restaurant Atlantis knackten wir die Scheren des Helgoländer Hummers und teilten uns eine Flasche Moët & Chandon. Gutgestärkt brachen wir gegen Mittag zum steuerfreien Shopping auf. Vor dem Mailänder Shop lag eine Spielzeugmöwe aus, die nach Art eines Papageien alles nachplapperte, was man ihr vorsagte. Ein Rentnerpärchen unterhielt sich eine Weile über den Schnabel des Stofftiers, wobei die beiden sich halb totlachten, das heißt, eigentlich lachten sie mit der Möwe, und das war natürlich ganz herzzerreißend lustig.

Als Enis in Helgard Schütts Parfümerie verschwand, ein Fläschchen N°5 kaufen, sah ich mir draußen einige Spieluhren an. Es gab so gut wie jeden nordischen Evergreen, Hans Albers und Klaus und Klaus, was mich nicht interessierte, aber gerade als ich weiter zum Postkartenständer bummeln wollte, sah ich sie, eine Spieluhr, deren Kupferplatte die Melodie von *Frère Jacques* eingeprägt war. Ich drehte an der Kurbel. Als die ersten Töne erklangen, blieb hinter mir eine Rentnerin stehen. „Bruder Jakob, Bruder Jakob", hörte ich ihre Kopfstimme, „schläfst du noch, schläfst du noch, hörst du nicht die Glocken", und da stieg auch ich mit ein, „ding dang dong, ding dang dong", und so sangen wir noch eine Weile gemeinsam, bis Enis zurückkehrte und mir eine französische Dusche anbot.

Man sollte lernen, mehr in den Treppenhäusern zu leben, sagte Enis, als wir auf einer Stufe zwischen Unter- und Oberland eine letzte Rast einlegten. Man denkt nicht oft genug an die Treppen, antwortete ich, und da zitierte Enis Hitler: „Der Fortschritt der Menschheit gleicht dem Aufstiege auf einer endlosen Leiter; man kommt eben nicht auf die Spitze, ohne erst die unteren Stufen genommen zu haben. So mußte der Arier den Weg schreiten, den ihm die Wirklichkeit wies, und nicht den, von dem die Phantasie eines modernen Pazifisten träumt." Wir ließen die Worte auf uns wirken, bevor ich sagte, die Kwakiutl hätten auch eine Version von *Frère Jacques* gekannt. „Gilaga ḥaṃx'id, gilaga ḥaṃx'id", sang ich und sprühte Chanel in meine Achselhöhlen, „Lami t̓aṃs'id, Lami t̓aṃs'id, Tłi'na dłu' x̲a'masa, Tłi'na dłu' x̲a'masa, gilaga gilaga gilaga, gilaga gilaga gilaga." Jede, die Lust auf geräucherten Lachs habe, übersetzte ich, solle kommen, sobald sie die Glocke höre, ein Aufruf zum gemeinsamen BBQ, sagte ich, anstatt zu übertrieben frühem Aufstehen, als müsse uns ein Puritaner wecken, wenn doch schon der Lachs heilig sei. Mir fiel Helges erster Film *Johnny Flash* ein, in dem er seine Mutter Andreas Kunze fragt, wie früh er aufstehen müsse, um auch mal eine Schnitte zu kriegen, und das stimmte ja, dachte ich, viel besser konnte man das Wesen des Broterwerbs nicht auf den Punkt bringen.

Gerädert bestiegen wir später das Börteboot. Ein Rentner, der nach uns mit seiner Whiskeytüte an Bord hinkte, wurde auf Friesisch gefragt, ob er wegen des Jim Beam nicht mehr laufen könne, haha, machte der Fährmann, und da lachte das halbe Boot, während sich der behinderte Opi traurig einen Platz suchte. Das ist die kleinbürgerliche Hölle, dachte ich, sogar im Steuerparadies den Fusel zu shoppen. Das Boot schaukelte. Zur Lady hin legten wir ab.

Toteninsel

Aufgewacht war ich an diesem 27. August in einem Blumenbeet in Gropiusstadt, und nun saß ich im Zug zurück nach Mitte, wo Enis bereits im Kastanienwäldchen wartete. Ostplatten zogen vorüber. Meine Gedanken waren eine einzige Reaktion, als seien auch sie Preußischer Kulturbesitz. In der Urfiliale des Café Alex trank ich eine Fanta. Ich dachte, ich sei glücklich in Mitte. Ich schlug den Leuten mit Bedacht die Hüte vom Kopf. Ich kletterte Karl Marx auf den Schoß. Die Sonne fiel auf meine Lider. Ich spitzte die Ohren, spannte die Waden, zog die Reste der Nacht in den Rachen. Das Stadtschloss spie Ambra. Drei, vier Tränen kullerten auf Karls bronzene Hose.

Heine lächelte. Enis sagte: „Zu wenig heroisch, zu introvertiert." Ich sagte: „Ohne Pathos und Monumentalität." Dann dachten wir an die Tiger, die Platzanweiser, an alle, die das Zentrum vor zwei Monaten hergebracht hatte. Ich sagte: *Wenn nicht jetzt, wann dann?* Enis sagte: *Wenn nicht wir, wer dann?* Im Garten hinter dem Gorki lachte Philipp Ruch ein deutsches Lachen. Ruch, diese Beleidigung unserer politischen Intelligenz, ein Teller bunte Knete aus Franzens Plotwerkstatt. 538 Meter über Normalnull blieb alles ruhig. Weder er noch Onan würden den Wolfgangsee zum Überlaufen bringen.

Die Toteninsel, soso, sagte der Garderobier und schüttelte den Kopf. Er könne mir nicht sagen, in welchem Stockwerk des Führers Lieblingsbild hänge, man habe es nämlich verliehen, das heißt, sagte er, eigentlich befinde sich das Gemälde ganz in der Nähe, Hamburger Bahnhof, sagte er, *Die schwarzen Jahre*. Unter den Linden gab sich ein Paar den ersten Kuss. Hinter Tapeziertischen stand der Erfinder der Meteorologie, wie Ernst Herter ihn gesehen hatte. Auf einem Tisch lagen Albert Speers *Erinnerungen*. Ein Kessel, dachte ich, steht ja auch nur für eine Insel, und die 6. Armee mit allen nicht amputierten Beinen auf Atlantis. Im Adlon bestellten wir Kaffee und Cognac. Neben der Quadriga turnte die Identitäre Bewegung. Wir durchquerten das Tor und bogen ab nach Germania. Gut geplant, dachte ich, wie sich die Große Halle über den Morgennebel erhob, Avalon und sichere Grenzen um das Eiland. Hitler verschwand in ihr zu einem optischen Nichts, während der Atem seines Volkes unter der Kuppel kondensierte und wie Regen auf ihn hinabrieselte. Das dachte ich noch, dann wurde es schwarz und erst wieder hell, als ich neunundzwanzig war.

Aufrecht
auf den Gipfeln

Heute ist Heimspiel, was bedeutet, es geht auswärts gegen RB. Seit ich nach Leipzig gezogen bin, um mir eine Dauerkarte zu kaufen, aber auch, weil mich der Sachse und seine billigen Mieten interessieren, gerate ich hin und wieder mit der eigenen Verortung durcheinander, was nicht heißt, mir wäre nicht klar, für wen mein Herz schlägt. Obwohl unser Ausflug also kaum fürs Groundhopping taugt, schwitzen Nils und ich wie waschechte Touristen, mein Feinripp fühlt sich schon ganz feucht an, als wir in den Palmengarten einbiegen. Auf den abgemähten Wiesen weben Spinnen ihre Netze. Im Gegenlicht wirkt das Gras so matt, als habe man es mit Zuckerwatte angereichert, ungesund irgendwie, artifiziell.

Wir sprechen über mein neues Kurzdrama. Es heiße *Die Einsamkeit der Eistonne* und handle von der Naturforscherin Camilla, sage ich, die eines Tages zu Ikea trampe, weil sie ein Bett brauche, sich dann aber nicht zwischen Gjöra und Nordli entscheiden könne. Als Nils etwas zu genervt guckt, füge ich hinzu, es gehe aber auch darum, dass Camilla die Baldachinspinne erforsche, und das sei schon spannend, die könne nämlich ihre Fäden so in die Luft schießen, dass sie nur mithilfe des Winds hunderte Kilometer weit davonfliege. Sogar Inseln besiedle sie auf diese Weise, sage ich, und das findet Nils dann schon ganz gut, Inseln, wiederholt er und will wissen, wie viele dabei ins Wasser fielen. Während ich auf einer Parkbank

Platz nehme, um mir die Hosenbeine hochzukrempeln, sage ich, die Letalität sei hoch, na klar, aber hin und wieder gelinge einer Spinne die Punktlandung. Auf der anderen Seite des Ufers sitzen Einheimische und trinken Bier aus braunen Flaschen. Quecksilbern bewegt sich die Elster in ihrem Becken. Nils scharrt mit seinen Nikes im Schotter. Weil es das erste Spiel sein wird, das RB nach dem Bundesligaaufstieg im Zentralstadion austrägt, und auch weil ich das alles so nicht haben will, hängt mir trotz der Hitze ein BVB-Schal um den Hals, der sich zur Hälfte aus gestrickten Coca-Cola-Schriftzügen zusammensetzt.

Aber an diesem 10. September 2016 bin ich keinesfalls der Erste, der sich für ein Zeichen des Protests entscheidet, natürlich nicht, seit Dietrich Mateschitz 2009 RasenBallsport Leipzig zu seinem Zwecke ins Leben rief, versuchen Fans überall in Deutschland die Geister des Kommerzes wieder loszuwerden, was fünf Jahre später zur vereinsübergreifenden Kampagne „Nein zu Red Bull! Für euch nur Marketing – Für uns Lebenssinn!" führte. Während eines Pokalspiels vor drei Wochen schmissen dann Dynamofans einen blutigen Bullenkopf auf den Dresdner Rasen, keine allzu große Überraschung, dienen sich die Radikalsten unter ihnen doch Pegida als Schutzabteilung an; und zum Bundesligaauftakt in Hoffenheim, jener anderen ungeliebten Mäzen-Retorte, die bereits seit 2008 in der Bundesliga spielt, ließen die SAP-Affinen augenzwinkernd wissen: „Den Fußball zerstört nur einer – Hoffe und sonst keiner!" Unsere Ultras rissen sich also noch ziemlich am Riemen, als sie dazu aufriefen, die Fahrt nach Leipzig zu boykottieren, stattdessen Borussias Amateure im Stadion Rote Erde zu supporten und das Spiel der ersten Mannschaft anschließend gemeinsam im Radio zu hören. Zum Schaukampf degenerierte das alles erst, als die Dortmunder Vereinsführung

RB untersagte, unser Wappen für einen Begegnungsschal zu verwenden, dabei hätte gerade Red Bull Verständnis für diese Entscheidung aufbringen müssen, hatte die GmbH doch ein paar Wochen zuvor erfolgreich verhindert, dass ihr Logo auf konzernfremden Brausebüchsen auftauchte. Anstatt die Konkurrenz zu bewerben, druckte Coca-Cola schließlich einfach die Meisterschale auf die achtzehnte Dose ihrer Bundesliga-Sonderedition. Auf die Dortmunder Schalabsage aber reagierte RB dennoch so sauer, dass sie „für kleines Gelb" in ihren Shop einluden, wo Fans oder solche, die es werden wollten, ein „kostenloses, rotes RB-Heimpremieren-Shirt" eintauschen konnten. Irgendein Oliver freute sich bei Twitter, es würden „auch #bvb-Trikots abgegeben". Und das passte prima, lautet doch die Message von Mateschitz' Unternehmen: Selbst wenn ihr nach der so-called Wende Erfolgsfans gewesen seid, muss jetzt damit Schluss sein, von nun an bis in alle Ewigkeit sollt ihr in Ostdeutschland als rote Bullen wirken.

Tatsächlich gibt es ganz in der Nähe von Leipzig, im Altenburger Land, den größten Fanclub einer Westmannschaft jenseits der alten innerdeutschen Grenze, die Ostborussen, was natürlich ein völlig irrer Name ist und vor allem daran liegt, dass unsere erfolgreichste Zeit, Deutscher Meister 1995 und 96, 97 dann gleich mal Europa- und Weltpokal, exakt simultan zum Niedergang des hiesigen Profifußballs ablief. Nachdem die Leipziger ihren Mädchennamen Lokomotive abgelegt hatten, um an die Tradition des ersten Deutschen Meisters anzuknüpfen, waren sie 1993 als VfB Leipzig in die Bundesliga aufgestiegen, aber nur eine Saison später ging es zurück ins Unterhaus, bevor ein Insolvenzverfahren 2004 mit ihrer Auflösung endete. Die Lokomotive wurde dann zwar neu gegründet, zog jedoch zurück nach Probstheida, weshalb das ohnehin marode Zentralstadion von nun an leer stand. Dabei war es bis zum Neubau anlässlich der Weltmeisterschaft 2006 das zweitgrößte Stadion Europas gewesen, die DDR hatte dort ihre Turn- und Sportfeste ausgetragen, jene Propagandaveranstaltungen, bei denen die Zuschauerinnen als Mosaikteilchen des Klassenkampfs bedruckte Pappen in die Luft hielten. Zwei Jahre vor dem Mauerfall gewann Lok im „Stadion der Hunderttausend" ein Elfmeterschießen gegen Girondins Bordeaux, und zog als Underdog ins Finale des Europapokals der Pokalsieger ein.

Die Straße, sage ich, als wir die Jahnallee entlangspazieren, sei breiter als die Schultern des Turnvaters, aber Nils meint, der Witz habe auch schon einen Bart. Wir passieren das Gebäude der ehemaligen Hochschule für Körperkult, streng gezuckerter Sozialismus mit Blumenkübeln davor. Nach Westen hin, zwischen Elsterbecken und neu errichteter Mehrzweckhalle, erstreckt sich das Sportforum, dieses weitläufige Areal mit Wällen und Wäldchen drumherum. Weil uns noch immer Schweiß auf der Stirn steht, und weil es auch in Dortmund nicht anders laufen würde, biegen wir erstmal zur Aral ab, eine Pritsche Bier kaufen. Vor der Tankstelle parkt ein Mini Cooper. Vier Lübecker Hütchen stehen um ihn herum, zwischen ihnen flattert Absperrband. Sein Dach schmückt eine gewaltige Dose Red Bull, ihr nicht aufgerissener Verschluss ragt diagonal in die Luft, als könne die Büchse jeden Moment wie eine Haubitze abgefeuert werden. Pazifistisch streichle ich meinen Schal.

Jeder eine Kanne Wicküler in der Hand haltend, überqueren wir wenig später die Kreuzung. Vereinzelt sind Leute in Vereinsfarben unterwegs. Für den großen Marsch ist es noch zu früh, weil das Spiel fernsehgeldergerecht erst um halb sieben angepfiffen wird. Am Rand der Festwiese setzen wir uns auf eine Mauer. Kumuluswolken kleben am Himmel über

Leipzig. Als unsere Flaschen leer sind, füllt sich die Wiese allmählich mit RB-Fans, was natürlich schon Eindruck macht, schließlich wurde sie seinerzeit als Adolf-Hitler-Feld konzipiert. Wäre ihnen nicht der eigene Krieg dazwischengekommen, hätten sich hier bereits die Nazis ein Stadion gebaut, Werner March, der zuvor das Berliner Olympiastadion entworfen hatte, war bereits am Planen, aber dann blieb der Job eben doch an der DDR hängen, die 1954 den Stalinallee-Architekten Karl Souradny beauftragte, aus Kriegstrümmern das Zentralstadion zu errichten. Und jetzt drehen hier Fahrradrikschas ihre Runden, die eigentlich keine Runden sind, sondern Quadrate. Den Trampelpfaden, die das Gras wie ausgetrocknete Altarme durchziehen, folgt eine vierköpfige Familie, alle komplett von RB-Merchandising verhüllt. Die Kleinen tragen Trikots, Schals und Anglerhüte mit aufeinander zugaloppierenden Bullen, die Eltern zusätzlich eingerollte Fahnen. Hinter uns treten einige Typen in Schwarzgelb aus einem Waldstück hervor, stellen sich in geschlossener Reihe auf und zünden eine Rauchbombe. Der Qualm zieht in dünnen Schlieren zum Stadion. Als sie an uns vorbeilaufen, hören wir ihr ausgeprägtes Sächseln. Von einer Bierinsel dringen Schmähgesänge zu uns herüber.

Während sich die Leipziger warm grölen, legt Nils auf dem iPhone zwei Lines. Ich blicke mich nach Ordnern um, aber Nils meint, Red Bull komme damit schon klar, Mateschitz habe seiner Cola anfangs ja auch so viel Cocablatt beigemischt, dass sie in fast allen Bundesländern verboten worden sei. Inzwischen habe er das zwar korrigiert, all natural, der erhöhte Gehalt jedoch wirke im Image nach wie vor nach. Andererseits, entgegne ich, habe RB seinen Fans kurz vor dem Aufstieg in die zweite Liga eine Choreografie verboten, bei der ein Banner gezeigt werden sollte, auf dem sich die Wappen der kommenden

Gegner mithilfe eines Röhrchens anschickten, in irgendeiner RB-Nase zu verschwinden, darunter die Worte: „Durchziehen bis zum Aufstieg". Red Bull betreibe ein völlig inkonsistentes Marketing, sage ich, Schluchtenscheißer, die aus der Stratosphäre fielen, tote Basejumper und BTM-Verstöße, als solle es immer haarscharf an der Illegalität vorbeizielen, aber eben auch diese ganze Familienfreundlichkeit nach Art eines Feudalherren, als ließe Mateschitz die Leipziger Fußballfans in ihrer Faszination gewähren, solange ihm das Recht der ersten Nacht zustehe.

Sein Konzern, denke ich und ziehe die Nase hoch, dreht inzwischen völlig frei, er kann sich erlauben, was er will, ohne dass die Marke noch einen Schaden nähme. Da muss Sido so tun, als ob er sich mit Haftbefehl beim Red Bull Soundclash streite, oder ein blonder Junge jahrelang Autorennen gewinnen, weil sämtliche Aktionen im eigentlichen Sinn gar kein Marketing mehr sind, weil die Limo gar nicht länger interessiert, sondern nur die an sie gekoppelten Assoziationen als etwas Virtuelles, das so lange Taurin induziert, bis irgendwann weltweit jede Unterhaltung mit Red Bull verbunden ist. Als ich die Gebrüder Grimm wieder auseinanderrolle, kommt es mir vor, als sei die ganze Sache auf eben genau die Weise revolutionär, in der sich vor wenigen Jahrzehnten auch kaum jemand vorstellen wollte, dass ein Wert ohne sein real existierendes Bling-Bling auskommen könne, bis plötzlich der Nixon-Schock den Dollar vom Gold löste. Dass unser Körper andauernd einen Kampf gegen Krebszellen führt, denke ich, wir also tatsächlich jeden Tag Krebs haben und folglich gar keinen Tumor brauchen, um von ständiger Gegenwart zu sprechen, sondern nur ein intaktes Immunsystem. Wir müssen uns nicht beweisen, dass Fort Knox noch steht, weil Gold inzwischen einer uralten Wucherung gleichkommt und wir unser Vertrauen also nicht mehr haptisch als Münze am Zahn überprüfen, aber umso verbissener beim Blick auf Sparkassenlogos, die ja am Ende auch nur spiegelverkehrte Fragezeichen sind. Genau das unterscheidet RB und Hoffenheim, wo ein Mäzen als altruistischer Großgrundbesitzer sein eigenes Dorf aufpäppelt, während in Leipzig die letzten Narrative, die es bräuchte, um so etwas wie Identität zwischen Club und Ort herzustellen, von Red Bull zerschlagen werden. Erst als mein Zahnfleisch taub wird, fällt mir auf, dass es immer die Marke ist, die den Ort herauslöst aus der Schale seiner Geografie, und dass sich deshalb ausgerechnet der Urkarstadt in Wismar, vor dem ein eigens angestellter Mann mit Zylinder steht und die Kunden begrüßt, so fremd anfühlt, weil für das Gefühl des Nachhausekommens jene Konstanz notwendig ist, die das Kaufhaus überall sonst verspricht, was auch heißt, denke ich, dass Red Bull letztlich gar keine Stadt braucht und sein Verein das Gegenteil eines regionalen Projekts ist, darauf ausgelegt, allerorten Fans ohne Ort zu binden und so zwangsläufig selbst virtuell zu werden.

Ich frage Nils, ob er mitbekommen habe, wie sich Timo Werners Kommentar über seinen Wechsel zu RB nach Art einer Schlange selbst verschlang. Und sofort erzähle ich ihm die ganze Geschichte, erzähle, Werner sei 1996 im Stuttgarter Stadtteil Bad Cannstatt zur Welt gekommen, wo er von der F-Jugend an für den VfB gespielt habe, um anlässlich seines achtzehnten Geburtstags einen Vierjahresvertrag zu unterschreiben, aber Nils unterbricht mich und sagt, er wisse über die zehn Millionen Euro Bescheid, die Red Bull gezahlt habe, und da komme ich also zur Sache und sage, Werner habe gesagt, RB sei etwas ganz Neues, denn er komme von einem Traditionsverein zu einem Verein, der zu einem Traditionsverein werde, und sofort fangen wir an, uns kaputtzulachen, unsere Hirne laufen Gefahr, jeden Moment abzustürzen, denn, das darf sich kein Mensch vorstellen, wie hier die Zeiten ineinanderrasseln.

Kurz darauf stehen wir am Einlass zum Hintertorblock, der sich neben dem Gästeblock und gegenüber der RB-Fankurve befindet, und schauen zu, wie die Ordner irgendwelche Borussen anweisen, ihre Trikots auszuziehen. Es kommt zu Diskussionen, kaum einer will den Bierbauch blankziehen, obwohl doch gilt, dass man im Stadion des Gegners keinerlei Respekt zeigt und schon deshalb mitunter oberkörperfrei in den Block geht. Lächerlich sei Leipzig, sagt Nils, womit er natürlich richtig liegt, schließlich dürfen Auswärtsfans anderswo ausnahmslos ihre Farben tragen. Dass Red Bull eine so große Angst vor feindlicher Übernahme habe, sage ich, könne man aber fast schon wieder verstehen und als Opfermove abhaken. Bald sind alle Borussen nackt. Mit einem Finger tippt Nils sich gegen die Schläfe. Ich hake mich bei ihm unter, um ihn zur Festwiese zurückzuziehen. Und wie wir im Getümmel verschwinden, erzähle ich, dass unser Kevin, der die Vertreibung aus seinem ganz eigenen Paradies erleben musste, als er, ein gebürtiger Dortmunder, letztes Jahr vom BVB, wie man so sagt, aussortiert wurde, um über Istanbul in Stuttgart zu landen, erzähle also, dass Großkreutz getwittert habe, Werner solle mal klarkommen: „bevor der Verein ein Traditionsverein wird – werden die aus GE Deutscher Meister !!! Und jetzt weißt du wie realistisch das ist."

Als Borussia im Sommer 2011 nach einer unerwartet grandiosen Saison Meister wurde, drosch Kevin während der Feierlichkeiten stockbesoffen Bälle ins Publikum. Später wurde er von zwei Security-Typen in ein Dixi-Klo eskortiert. Es war wunderbar. Und Kevin war kein Einzelfall, natürlich nicht, die ganze Stadt rief für zwei Wochen den Ausnahmezustand aus, die zentralen Plätze und Kneipen waren jeden Tag gerappelt voll. Es klingt verklärend, ich weiß schon, aber diesen einen Mai herrschte tatsächlich so etwas wie Anarchie in Dortmund, niemand kümmerte sich um gesellschaftliche Etikette, wir zogen die Nasen in den biedersten Cafés über die Tische, während Omas gegenüber an ihren Likörchen nippten, und kletterten an holzvertäfelten Theken empor, weil wir Platz schaffen wollten für alle, die sich draußen drängelten. Sogar den Büdchen ging das Bier aus, aber es gab immer einen Laden, in dem das Pils aus dem Hahn sprudelte, und so gerieten wir an lauter Orte, die offensichtlich nichts mit uns zu tun hatten. Jede Gastronomie programmiert ihre Gäste, logisch, doch für die vierzehn Tage Meisterschaft trat dieses Gesetz außer Kraft. Solange alles friedlich blieb, ging eben alles in Ordnung. Dass in der Öffentlichkeit nichts Schlimmes passierte, hing vielleicht auch damit zusammen, dass jedes Vergehen auf den BVB zurückgefallen wäre, und das wollte in diesen Tagen anscheinend nicht mal der dümmste Nazihool riskieren, selbst ihn bekam eine eigentümliche Autorität in den Griff, etwas, dass eine ganze Saison gebraucht hatte, um Gestalt anzunehmen.

Am siebten Spieltag empfingen wir als Tabellenzweiter die Bayern. Zu diesem Zeitpunkt pendelte die Stimmung in der Stadt noch zwischen Euphorie und Unglauben. Als jüngstes Team, so vermuteten viele, würden sie an diesem 3. Oktober 2010 ihr Lehrgeld zahlen müssen. Weil meine Frau und ich tags zuvor unseren ersten und letzten Hochzeitstag gefeiert hatten, lag ich allein auf einer Wiese im Dortmunder Stadtgarten und powernappte mich durch die Deutsche Einheit. Dass es schon Sinn mache, hatten wir uns vor einem Jahr gesagt, die Tage, an denen zusammenwächst, was zusammengehört, in einem Abwasch zu erledigen. Dass Deutschland vielleicht wichtig sei, doch mit der Liebe könne es kaum mithalten, hatten wir uns gesagt, und ließen also unsere Kater gegen die wiedervereinte Hegemonie antreten. Da aber jeder Feiertag, der auf einen Sonntag fällt, Betrug am Bürger ist, hielt man sich um mich herum die Flaschen doppelt beherzt in die Hälse. Irgendwann musste ich eingeschlafen sein, denn als ich aus unruhigen Träumen erwachte, trugen die Menschen plötzlich Lederhosen und Filzhüte. Unter einem wolkenlosen Himmel wehte Laub in den Gauklerbrunnen. Besorgt fühlte ich meinen Puls. Das Gras, in dem meine Nase bis eben versunken gewesen war, roch frisch gemäht und hinterließ einen grünen Film auf meiner Wange. Die angereisten Münchner wirkten siegesgewiss. Einer von ihnen beugte sich zu mir hinunter und fragte, ob mir nicht gut sei, und als er über seine Heldentat grunzend zu lachen anfing, rappelte ich mich auf und verließ den Stadtgarten, weil ich nicht länger allein zuhause sein wollte. An einem Büdchen kaufte ich eine Dose Fanta und machte mich auf den Weg zur Künstlerbank, auf der sich Nils und die anderen traditionell vor Heimspielen trafen. Wir besprachen, was zu besprechen war, und überhaupt, heute sei man schon mit einem Punkt zufrieden. Meine Freunde hatten sich zwei Jahren zuvor Dauerkarten besorgt, weshalb ich oft der Einzige war, der nicht der Lindemannstraße zum Westfalenstadion folgte, sondern kehrtmachte, um das Spiel in einer Nordstadtkneipe zu gucken. In der Hinrunde 2010 stand ich nur zwei Mal auf der Südtribüne, unglücklicherweise genau zu den Spielen, bei denen wir Punkte liegen ließen, und weil ich auch bei der einzigen Auswärtsniederlage in Frankfurt dabei war, wurde ich den Spitznamen Seuchenvogel nicht mehr los. An jenem 3. Oktober aber gewann Borussia gegen die Bayern, und als ich später durchs Kreuzviertel lief, sah ich Rentner von ihren Balkonen winken, und alle Leute, die mir entgegenkamen, trugen ein Grinsen spazieren, auch solche, die offensichtlich wenig mit

Fußball am Hut hatten. Der Stadt schien an diesem Abend zu dämmern, was sieben Monate später passieren sollte.

Bis es so weit war, arbeitete ich in drei Läden gleichzeitig. Um durch das Kellnern nicht noch mürber zu werden als ohnehin schon, hatte ich mir ein Restaurant, eine Bar und eine Kneipe gesucht, die heilige Varianz der Mindestlohnlosen, und hauste, seit ich bei meiner Frau ausgezogen war, in einer winzigen Butze, deren Dusche sich in der Küche befand. Unter meiner Wohnung blinkte lustig die Leuchtschrift der Lessingklause, was wichtig war, da ihre Vierundzwanzig-Sieben-Präsenz meinen Alltag regelte. Mittags wachte ich auf, schlug mir ein Ei in die Pfanne und hielt meinen Kopf unter die Brause, während es vor sich hin stockte, aß, wurde frischer, schrieb ein Kurzdrama und schmiss den Müll in den Innenhof; dann schnürte ich die Turnschuhe und rutschte wie ein Gogodancer in die Klause hinab, wo ein Kaffee gebrüht wurde, der mich so weit nach vorn brachte, dass ich meinen täglichen Spaziergang beginnen konnte. Manchmal besuchte ich meinen Freund den Buchhändler im Geschäft, oder meine Freunde die Freiberuflerinnen, die ihre Leben trotz leerstehender Ladenlokale glaubten. Manchmal fuhr ich mit meinem Freund dem Schaufensterdekorateur zu den Friseursalons, Reisebüros und Optikerläden der Vororte, um ihm Plastiktinnef aus dem Kofferraum anzureichen. Nach getaner Arbeit gönnten wir uns Wurstgerichte im Brauhaus.

Im Dortmund der Sechzigerjahre wurde bekanntlich mehr Bier als überall sonst auf der Welt gebraut, eine Tatsache, die ein wenig in Vergessenheit gerät, kaum einer spricht noch von der Bierstadt, aber wir wollten da nicht so sein und hielten uns also wacker an das heimische Getränk. Zur Weltausstellung in Brüssel hatte sich die Dortmunder Actien-Brauerei für ihre Terrasse noch den Platz unterhalb des Atomiums klargemacht, doch ließ sich der Niedergang nicht mehr aufhalten, als die Leute ihr Bier lieber zuhause zu trinken begannen statt in einer der unzähligen Eckkneipen. Weil einige der sauerländischen Brauereien die Zeichen der Zeit früher erkannten und auf Flaschenproduktion umstellten, ging es weiter rasant bergab, bis endlich Doktor Oetker kam und sich die ganze Kirmes kaufte.

Als strammen Standard meines Alltags sah ich SS-Siggi, wie er mit seinen Kameraden auf Parkbänken rumsaß und eine Kanne nach der nächsten trank, oder wie er bei Vater und Sohn am Tresen klemmte, einer Kneipe, die ihre Happy Hour schon morgens ausrief, da es ohnehin „die ganse Nacht" Longdrinks zu einsfuffzig gab. Meistens aber ging ich einfach nur spazieren, lief zwischen Borsigplatz und Hafenamt hin und her, kaufte jeden zweiten Tag einen Döner, weil es in Dortmund die besten Döner Deutschlands gibt, dachte nur wenig an Kartoffeln und daran, wie man sie schält, konnte kein Maß halten mit dem Geld, das ich mir erst in der Nacht zuvor ausgezahlt hatte, lebte also, wie man so sagt, von der Hand in den Mund, was ein Spaß war, ein großer, na klar. Einmal ging ich sogar demonstrieren, das erste und einzige Mal in meinem Leben, weil man beschlossen hatte, den Straßenstrich hinter Hornbach zu schließen. Zu Hunderten zogen wir bis zum Rathaus, aber es half nichts, die Offiziellen der Stadt, von denen mir einer erst ein paar Wochen zuvor über den Tresen hinweg die Hand geschüttelt hatte, um nach Art einer Bömmellei zu fragen, wie der Laden denn so laufe, blieben bei ihrer Sperrbezirksverordnung.

Seit der EU-Osterweiterung 2007 hatte die Migration vom Balkan ins Ruhrgebiet stark zugenommen, regelmäßig verkehrten nun Busse zwischen Plovdiv und der Nordstadt. Die meisten Menschen kamen aus den Vorstadtplatten Stolipinowos. Geredet wurde von Rumänen und Bulgaren, gemeint waren Roma. Die Leute sprachen über zugemüllte Häuser, No-go-Areas, den Arbeiterstrich an der Mallinckrodtstraße und das ausbeuterische Wesen der Matratzenvermietung. Kaum einer sprach über die wirtschaftlichen Gewinne, die deutsche Konzerne aus der Erweiterung zogen (von denen im Ruhrgebiet allerdings auch gar nichts zu merken war), dabei werden die Dinge ja nicht besser oder schlechter bei variierender Distanz, sondern höchstens kleiner und enger; und natürlich sprach deshalb kaum einer über die Zustände in Stolipinowo, das nun zwar wieder offiziell in Europa lag, wo den knapp vierzigtausend Harahane-Roma jedoch weder eine intakte Kanalisation noch eine funktionierende Trinkwasserversorgung zur Verfügung standen, oder ganz allgemein über den Hass, der ihnen in den nun eingemeindeten Herkunftsländern entgegenschlug. Aber warum auch, die Verachtung schien eine Konstante zu sein, anders war kaum zu erklären, dass die Straßenprostitution verboten wurde, nur weil es keine deutschen Frauen mehr waren, die in Dortmund anschafften.

Erst anlässlich der Weltmeisterschaft hatte man hinter Hornbach die sogenannten Verrichtungsboxen aufgestellt, hölzerne Carports, die nicht nur Übergriffe erschweren, sondern auch denen, die mit Kinderwagen im Kofferraum kamen, von einem Mindestmaß an Ordnung erzählen sollten, bevor sie zu Frau und Kind in ihre Neubausiedlungen, Zechenhäuser, Speckgürtel zurückkehrten. Außerdem richteten Sozialarbeiterinnen eine Kontaktstelle ein, von der aus sie Kondome verteilten und die Ravensberger durch ihre bloße Anwesenheit zu einem mehr oder weniger geschützten Bereich machten. Mit der Schließung fiel all das weg, die Frauen verteilten sich über die Nordstadt, und es dauerte exakt drei Monate, da wurde die fünfundzwanzigjährige Temenuzkla Y. am Nordmarkt von einem Freier verprügelt, abgestochen und aus dem Fenster geworfen. Nils und ich liefen gerade durch brandenburgische Wälder, als mein Freund der Buchhändler anrief und mir erzählte, was passiert war. Als wir von der Wanderung zurückkamen, fand ich die Einladung nach Hildesheim im Briefkasten.

Vorerst aber machte ich mich jeden Abend auf den Weg zur Arbeit, ging in die Bar, in die Kneipe und immer seltener in das Restaurant, traf die Freunde wieder, die ich schon tagsüber gesehen hatte, weil der U-förmige Tresen als Fixpunkt fungierte, um den sich die Kreise schlossen, so wie irgendwann auch die Jalousien, hinter denen wir bis morgens als geschlossene Gesellschaft hockten. Einmal verriegelte ich für Nils und mich die Tür, das Bier floss direkt von der Zapfe in unsere Münder, und später dippten wir dann in die Kleine Bierkutsche, ins Schillereck und Scheffelchen, bevor die Lessingklause wie gewohnt zum letzten Strohhalm wurde.

Ich war der freundlichste Kellner der Welt, das ist klar, und klar ist auch, dass ich nach meiner Schicht stets doppelt und dreifach kontrollierte, ob der Laden auch wirklich abgeschlossen war. Der sonderbarste Gast, den ich jemals bewirtet habe, sagte einmal zu mir, jede Neurose könne auch zur Psychose werden. Ich glaubte ihm, schließlich kam er jeden Donnerstag pünktlich um Mitternacht und bestellte eine Lasagne zur Cola und kurz vor Feierabend noch ein Glas Sprudel hinterher. Als der BVB dann im Februar 2011 nach München fuhr, um die Bayern ein zweites Mal zu düpieren, saßen Nils und die anderen bei mir in der Kneipe. An diesem großen und wunderbaren Abend sah ich keine einzige Spielminute, so sehr bemühte ich mich, die Willibecher wie ein Riesenkalmar in den Schankraum zu reichen.

In die Scheffelstraße kehrte ich, nachdem ich Dortmund verlassen hatte, am liebsten zurück. Costa der Wirt zapfte die Stößchen mit ausreichend Schaum, und die Auswahl der Jukebox hätte Handke die Pilze im Ofen vergessen lassen. Ich schleppte sogar Ben dorthin, als wir uns für ein Wochenende aus Niedersachsen absetzten. Costa machte einen Strich nach dem nächsten auf unsere Deckel, während die Frau neben uns ein Impulsreferat über ihre Krankheitsakte hielt. Hin und wieder warfen wir einen Blick auf meinen Unterarm, auf dem ganz deutlich Hans Peters Unterschrift zu erkennen war. Am Vorabend hatten wir Baxxter auf einer Party getroffen, und nun überlegte ich, ob die Tinte seines Kugelschreibers nicht doch besser mit einer Nadel nachgezogen werden sollte. Erst als wir am nächsten Tag im Westfalenstadion standen und Ben meinte, es sei schon irgendwie heftig, dass dieses Stadion doppelt so viele Menschen fasse wie Liechtenstein Einwohner habe, vergaß ich H. P. Über Costa sagte ich noch, er sei der netteste Wirt der Stadt. Wie sehr ich mit dieser Einschätzung danebenlag, wurde mir erst klar, als er mir viele Monate später anvertraute, sein Scheffelchen sei früher eine Stammkneipe der Borussenfront gewesen, und während mir der Schaum im Schnubbi kleben blieb, sagte Costa, SS-Siggi setze sich eben für seine Landsleute ein, das müsse man doch verstehen, er selbst habe für ihn mal etwas aus Griechenland mitgebracht.

Anfang der Achtzigerjahre gründeten sich in vielen westdeutschen Städten rechtsextreme Fanclubs, von denen kein einziger darauf aus war, seine Gesinnung auch nur halbwegs zu kaschieren. So gaben sich die Gelsenkirchener Hooligans zwar den Namen Mighty Blues, was verglichen mit der Westberliner Gruppe Zyklon B zumindest niedlich war, doch ihrem Totenschädel im Logo setzten sie trotz allem einen Stahlhelm auf. 1983 erklärte ein Minipli und Schnauzbart tragender Borussenfrontler vor Journalisten: „Mein Name ist Uwe. Ich bin von

Beruf asozial, weil ich arbeitslos bin, und zur Clubentstehung kann ich nur eins sagen: Wir sind am Karfreitag gegründet worden, weil da sowieso nichts los war, der Hund war begraben, wir wussten auch nicht, was wir machen sollten, und da haben wir ein Club gegründet, ein Powerclub ohne Ende." In erster Linie ging es natürlich darum, die Hools anderer Vereine zu klatschen. Uwe dazu: „Warum wir die Schalker hauen? Weilse eben Dreck sind, weilse Asoziale sind, weil bei uns isn Revierkrieg, der geht schon seita Gründung, Borussia is gegründet 1909, seitdem geht es ohne Ende, ne." Was aber genau diese Power ausmachen sollte, von der Uwe sprach, verriet dann ein Typ, der sich den Journalisten als „Führers Sohn" vorstellte: „Wir stehen zu den Nazis, weil die Nazis Power gemacht haben, und die Borussenfront macht genauso Power, und deshalb stehen wir zu den Nazis, und das is die Macht, und da wir die Macht sind, ne, stehen wir auch zu den Nazis, die Nazis und die Borussenfront sind die Macht", ein teleologischer Unsinn, der beinah im heßschen Sinn hirnzerfressend wirkt, denn wie sagte der Stellvertreter so schön: „Die Partei ist Hitler, Hitler aber ist Deutschland, wie Deutschland Hitler ist, Hitler Sieg Heil!"

Ganz konsequent war die ganze Sache keine bloße Provokation, natürlich nicht, die Borussenfront machte seit ihrer Gründung 1982 regelmäßig Jagd auf Ausländer, bevor sie zu Sylvester das deutsch-türkische Kulturzentrum überfiel. „Und überhaupt mit den Türken hier in Dortmund", sagte einer, auf die Übergriffe angesprochen, „ich mein, ich hab 'ne blonde Freundin, du kannst ja ma mit meina Freundin abends hier durch Dortmund gehen, grad hier unten im Norden oder was, dann wirste schon sehn, was da los is, du kannst also nich fünfzig Meter gehn, ohne dass du irgendwie angemacht wirst, und ganz einfach, wenn wir dann zusammen sind, und die kommen an und gucken uns doof an oder machen wieder ihre Spösskes oder was, dann gibts eben Randale." Ihren, nun ja, Straßenkampf versuchte er nach Art eines Andorra-Effekts zu ergründen, als er den Journalisten die Clubfahne beschrieb: „Datt is unsere Fahne, da is unser Abzeichen drauf und alle unsere Namen", sagte er, und sofort wollte der Journalist wissen, wofür denn die Hakenkreuze gut seien. „Die Hakenkreuze sind darum drauf, weil alle Polizisten und so uns als Asoziale und Nazis verschreien und weil wir uns dann auch so geben und weil wir zum Teil auch so geworden sind eben durch die Polizei, ne." Das ist ein Quatsch, na klar, schließlich war ihr Anführer SS-Siggi damals gerade erst aus Südamerika zurückgekehrt, wo er ein paar Altnazis zum Tee getroffen hatte, um nun direkt Kontakte zu Michael Kühnen zu knüpfen, dem einflussreichsten Neonazi seiner Zeit.

Nachdem ihn die Bundeswehr 1977 rausgeschmissen hatte, gründete der damals zweiundzwanzigjährige Kühnen die Aktionsfront Nationaler Sozialisten, ANS, eine Organisation, die sich als legitime Nachfolgerin der SA verstand. Weil man diesen Anspruch auch in aller Öffentlichkeit verdeutlichen wollte, wurden einige Kameraden mit Eselsmasken in der Hamburger Fußgängerzone postiert, um auf Pappschildern den Holocaust zu leugnen. Kühnen selbst sagte über sich, er sei „ein ganz normaler Intellektueller, der nicht nur denken, sondern auch handeln" wolle, und der später auch deshalb kein Problem damit hatte, für die völkische Sache acht Jahre seines Lebens im Gefängnis zu verbringen. In seiner Rolle als Vordenker bestätigte ihn nicht zuletzt ein Besuch Erich Frieds, über den er sagte: „Ein Ausnahmejude. Er hat in unserer Bewegung die Hassgefühle gegen Juden ganz erheblich korrigiert", was natürlich ein bisschen gelogen war, ging Kühnen doch nach wie vor davon aus, die Judenfrage müsse gelöst werden, und auch sonst ließ er durch sich gern die geistige Diarrhö des Dritten Reichs weiter ablaufen: „Ich habe viele Sympathien für Esoterik: Man soll träumen, man soll ganzheitlich denken. Aber man darf die Grundgesetze des Lebens nicht vergessen: Kampf, Auslese und Macht. Die Natur kennt keine Sackgassen. Sie rottet das Schwache aus und entwickelt das Gute zum Besseren." Heroisch immer mal wieder in Haft zu sitzen brachte unzweifelhaft Nachteile für die nationale Sache mit sich, und so konnte Kühnen nicht verhindern, dass seine ANS anfing, Homosexuelle zu terrorisieren, was damit endete, dass ein ehemaliges Mitglied mit zwanzig Messerstichen ermordet wurde. Kühnen veröffentlichte 1986 seine Flugschrift *Nationalsozialismus und Homosexualität*, in der er sich zwar nicht selbst outen wollte, aber immerhin dafür aussprach, schwule Nazis müssten auch als vollwertige Nazis anerkannt werden, schließlich seien solche „besonders leicht für unsere Sache, unseren Kampf zu gewinnen, weil sie die Bindung an Frau, Kind und Familie nicht wollen", eine Sichtweise, die ihm endgültig das Gefühl gab, in die Fußstapfen seines Vorbilds Ernst Röhm getreten zu sein, obwohl ja gerade dessen Leben und Tod Mahnung genug hätten sein können. Aber es brauchte keinen Putsch, diesmal nicht, seine Kameraden fanden ihre Weltsicht ausreichend bestätigt, als Kühnen 1991 an den Folgen seiner AIDS-Erkrankung starb.

Zuvor mischte er jedenfalls auch bei den Nazihools mit, weil er glaubte, so eine „Massenbasis" für seine Aktionsfront bilden zu können. Im Juli 1983 traf er auf einem internationalen Faschistentreffen im belgischen Diksmuide unter anderem den Ku-Klux-Clan und einen von der lateinamerikanischen Sonne gebräunten SS-Siggi, der anschließend ein Flugblatt nach Dortmund mitbrachte, in dem die ANS dazu aufrief, bei einem Länderspiel gegen die Türkei ein Pogrom zu proben:

„Werft die Ausländer raus aus Deutschland. Nur Gewalt kann uns noch befreien. Wir müssen den Anfang machen." Der Flyer sorgte für solchen Wirbel, dass sich sogar Lothar Matthäus zu einem Gegenschreiben berufen fühlte: „Geht den Neonazis nicht auf den Leim!", schrieb Lothar, „die türkischen Mitbürger in der Bundesrepublik haben genauso ein Recht, hier zu leben, wie jeder andere. Sie haben oft seit Jahrzehnten hier gelebt und gearbeitet – mit ihrer Arbeit haben sie zum Wohlstand in unserem Land beigetragen. Sie haben keine Schuld an der Arbeitslosigkeit. Wir Spieler auf dem Rasen werden ein faires Spiel zeigen. Wir wollen gewinnen."

Einer, der auch gewinnen wollte, aber die Sache mit den Türken etwas anders sah, hatte genau ein Jahr zuvor mithilfe eines Misstrauensvotums seinen Namensvetter gestürzt und sich zum sechsten Kanzler der Bundesrepublik gekrönt. Vier Wochen nach dem Coup besuchte Helmut erstmal Margret Thatcher in London, um ihr zu erzählen, dass er die Anzahl der in Deutschland lebenden Türken in den nächsten vier Jahren halbieren wolle. Dass Helmut es ernst meinte, lässt sich anhand eines Antrags seiner CDU nachvollziehen, den er noch aus der Opposition heraus Anfang 1982 im Bundestag gestellt hatte, weil er einen „Anstoß für die Entwicklung eines umfassenden Konzepts zur Lösung des Ausländerproblems" geben wollte. Ohne dass ihm der Saumagen seinen eigenen verrenkte, behauptete Kohl, Deutschland könne „nach seiner Geschichte und seinem Selbstverständnis kein Einwanderungsland" sein, ein bisschen schuften fürs deutsche Volk, das schon, aber „Dauerniederlassungen" seien „mit allen legalen und humanitär vertretbaren Mitteln zu unterbinden". Aus dem Zeitgeist der Achtziger erschrieb sich Helmut den Jargon von heute: „Die Bundesregierung wird aufgefordert, endlich wirksame Maßnahmen gegen den Mißbrauch des Asylrechts zu treffen, damit der anhaltenden Flut von Scheinasylanten und Wirtschaftsflüchtlingen Einhalt geboten wird", bevor er endlich auf den Punkt zu sprechen kommt, der ihm die homogenitätsgefährdenden Daumenschrauben mit jedem Türken, der unter dem Schlagbaum herschlüpfte, fester anzog. Es sei natürlich so, dass die „Bundesrepublik als Teil des gespaltenen Deutschlands historische und verfassungsrechtliche Verantwortung für die deutsche Nation" trage. Man muss sich das vorstellen, wie Helmut schweißgebadet neben Hannelore aufwacht, ganz verstört vom Albtraum, die Ossis könnten doch endlich eines Tages die Mauer einreißen, nur um sich in einer Republik des großen Austauschs wiederzufinden; schließlich sei „die Zahl der ausländischen Wohnbevölkerung durch ständig wachsende Familienzusammenführung" und eine „hohe Regenerationsquote auf ca. 4,7 Millionen angestiegen". Klar, da schielt Höckes „Ausbreitungstyp" zwischen jeder Zeile des Antrags hervor, und klar, Kohl ahnte, was in einer Bundesrepublik der „Platzhaltertypen" zwangsläufig passieren müsse: „Die Untätigkeit der Bundesregierung hat zu einer zunehmend emotionalisierten Diskussion geführt, die die zusätzliche Gefahr der Ausländerfeindlichkeit heraufbeschwört." Da stand sie also schwarz auf weiß, diese ganz und gar arge Annahme, Rassismus resultiere aus Unzufriedenheit, die nachvollziehbar sei, weil sie aus tagespolitischen Problemen entstehe, wobei ja ausgerechnet Helmut die zweite Ölkrise nutzte, um der angeblich nicht vorhandenen „Rückkehrfähigkeit" mit seinem Kulturalismus Beine zu machen.

Zu Thatcher sagte Kohl, „Deutschland habe kein Problem mit den Portugiesen, den Italienern, selbst den Südostasiaten, weil diese Gemeinschaften sich gut integrierten, aber die Türken kämen aus einer sehr andersartigen Kultur". Im November 1983, also etwa ein Jahr später und einen Monat nach dem

Länderspiel gegen die Türkei, verabschiedete der Bundestag das *Gesetz zur Rückkehrbereitschaft von Ausländern,* das allen, die gehen wollten, zehntausend Mark garantierte, solange sie versprachen, sich nie wieder auf deutschem Boden blicken zu lassen.

Als ich einmal meinem Chef gegenüber ansprach, dass es für eine Kneipe in Dortmund schwierig sei, keine Bundesliga zu zeigen, rollte er nur mit den Augen, das heißt, er rollte wirklich mit den Augen und fing an, ein Pils zu zapfen. Das Geschäft habe sich seit den Achtzigern komplett verändert, sagte er einen halben Liter später und legte den Hahn um. Damals sei er eine Spinne in der Gastroszene gewesen, also ein Wirt, der mindestens acht Läden auf einmal führe, und in keinem habe er Borussia übertragen, weil Fussi der größte Assimagnet von allen gewesen sei. Was mein Chef an diesem Abend erzählte, stimmte natürlich nur bedingt, Eckkneipen aller Black Countries vereinigt euch, doch zumindest mit der guten alten Distinktion machte er einen Punkt. Vor dem Strukturwandel standen Fußballfans so sehr für ein Milieu, dass jeder, der sich dem Bürgerlichen zugehörig fühlte, lieber daheim die *Sportschau* guckte, statt sie von einem Barhocker aus zu verfolgen.

Selbst mein Vater, der sich damals noch kaum für Fußball interessierte, sah sie hin und wieder, so wie man als Arbeitnehmer eben Dinge anschaut, die am frühen Samstagabend im Fernsehen laufen. Als Borussia im Sommer 1995 Meister wurde, fuhren unsere Eltern mit meiner Schwester und mir zum Friedensplatz, wo die Mannschaft die Schale präsentierte. Als gebürtige Kölner taten sie das mit einer gewissen Distanz, und ich erinnere mich, wie ich meinen Vater fragte, weshalb die Fantaflasche, die sich der Typ neben uns ständig zwischen die Lippen steckte, noch immer nicht leerer geworden sei, und da sagte er, der habe schon zu viel getrunken, als dass ihm die Fako noch schmecke. Zwei Jahre später kehrten wir auf den Friedensplatz zurück, und diesmal rastete ich zehnjährig komplett aus. Immer wieder versuchte ich, in die Schade-Juve-alles-ist-vorbei-Chöre mit einzustimmen, was mir nicht gelang, aber scheißegal, in der Nacht zuvor hatte Kopfball-ungeheuer Kalle Riedle geträumt, er mache im Finale zwei Buden, und was soll ich sagen, genau so war es gekommen, und das war schon ganz geil, das wusste ich, während um mich herum etwas losbrach, von dem ich annahm, es habe auch für mich Bedeutung, dass es auch mich betreffe.

Damals begann sich der Profifußball zu verändern. Bis 1992 waren die Fernsehgelder „beinahe sozialistisch" an alle Teams verteilt worden, dann entschied der Deutsche Fußball-Bund, seine Gaben fortan nach sportlichem Erfolg zu staffeln. Die Vereine, die genau in dieser Umbruchsphase gut spielten, hatten also das Glück, fortan mit der schärferen Klinge der Schere zu spielen. Wäre Borussia nicht pünktlich zum Millennium als erster und bisher einziger an die Börse gegangen, um wie ein irrer Hedgefonds-Manager Stars auf Pump zu shoppen (was 2002 zwar einen weiteren Meistertitel einbrachte, 2005 aber auch beinahe in der Insolvenz endete und 2017 schließlich ein Attentat auf die Kursentwicklung provozierte), hätte uns Uli Hoeneß in den Jahren der Krise auch kein Carepaket aus seiner Wurstfabrik schicken müssen. Einmal in Gang gesetzt, sorgte die Kommerzialisierung jedenfalls dafür, dass sich die Vereine Schritt für Schritt in echte Konzerne verwandelten, wozu auch gehörte, dass sie Ende der Nullerjahre anfingen, sich funktionierende Corporate Identities zu überlegen. Und wieder hatten wir Glück, Schere hin, Schnappmesser her. Als sich der Hamburger SV geweigert hatte, Jürgen Klopp als Trainer zu verpflichten, weil der in kaputten Jeans zum Bewerbungsgespräch gekommen war, unterschrieb Klopp 2008 bei der inzwischen konsolidierten Borussia. Und während wir unter Klopp von einem Erfolg zum nächsten stürmten, pitchte die Marketingabteilung ihren Claim „Echte Liebe", eine Wortkombination, die so gut zur Situation passte, dass sich außer den Ultras kaum eine darüber wunderte.

Es gibt dieses Lied, in dem es heißt: „Wir sind alle am Borsigplatz geboren", was ein Quatsch ist, nicht mal Kevin kommt daher, aber das macht nichts, Hauptsache Dortmund, und überhaupt: „Hunderttausend Freunde, ein Verein!" Worum es dabei geht, ist eine ganz eigene Form der Sentimentalität, etwas, das allem Anschein nach mit dem Ort und seiner Geschichte so sehr verbunden ist, dass es sich eigentlich von selbst verstehen sollte, damit keinen Ausverkauf zu betreiben. Ich möchte, daß es dauerhafte, unbewegliche, unantastbare, unberührte und fast unberührbare, unwandelbare, verwurzelte Orte gibt; Orte, die Empfehlungen wären, Ausgangspunkte, Quellen: Solche Orte gibt es nicht, und weil es sie nicht gibt, wird der Raum zur Frage, hört auf, eine Gewißheit zu sein, hört auf eingegliedert zu sein, hört auf, angeeignet zu sein. Der Raum ist ein Zweifel: ich muß ihn unaufhörlich abstecken, ihn bezeichnen.

Einer unserer alten Helden, Dieter Kurrat, erzählt folgendes: „Von 1960 bis 63 war ich noch bei Hoesch, da musst ich morgens um fünf Uhr aufstehen und da mit dem Rennrad zur Arbeit und hatte um vierzehn Uhr frei, und dann um fünf vor halb drei ging schon die Straßenbahn zum Stadion Rote Erde, da war ich so um fünf vor drei im Stadion, schnell umgezogen, und dann haben wir schon trainiert. Der Max Merkel war ein harter Hund. Und dann kam ich abends um halb sechs, sechs

Uhr nach Hause, und da bin ich sozusagen totmüde ins Bett gefallen. Ich bin am Borsigplatz groß geworden und bin da geboren. Ich bin ein echter Schwatzgelber."

Klar, sich gerade erst herausbildende kulturelle Phänomene sind abhängig von den Einflüssen, die zuvor auf ihre Umwelt eingewirkt haben, und klar, die Kohlewerdung des Urfarns bewirkte eine hunderte Millionen Jahre währende Dreifaltigkeit aus Luftabgeschlossenheit, Temperatur und Druck. Oder anders: Was ist ein Streik in einem Stahlwerk gegen die Gründung eines Vereins? Fußballkultur entwickelte sich dort besonders gut, wo die Leute ansonsten eher selten das Tageslicht sahen. Es braucht nicht einmal glorifizierende Worte für das Schwerindustrielle, weil alles Schlechte ohnehin hinter dem weniger Schlechten zurücktritt, als schriebe der Ort selbst Biografie; weil es ja gerade nicht um Folklore geht, sondern um alles, was tatsächlich stattfindet, während man durch Gelsenkirchen spaziert, im weltgrößten Tedi einkauft oder am innerstädtischen Cafe Del Sol sitzt; Anachronismen, die von Fußgängerzonen nach dem Ende des Kapitalismus erzählen, nonlinear, bevor man schließlich doch mit den Blauen in ihrer Mehrzweckarena das *Steigerlied* anstimmt. Und: Wer Kitsch sagt, hat noch nichts gesagt.

Es gibt also Gründe, weshalb die Sache ganz ähnlich abläuft wie Molke bei der Käseherstellung, und andere, die dafür sorgen, dass auch Abfallprodukte ins Visier des wirtschaftlich Nutzbaren geraten. Als komme ein gutgeöltes Gabensystem nicht damit klar, Dinge zu registrieren, die zwar vorhanden, aber noch nicht von ihm verwirtschaftet sind; als müsse Müller seinem Saft wirklich ein Milchserum beimischen, die Pfandregularien austricksen und sich auf einen Realparkplatz stellen, um Heil Holismus! zu schreien. Fußball im Ruhrgebiet war die Molke der Montanindustrie, worin wahrscheinlich das einzige Osmose-Match zu dem liegt, was Red Bull in Leipzig aufstaut, mit dem Unterschied, dass Thyssen-Krupp nach Art eines Levirats durch die Red Bull GmbH ersetzt wurde. Aber wie sollte eine Vereinsgründung im Spätkapitalismus auch anders ablaufen? Sobald sich etablierte Vereine wie Konzerne aufführen, muss jeder, der neu hinzukommt, der aggressivste von allen sein, und seinen Spielbetrieb in den Dienst einer größeren Dose stellen, will er nicht wie der eitle Kleinejungstraum eines Dietmar Hopp wirken.

2005, als Borussia kurz vor der Pleite stand, kaufte Red Bull den österreichischen Erstligisten Austria Salzburg. Als erste Amtshandlungen ließ Mateschitz den Patriotismus im Namen streichen und den Vorstand auf Linie bringen. Verglichen mit dem, was 2009 in Leipzig passieren sollte, wo dem Vorortverein SSV Markranstädt sein Startrecht abgekauft wurde, gab sich die Salzburger Sache radikaler, immerhin hatte es bei Austria gewachsene Strukturen, Fans, Meistertitel und das restliche Klimbim eines Traditionsvereins gegeben. Um die Übernahme nicht komplizierter zu machen, als sie ohnehin schon war, veröffentlichte Red Bull damals folgende Pressemitteilung: „Keine Kompromisse. Das ist ein neuer Klub. Es gibt keine Tradition, es gibt keine Geschichte, es gibt kein Archiv." Ich erinnere mich gut, wie ich nach meiner Erstlektüre sofort Lust bekam, etwas anzuzünden, ein lustiger Brandstifter wollte ich sein, das Herz in der Brust fing mir so heiß zu pochen an, dass ich meine Sensibilität nicht länger in eine Aschenurne schütten wollte und also losrannte, mich bei Mateschitz als Hofdichter anzudienen. Vielleicht könnte ich für ihn das sein, überlegte ich, was Marinetti für Mussolini gewesen war, dann gäbe es an jedem Spieltag Krimidichtung und nach Abpfiff eine Runde in Didis Helikopter, um aufrecht zu landen auf dem Gipfel der Welt.

Doch kurz vor Fuschl am See fielen mir die Austriafans ein, denen Mateschitz unter Androhung von Stadionverboten befohlen hatte, ihre alten Farben Lila und Weiß für immer abzulegen. Traurig kehrte ich nach Hause zurück. War ich etwa doch nicht geeignet für diese ebenso reaktionäre wie prophetische Zukunftsvision, fragte ich mich, und während sich Mitleid und Selbstmitleid in Form von Rotz und Wasser auf meinem Gesicht zu vermengen begannen, suchte ich als Antidot meine Marx-Gesamtausgabe, fand jedoch nur das Paperback von Metz und Seeßlen. „Daher", las ich, „geht es eben nicht allein um die »Kultivierung« einer Marke wie Red Bull, sondern vielmehr um die Redbullisierung kultureller Institutionen." Ich trocknete die Tränen auf meinen Brillengläsern und atmete tief durch: „Kreativität wird von den Marken-Kampagnen nicht nur benutzt, um positive Konnotationen zu schaffen (wie in der klassischen Werbung oder im traditionellen Sponsoring), sondern der Marke direkt unterworfen, so wie künstlerische Kreativität, körperliche Leistung etc. einstmals der »Ehre Gottes« unterworfen wurden." Mit zur Decke gestreckten Händen sank ich auf die Knie. Unterwerfung? Niemals!, rief ich und verschluckte mich an meiner eigenen Spucke, konnte aber nicht anders, als mit rotgeäderten Augen weiterzulesen: „Während ich mit Coca-Cola in die weite Welt kam, ist Red Bull eine Welt für sich, das künstliche Paradies in der Postdemokratie. Daher ist eine kulturelle Dominanz-Sphäre, wie Red Bull sie schafft, nie wirklich unpolitisch. Nicht nur modellieren sich in ihr soziale Strategien und Abhängigkeitsverhältnisse, vielmehr wird Dominanz als Wesensform gesellschaftlicher Aktivität konstruiert. Diese vernetzte Dominanz ist die neue Form von Herrschaft. Weder sichtbare Macht noch Kontrolle, weder formales Monopol noch Ideologie des Ausschlusses, stattdessen Dominanz als Gegenwärtigkeit, als Korruption von Sprache und Code, als Anschlussfähigkeit der Subdominanten."

Später, als ich meinen rechten Arm wieder komplett unter Kontrolle hatte, dachte ich, dass diese Korruption den Fußball in seiner Gesamtheit verändert hatte. Vielleicht verlaufen ja wirklich Trennlinien zwischen den Zeitaltern, wer möchte das nicht mit Alexander Kluge glauben, feststeht zumindest, dass Rudi Völler 2003 ein Fernsehinterview gab, in dessen Verlauf der damalige Bundestrainer einen Wutanfall nach Art einer Zäsur erlitt. Die deutsche Mannschaft hatte gerade ein torloses Unentschieden gegen die isländische abgeliefert, was nicht bloß „eindeutig ein bisschen zu wenig" war, sondern auch ein „absoluter neuer Tiefpunkt", da waren sich Gerhard Delling und Günter Netzer einig, weshalb sie direkt mal zu Waldemar Hartmann abgaben, der Völler, wie man so sagt, auf den Zahn fühlen sollte. In Trainingsanzug und Turnschuhen saß Rudi im Stadion von Reykjavík, die weißen Löckchen zum Mittelscheitel frisiert, und wartete nur auf den ersten dummen Kommentar, um ihn der öffentlich-rechtlichen Expertenclique um die Ohren zu hauen. „Alle, die in Deutschland den Adler tragen, die einen deutschen Pass haben, die Tore schießen können, sind an Bord", fachsimpelte Waldi drauflos, und Rudi biss sich gleich mal auf die Zunge, weil er einräumen musste, sein Team mache „zu wenig Tore", doch kurz darauf platzte ihm schon der Kragen, was der Delling sich anmaße, rief er, sei „schon 'ne Sauerei". – „Was meinen Sie jetzt genau?", wollte Waldi wissen, und da rastete Rudi richtig aus: „Einfach diese Geschichte mit dem Tiefpunkt, und nochmal 'n Tiefpunkt, und dann gibt's nochmal 'n niedrigeren Tiefpunkt. Ich kann diesen Scheißdreck nicht mehr hören!" – „Also die Frage war von Gerhard Delling, dass es ein Tiefpunkt war", setzte Hartmann an, aber Rudi unterbrach ihn und rief: „Dann soll er doch samstagabends Unterhaltung machen und keinen Fußball", und damit hatte er ja Recht, Fussi und Entertainment, das waren doch zwei völlig verschiedene Dinge, und überhaupt, „dieser Scheiß, der immer gelabert wird, da sollten sich alle mal Gedanken machen, ob wir in der Zukunft so weitermachen können!"

Niemand konnte so weitermachen, natürlich nicht, die Zeiten, in denen Spieler und Trainer ungestraft geilen Schwachsinn von sich geben durften, waren endgültig vorbei. Als Rudi ein Jahr später seinen Rücktritt erklärte und der DFB einen Masterplan für die WM im eigenen Land suchte, forderte Jürgen Klinsmann von Kalifornien aus: „Man muss eine gesamte Umstrukturierung in Gang bringen. Es ist mehr als selbstverständlich, dass die Nationalmannschaft einen Manager haben muss. Der Fußball hat sich zu Wirtschaftsunternehmen entwickelt, auch die Nationalmannschaft, und es gehört natürlich zu einem Unternehmen, dass es professionell geführt wird." Das klang für den Verband so überzeugend, dass er Klinsmann zehn Tage darauf zum Bundestrainer ernannte. Er brauche noch einen, ließ der neue Trainer ausrichten, der „mit Medien und Sponsoren umgehen" könne, denn: „Der Trainer muss das Gefühl haben, er kann bei diesem Mann mal was abladen. Zuletzt war es leider so, dass Rudi Völler nirgends etwas abladen konnte." Und wer hätte diesen Job übernehmen sollen, wenn nicht Oliver Bierhoff, der gerade sein BWL-Studium abgeschlossen hatte, und nun alles daransetzte, die bisherigen Sprachcodes des Fußballs ihrem Wesen nach zu entkernen, um die „Familie Nationalelf" als Werbeinstrument eines karnevalesken Patriotismus zu installieren. Dass im DFB-Museum ein Bus steht, nur weil auf ihm vier überdimensionale Mercedessterne zu sehen sind, und dass sich Spieler als Teil von „Die Mannschaft" begreifen sollen, sind nur Beispiele dafür, was so ein Oliver alles regeln muss, wenn er nicht gerade den energiepolitischen Appell der Atomstromlobby unterzeichnet.

Im *Kraus-Projekt* gibt es diese Fußnote, in der Franzens Freund der Philologe über seine Studienzeit in Heidelberg schreibt: „Der Zahnarzt, zu dem ich ging, teilte mir stolz mit, deutsche Füllungen seien »nicht hübsch, aber haltbar. So handhaben wir die Dinge hier«", und das kann ja auch stimmen, vielleicht hatte Doktor Klaas einfach zu viel Zeit in der Bronx verbracht, als dass ihm noch irgendwelche Bedenken wegen goldener Kronen hätten kommen können. Doch dauert es nicht lange, da legt Paul Reitter offen, wie genau Reaktion mit „Coolness" verwechselt wird: „In ebendiesem Geist fordern manche Deutsche mehr Uncoolness ein", schreibt er und erinnert sich an „2006, als die deutsche Fußballnationalmannschaft mit den Weltmeisterschaftstraditionen brach, indem sie hippe Trainer an die Seitenlinie stellte und mit großer Finesse spielte. Es machte Spaß, der Mannschaft [sic!] zuzuschauen, sie schnitt gut ab und erntete den Beifall der deutschen Medien. Einer Menge deutscher Fußballfans jedoch schien das einfach nicht deutsch genug."

Dass das ein Quatsch sei, hatte ich damals auf dem Niehler Ei gedacht und das Buch in den nächstbesten Busch geschmissen, schließlich entwickelten meine Eltern (von denen ich zumindest annahm, sie seien deutsch genug, um als Referenz herzuhalten) erst durch „Echte Liebe" ausreichend Interesse an Borussia, um einen Pay-TV-Vertrag abzuschließen. Dem Produkt Bundesliga gelang es, sich einer kaufkräftigen Mittelschicht so zu präsentieren, dass sie plötzlich Geld für die Übertragung ausgeben wollte, selbst wenn solche Leute zuvor eher wenig für Stadionbesuche und das ganze Drumherum übrig gehabt hatten. Gleichzeitig wurden die Gastronomiepreise fürs Bezahlfernsehen angehoben, wodurch Gäste gar nicht so viel trinken konnten, als dass die Wirtin einer Eckkneipe nicht hätte draufzahlen müssen.

Klar, die Kommerzialisierung veränderte neben den Vereinen auch das Publikum, und klar, auf genau diesen Effekt setzte Red Bull, um sich Anschlussfähigkeit im gesamten Osten zu garantieren. Mit Energie Cottbus war zwar 2009 der letzte Ostverein abgestiegen, aber da erschien ja auch schon Mateschitz als Helikopter fliegender Heiland am Horizont. Vielleicht würde er das Rentenniveau nicht angleichen können und der Staat wäre dem Staat noch immer ein Wolf, aber wenigstens gäbe es bald Sportspektakel wie auch sonst überall im Westen des 21. Jahrhunderts. Dass Mateschitz dabei auf den Statuten des DFB etwas Tauringetriebenes hinterließ, schien für viele Fußballfans weniger ein Problem, als vielmehr eine Art Genugtuung zu sein, immerhin hatte das Gegenteil durch sein Ausbleiben dafür gesorgt, dass ehemals blühende Spielstätten brachlagen. Diese Häme beschränkte sich jedoch nicht auf den Osten des Landes, sie griff auch dort, wo mehr oder weniger vereinslose Fans die Liga verfolgten und glaubten, RB mit seinen jungen Spielern und dem angriffsorientierten Fußball sei schon ganz okay, um es den etablierten Vereinen mal so richtig zu zeigen. Make Bundesliga great again, sah ich sie in die Kommentarspalten hacken und meinte, eine Parallele zur AfD gefunden zu haben, die sich ja trotz, nein, gerade wegen ihres neoliberalen Parteiprogramms nicht schämte, eine vermeintlich abgehängte Wählerschaft mit dem Versprechen völkischer Randale abzuholen und einen Landtag nach dem nächsten aufzumischen, als marschiere man von der fünften schnurstracks in die erste Liga. Dass RB wie AfD jeweils ihre Agenda so präsentierten, als ob sie sich von allen anderen vollständig unterschieden, bedeutete nur die Perfektionierung eines postdemokratischen Prinzips, das Identität und Ort als promotaug-

211

liche Hülsen nutzte. Und wie ich damals in meiner Kuhle lag und dem Verkehr zuhörte, stellte ich mir vor, Frauke und Marcus würden mit ihren zwei Dutzend Kindern auf Kreuzfahrt fahren, und erst im Hafen von Piräus, den Griechenland ja neulich auf Drängen der EU hin an China verkauft hatte, würden sie bemerken, dass ihr Schiff gar nicht unter deutscher, sondern maltesischer Flagge unterwegs wäre. Abends säßen sie dann am Tresen der Unverzicht Bar und würden darüber diskutieren, ob es nicht möglich sei, eben dieses Prinzip umzukehren, damit ausländische Arbeiter fortan auch auf dem deutschen Festland nicht mehr unter das deutsche Arbeitsrecht fielen, ohne dass gleich die Flagge gestrichen werden müsse.

Dass meine Eltern, bevor sie sich Pay-TV kauften, nicht gern ins Stadion gingen, stimmt so allerdings nicht ganz. Im April 2011 gewann meine Mutter bei einer Verlosung zwei Tickets für das vorentscheidende Meisterschaftsspiel. Und noch während mein Vater mir davon am Telefon erzählte, tauschte ich durch Blickkontakt meine Schicht, aber am Freitag ging dann die Vorfreude mit mir durch, ich freute mich so, dass ich bis mittags keinen Schlaf fand, erst als das letzte Glas leer war, ging ich nach Hause. Irgendwann weckten mich Jubelschreie unter meinem Fenster. Schlaftrunken kramte ich das iPhone hervor und sah, dass es zu spät war. Du hast die Meisterschaft verschlafen!, dachte ich und zählte die verpassten Anrufe. Dann öffnete ich den Chatverlauf und blickte in die hoffnungsfrohen Gesichter meiner Eltern, die vor dem Westfalenstadion standen und einen frisch erworbenen Schal in die Höhe hielten. Die restliche erste Halbzeit lag ich im Bett und weinte. Weil aber jede Trauer vier Phasen durchläuft, stand ich schließlich auf, rutschte ungewaschen in die Klause hinab und trank unter großen Klagen einen großen Kaffee, bevor ich in den warmen Nachmittag hinaustrat. Ein Typ schob mit einem

Rollstuhl eine leere Kiste Hansa zum Kiosk. Kinder spielten Gummitwist. In der Auslage des Demirci Market glänzte das Gemüse. Ohne etwas zu bestellen, hockte ich mich in die hinterste Ecke meiner Stammkneipe. Als Köln die Leverkusener durch ein spätes Tor endgültig aus dem Titelrennen warf, brach um mich ein solcher Jubel los, dass ich nicht anders konnte, als den Laden zu verlassen. Auf dem Nachhauseweg dachte ich an meine Eltern, die von ihren Sitzplätzen aufgestanden sein mussten, weil nun das ganze Stadion stand, und daran, dass es natürlich ihr FC war, der Borussia gerade zum Meister gemacht hatte. Ich dachte an Nils und die anderen, die eh die ganze Zeit über gestanden hatten und sich nun in den Armen lagen, und daran, dass ich gleich auf Arbeit musste, während sie den Platz stürmen würden. Ich legte mich wieder ins Bett und verfluchte den blitzeblanken Himmel, so als wäre gutes Wetter auch nur ein umgestoßener Eimer Sprite, die Spätschicht und alle letzten Gläser der Welt, dann machte ich mich auf den Weg in die Kneipe, wo meine Eltern bereits am Tresen warteten und mit den Gästen Witze über mich rissen.

Exakt fünf Jahre später stiegen Ben und ich eine Treppe des Zentralstadions hinauf. RB hätte an diesem 30. April den Aufstieg klarmachen können, aber nach fünfundachtzig Minuten stand es noch immer eins zu eins, und da begann ich also die roten Bullen nach vorn zu brüllen, das heißt, eigentlich sang ich gegen den Gegner an, Ostwestfalen, rief ich, Idioten, rief ich, scheiß Arminia Bielefeld, und sofort liefen die Leipziger schneller, ja wirklich, wie geisteskrank galoppierten sie auf uns zu, was ganz gut passte, guckte mich das Pärchen, das neben uns fröhlich von einem Bein auf das andere wippte, doch genau so an, als ich vor lauter Aufregung Bens linke Hand ergriff und meine andere zur Faust geballt durch die Luft wirbeln ließ. Aber es half nichts, Leipzig traf nur die Latte, und dann war Schluss, die mitgereisten Arminen, denen vor dem Spiel ihre Banner abgenommen worden waren und die sich deshalb so im Gästeblock verteilt hatten, dass ihre körperliche Anwesenheit ein ANTI RB ergab, applaudierten noch ein bisschen, während sich das restliche Stadion rasch zu leeren begann. Draußen im Pulk warteten zwei lieb aussehende Leipziger. Der eine hielt ein Schild hoch, auf dem seine Ultragruppe Crazy Rats um Spenden für die nächste Choreo bat, in den Armen des anderen stapelten sich die Pfandbecher all derer, die sich karitativ an ihnen vorbeischoben. Der Witz bestand darin, dass die Lecrats wegen ihres Grundsatzes „Wir sind dank RedBull im Stadion, aber nicht wegen RedBull" kein Geld des Vereins annehmen wollten, was natürlich ganz hervorragender Blödsinn war, doch als gebürtiger Untertan spürte Ben wohl die Empathiepeitsche im Nacken, weshalb er also austrank, um seinen Beitrag zur Emanzipation in den Pfandturm gleiten zu lassen.

Später liefen wir blindlings zum Optiker, eine Kneipe, die noch Deutsche Mark annimmt, und lachten darüber, dass Mateschitz im großen Stil Ländereien in der Steiermark kauft. Didi, der mit einer Walt-Disney-Gedächtnisgeste die letzte verbliebene Scholle aus der Steppdecke streichelt. Didi, der sein ServusTV Martin Sellner einladen lässt, weil der gute alte K.-u.-k-Komplex ohnehin halb Österreich davon abhält, für immer beste Freundinnen zu sein. Didi, der die „Einzigartigkeit unserer Vielfalt, der Individualität, der verschiedenen Kulturen, Sprachen" liebt. Didi, dessen Weltbild ohnehin auf den Eckpfeilern „Individualismus und Nonkonformismus" ruht. Didi, der glaubt, „dass keiner von denen, die »Willkommen« oder »Wir schaffen das« gerufen haben, sein Gästezimmer frei gemacht oder in seinem Garten ein Zelt stehen hat, in dem fünf Auswanderer wohnen können". Didi, der findet, „dass sich niemand mehr die Wahrheit zu sagen traut, auch wenn jeder weiß, dass es die Wahrheit ist". Didi, der sagt: „Man will den unmündigen, kritiklosen und verängstigten Staatsbürger. Metternich war ein Lehrbub gegen das, was heute passiert. Das ureigenste aller Menschenrechte ist das auf Eigenverantwortung, und das nehmen sie dir. Sie manipulieren, reglementieren, überwachen, kontrollieren. Und der gläserne Mensch ist genauso ein Albtraum wie die Meinungsdiktatur. Jetzt will man auch noch das Bargeld abschaffen! Wen bitte hat es zu interessieren, was und wo ich zu Abend gegessen habe oder was ich meiner Familie und Freunden zu Weihnachten schenke?" Didi, dieser einzige Widerspruch.

Und noch einmal die Geschichte vom Volksentscheid über die Abschaffung des fürstlichen Vetorechts, gegen den Liechtensteins Bürger mit einer Dreiviertelmehrheit gestimmt hatten, was irgendwie egal war, hätte Hans-Adam II. doch einfach sein Veto einlegen können. Als Ben dann beinah vom Barhocker fiel, erzählte ich ihm gerade, wie arg meine Sorge sei, RB könne den Aufstieg noch verpassen, und dass ich, falls das passiere, umsonst nach Leipzig gezogen sei.

Mein erstes RB-Spiel hatte ich knapp drei Monate zuvor gesehen, am 7. Februar 2016, gegen Braunschweig. Enis und ich hatten Karten für den Gästeblock gekauft und hockten also inmitten der Blaugelben, die sich entgegen ihres Rufs ganz friedlich verhielten. Das hier sei schon die ideale Paarung, sagte ich, schließlich habe die Eintracht 1973 als erstes Team einen Trikotsponsor auf der Brust getragen, obwohl Werbung zu dieser Zeit noch verboten gewesen sei. Aber kein Problem, natürlich nicht, clever wie die Fliege habe die Vereinsführung ihren Löwen im Logo einfach durch den Jägermeisterhirsch ersetzt.

Weil sich unsere Plätze ziemlich weit außen im Block befanden, verdeckte Plexiglas, das uns vor möglichen Attacken der Einheimischen schützen sollte, einen Teil des Spielfelds. Ich musste daran denken, wie ich einmal sehr froh um diese bauliche Maßnahme gewesen war. Nils und ich befanden uns damals auf einer Auswärtsfahrt, die das Fanprojekt mit den Worten angekündigt hatte: „Ihr fahrt in eine der schönsten Städte der Welt, benehmt euch dementsprechend", aber schon während wir morgens mit einem Glas Burgunder, in dem Erdbeeren schwammen, in der Hand die Avenue Charles Floquet entlangspazierten, kam es uns auf Höhe des deutschen Pavillons von 1937 so vor, als könne nur Kotzen unterm Eiffelturm die grundlegende Grammatik des Fußballfans sein. Als einige Touristen wegen der Dinge, die sich dort abzuspielen begannen, mittelschwere Parissyndrome davontrugen, marschierten wir mit zehntausend Borussen zum Parc des Princes, wo die Saint-German-Fans besagten Versuchsaufbau dazu nutzten, mithilfe ihrer Rotzfäden das Funktionieren der Schwerkraft zu überprüfen.

Beim ersten Tor kippte Enis den an der Aral erworbenen Kräuterlikör. Eine Reihe vor uns wurden Scheiß-RB-Sprechchöre angestimmt. Ich hingegen freute mich noch immer, dass in der alten Bundesrepublik sogar der Profifußball ein versoffenes Geschäft gewesen war. Ich dachte an Wolf-Dieter Ahlenfelder, der sich vor seiner Arbeit auf dem Rasen einmal so engagiert an Pils und Malteser gehalten hatte, dass er eine Viertelstunde zu früh zur Halbzeit pfiff. „Wir sind Männer und trinken keine Fanta", sagte ich zu Enis, die mir anstelle einer Antwort ihren Plastikbecher zum Prosten hinhielt. Unten auf dem Rasen schoss Leipzig das zweite Tor. Und dann bemerkten wir es. Die fünfköpfige Familie vor uns, deren ältester Glatzkopf nicht müde wurde, im sächselnden Singsang Scheiß-Red-

Bull zu skandieren, trug Lokomotive-Tattoos auf Händen und Unterarmen. Um Gottes willen, dachte ich, die kommen den Samstagnachmittag nur hierher, um die Auswärtsfans gegen den neuen Verein ihrer Stadt aufzuwiegeln, Agitation im Gästeblock, dachte ich, Sachsen, dachte ich, uiuiui. In der Pause machte der Sohn dann ein Selfie von sich und seinen Lieben, und weil Enis und ich direkt hinter ihnen saßen, gerieten wir, na klar, in seinen Fokus, aber die Mutter hatte den Sohn gut erzogen, das merkten wir, als er sich freundlich bei uns entschuldigte und fragte, ob er das Foto löschen solle.

Nach Abpfiff standen wir noch eine Weile auf der Wallanlage rund um das Zentralstadion und blinzelten rauchend in die tiefstehende Sonne. Im Elsterbecken brach sich das Licht. Ordner eskortierten einen Braunschweiger Pulk am Ufer entlang. Kein Wunder, sagte ich, dass die Lokfamilie darauf spekuliert habe, sie könne hier für Ärger sorgen, erst vor drei Jahren sei die Eintracht mit einem Stadionverbot gegen Holger Apfel vorgegangen. Es gebe dieses Foto, fügte ich hinzu, das den damaligen NPD-Vorsitzenden während der Aufstiegsfeier 2013 dabei zeige, wie er stolz ein begrüntes Stück Braunschweiger Boden in der einen und eine Realtüte in der anderen Hand halte. Ich holte mein iPhone aus der Hosentasche und las den zugehörigen Post vor: „Kaum erstklassig, schwingt die Vereinsführung gleich die große Anti-Nazi-Keule, um sich artig den Beifall der selbsternannten Tugendwächter abzuholen: Meinen Glückwunsch ... ob Ihr aber Euer »Problem« mit den vielen aufrechten Nationalen in den Eintracht-Fanreihen wirksam bekämpft, indem Ihr demnächst Ordner mit Steckbriefen bewaffnet, um mich am Betreten des Stadions zu hindern, bezweifle ich aber dennoch sehr stark." Immer wieder werde der Eintracht vorgeworfen, sagte ich, sie kümmere sich zu wenig um die tatsächlich aktiven Nazihools, die mitunter auch andere Braunschweiger im Block verprügelten, und habe sich mit Apfels Stadionverbot nur ein Alibi verschaffen wollen. Holger selbst sagte dazu: „Meine Sympathie gilt nicht einer zeitgeistschnittigen Vereinsführung, sondern dem Verein als solchem, seiner Tradition und meiner Heimatregion, in der ich über Jahrzehnte gewohnt, gearbeitet und politisch gewirkt habe." Soweit sie wisse, meinte Enis, sei die ganze Sache bei Borussia noch schlimmer, und da hatte sie natürlich Recht.

2014 war SS-Siggi für die Partei Die Rechte in den Dortmunder Stadtrat eingezogen, woraufhin seine Kameraden noch am Wahlabend versuchten, das Rathaus zu stürmen, was nur von einer Kette aus Altparteikadern verhindert werden konnte. Siegfried selbst hielt den Job kein Vierteljahr durch, ständig musste er Journalistinnen erklären, dass er viel lieber SA-Siggi hieße, aber auf ihn höre ja niemand, und so weiter und so fort, bis er schließlich seinen Rücktritt einreichte. Für ihn rückte zuerst Dennis Giemsch, dann Michael Brück ins Rathaus nach, der eine Informatik-, der andere Jurastudent, zwei sogenannte Autonome Nationalisten, deren Habitus zwar eher an den Schwarzen Block erinnerte, die zum Ausgleich aber den Nazi-E-Mail-Server 0×300.com beziehungsweise einen Internetversandhandel mit der hübsch gewählten Domain antisem.it betrieben. Wenn die beiden nicht gerade in Köln unterwegs waren, um mit Hooligans gegen Salafisten zu demonstrieren, was zumindest in Dennis' Fall ein bisschen witzig war, immerhin nutzte auch mal kurzzeitig der IS seine „Funktionen der Extraklasse", streiften sie am liebsten Stadtschutz-Shirts in den Dortmunder Vereinsfarben über und patrouillierten durch die Nordstadt oder fuhren raus zu einem Cruisingparkplatz an der A45, wo sie mit Handschuhen ausgerüstet durchs Unterholz schlichen. Dass solche Einschüchterungsversuche zumindest albern wirken konnten, war auch deshalb kein Problem, weil Nazis den Stadtteil Dorstfeld bereits vor Jahren demonstrativ zur „National befreiten Zone" erklärt hatten.

Als ich meine Exfrau 2009 in einer Dönerbude traf und wir noch am selben Abend beschlossen, gemeinsam nach Hamburg zu ziehen, kam ich gerade von der Arbeit nach Hause. Mein Job bestand darin, einen Blinden dort abzuholen, wo er den ganzen Tag für Lohn und Fleisch telefoniert hatte, um ihn zum nächsten Rewe zu führen und Ja!-Rheinische-Schinkenwurst, Ja!-Bayrischer-Leberkäse und Ja!-Jagdwurst-norddeutsche-Art mit föderaler Gourmetgeste in den Einkaufs-wagen zu werfen, bevor wir uns auf den Weg zum Dorstfelder Wilhelmsplatz machten. Zum Feierabend trank er fünf Tulpen, dann brachte ich ihn nach Hause. Seine Stammkneipe war ein ziemlich finsterer Laden. Die Typen am Tresen, von denen er im Supermarkt jedes Mal noch so sprach, als seien sie seine besten Kumpels, sahen nicht mal hin, wenn wir uns freund-lich grüßend an den immer gleichen Tisch setzten. Niemand hatte Bock auf Smalltalk, was okay war, keine falsche Anteil-nahme, aber die Dinge, die sie stattdessen besprachen, waren es weniger, vom Türkenpack habe man die Schnauze gestri-chen voll.

Manchmal spazierte ich ein bisschen durch das Viertel, vor-bei am Wetterpilz im Park, unter dem Nils und ich früher unser Dope gekauft hatten, oder hinab zum Hochhausungetüm Han-nibal, aus dessen obersten Etagen die Bewohner so lange um-sonst Borussia gucken konnten, bis das Westfalenstadion aus-gebaut wurde. Meist lief ich jedoch nur einmal kurz durch Thusnelda- und Emscherstraße und schaute mir an, was die Die Rechte so trieb. Als ich zuletzt dort war, gab es zwar eine Menge neuer Graffitis, „Nazi Kiez" stand an den Wänden und die Klinkersteine erstrahlten in Schwarz-Weiß-Rot, aber die ganze Sache wirkte auch irgendwie lächerlich, Style jedenfalls hatten die Nazis keinen, und so kam mir die nationale Sache in Dorstfeld doch recht hoffnungslos vor.

Enis und ich hatten das Zentralstadion verlassen und schnitzelten schon Am Kanal, als ich meine Nazis-in-Dortmund-Geschichte damit beendete, dass der Wirt des Thüringer Hofs an der Mallinckrodtstraße, nur wenige Meter vom ehemaligen Kiosk Mehmet Kubaşıks entfernt, ein Schild ins Fenster gehängt habe, um gegen „Unsere diktatorische Demokratie" zu wettern: „Rot-Grün hat in Nordrhein-Westfalen das Rauchverbot erlassen. Ab wann folgt die Prohibition, das Alkoholverbot ???", fragte er darauf, was gar nicht nötig gewesen sei, sagte ich, über seine Eckkneipe erzähle man sich ohnehin nichts Gutes. Ich zündete mir eine Zigarette an und warf einen Blick zum Tresen, um den sich Sachsen mit rausgewachsenen Bürstenhaarschnitten drängelten. Im Schankraum saß ein Tisch Kunststudenten und fand alles, was im Kanal passierte, eine Spur zu aufregend. Enis ließ das Auge ihres Zyklopenschnitzels platzen, orange floss das Ei über die Panade, dann sagte sie, Beates neuer Boyfriend, irgendsoein Robin, dem sie Liebesbriefe aus Stadelheim schreibe, komme aus Dortmund, eigentlich sei der Zusammenhang klar, und der Deutsche Hof, der sich ja in direkter Nähe des Tatorts befinde, nachweislich ein Naziladen. In den Briefen erzähle Zschäpe, sie habe im Kindergarten einmal vier Schnitzel angebissen, um jedes von ihnen aufessen zu dürfen. Sie liebe Thüringer Bratwurst. Außerdem male sie Alfred Jodocus Kwak auf ihr Briefpapier, das in Wahrheit Rechenpapier sei. „Wir atmen die Luft von gefährlichen Leidenschaften und Pogromen", sagte Enis, bevor der Wirt kam und zwei neue Biere brachte.

Obwohl Kubaşık und der ein Jahr zuvor in München ermordete İsmail Yaşar in der Türkei gemeinsam ihren

Militärdienst abgeleistet hatten, schien mir der merkwürdigste Zufall in dieser eben nicht auf Zufällen aufbauenden Geschichte darin zu liegen, dass der „Nationalsozialistische Untergrund" im April 2006 nicht nur sein achtes Opfer in der Nordstadt erschoss, sondern die Bundesprüfstelle für jugendgefährdende Medien im gleichen Monat auch *Die Turner Tagebücher* indizierte, in denen der Faschist und Physiker William Luther Pierce III. das kleine Einmaleins rechter Terrorzellen propagiert. Earl Turner, als fiktiver Archetyp der im Untergrund agierenden Neonazis, bewohnt ein recht dystopisches Amerika, in dem gleich zu Beginn die jüdische Weltverschwörung per „Cohen Act" dafür sorgt, dass Waffenbesitz verboten wird. Und weil Turner da mal überhaupt keinen Bock drauf hat, taucht er also mit einer Perle und zwei anderen Typen unter, um durch „führungslosen Widerstand" den Rassenkrieg ins Rollen zu bringen. Die Sache endet mit der „»weißen Revolution«, in deren Verlauf ein weltweiter Genozid an Nicht-Weißen und Juden stattfindet". Nach ihrer Veröffentlichung 1978 wurden die *Tagebücher* schnell zur Nazi-Lieblingslektüre, bevor das europäische Netzwerk „Blood and Honour" in den Neunzigern vier Regeln aus ihnen destillierte, die der „politische Soldat" des gewaltbereiten Arms „Combat 18" (man setzte auf den guten alten AH-Effekt) zu befolgen habe: „1. Die Zellen dürfen nicht aus mehr als vier Freiwilligen bestehen. 2. Keine Zelle sollte ihren Kampf aufnehmen, bevor sie bewaffnet ist. 3. Keine Zelle sollte in den bewaffneten Kampf einsteigen, wenn sie keinen sicheren Ort hat. 4. Jede Zelle sollte eine Geld- und Waffenquelle haben." Klar, die Uwes konnten sich nur mit Beates Hilfe an diese Vorgaben halten, und klar, die Zellen kommunizierten über Anschläge. Die Nagelbombe in der Kölner Keupstraße schien nur ein Gruß an David Copeland gewesen zu sein, der zuvor in England drei davon gezündet hatte, so wie der Mord an Kubaşık, den Uwe und Uwe in unmittelbarer Nähe zweier Nazikneipen begingen, als Aufforderung an die lokale C18-Zelle verstanden werden musste. Robin und seine Kameraden sollen als Oidoxie Streetfighting Crew erst nach einem internen Streit Anfang 2006 ihre Springerstiefel an die Nägel gehängt haben, obwohl sie sich zu diesem Zeitpunkt angeblich schon Schrotflinten besorgt hatten. Ein Jahr später schoss Beates Brieffreund während eines Raubüberfalls auf den Tunesier Mustapha R., wofür er zu acht Jahren Haft verurteilt wurde. Die Streetfighting Crew strich daraufhin genau diesen Zusatz aus ihrem Namen und widmete sich fortan wieder als Oidoxie dem Nazirock, wie sie ihn seit eh und je geliebt hatte.

Und wie wir so im Kanal saßen und über den NSU sprachen, musste ich daran denken, dass Oidoxie neben *Terrormachine* und *Straftat – Hail C18* auch mal *Ein Lied für Leipzig* aufgenommen hatte, und fragte mich, ob es wohl einige hier am Tresen kannten. Der Wirt drehte die Musik lauter. Die Kunststudenten schlüpften in ihre bunten Blousons. Enis gab ihm ein Zeichen für Rechnung und Berliner Luft. Auf meinem Teller lag ein Seitenscheitel aus ketchupgetränkten Pommes. Als wir über die Karl-Heine-Straße nach Hause liefen, sagte Enis, ihr Vater hätte einer der Toten aus den Imbissbuden, dem Internetcafé, dem Kiosk sein können.

Am 16. April stieg ich in eine Tram und fuhr nach Probstheida. Lokomotive spielte gegen den 1. FC International, und das klang, na klar, als könnte es interessant werden. Dass aber bereits am Hauptbahnhof der Erste „Heil Hitler!" schreiend durch den Waggon rennen würde, hatte ich dann doch nicht erwartet. Um nicht aufzufallen, öffnete ich mir auf Höhe der Straße des 18. Oktober das erste Sternburg. Außerdem trug ich die gleichen Klamotten, in denen mich die Hannoveraner Polizei einige Jahre zuvor für einen Hooligan gehalten hatte. Zwei Stationen hinter dem Völkerschlachtdenkmal presste sich der Pulk aus der Tram. Die Häuser entlang der Connewitzer Straße, die uns zum Bruno-Plache-Stadion führte, sahen nach netter Mittelschicht aus. Der Himmel hielt sich an den Volksmund. In den Vorgärten blühten die Magnolien. Als ich mich in die Schlange vor der Ticketkasse einreihte, fragte mich ein Typ nach Feuer. Er trug ein kariertes Hemd zur Jeans und behielt seinen Zigarillo auch beim Sprechen zwischen den Lippen. Weil mich wenig so böse macht wie Leute, die ihr Feuer nicht aus der Hand geben wollen, als wäre es für Fragende angenehm, sich in die Fingerkuhle der anderen zu beugen, hielt ich ihm höflich mein Feuerzeug hin. Eine Weile betrachtete er die beiden Delphine, die über das Plastikgehäuse sprangen. Auf einem Schild stand: „Das Betreten des Stadions mit Stahlkappenschuhen ist verboten." Es begann zu regnen. Ich setzte meine Kapuze auf.

Im Stadion schaute ich mir eine gelb angestrichene Lokomotive an. Erst vor kurzem hatten Fans ein Podest um sie herum gepflastert. Der Rasen war eine einzige Ackerkrume. Als ich ihn betrat, versanken meine Schuhe in einer Baggerspur. Weiter hinten parkten Einsatzwagen der Polizei. Ich machte kehrt und lief die Stufen zur Fankurve hoch. Von hier aus konnte ich alles überblicken, die holzüberdachte Tribüne und den unterhalb gelegenen Dammsitz genauso wie die Gegengerade und eine Anzeigetafel, auf der die Gäste Gäste hießen. Vor mir schwenkten ein paar Ultras ihre Fahnen. Einer zog beim Trommeln ein Gesicht, als habe er sich dafür entschieden, seinen Status quo zu konservieren. Dem Lautesten von allen steckten blaugelbe Federn im Haar. „Fußball total Liga egal", sang die Gruppe gerade, als sich der Indianer aus ihr löste, über den Zaun auf das Spielfeld kletterte und von der anderen Seite ein Banner befestigte: „INTER MERDA". Neben mir freute sich ein Freiwildmütze tragender Typ. Auf der Aschebahn richtete der Ultra seinen Federschmuck. Weil der Weitwinkel es von ihm verlangte, lief er bis kurz hinter das Tor. Am Eingang zur Kurve warteten Polizisten. Gelangweilt blickten sie in den Nieselregen. Dann stieg ein Spieler von Inter einem Blaugelben so brutal in die Beine, dass sofort die gesamte Loksche herbeieilte, Rudelbildung beim Stand von null zu null, geil, dachte ich, immerhin spielte hier der Tabellenführer gegen den Zweiten, aber da schrie auch schon irgendwer „Scheiß Neger!", und in der Gegengeraden kletterten die Fans einhändig am Zaun hinauf, um mit der anderen nach Römerart zu grüßen. Noch vor dem Halbzeitpfiff verließ ich den Block. Es wirkte keineswegs so, als entlade sich hier spontan irgendein Volkszorn, natürlich nicht, bereits während meines zweiten Besuchs in dieser Stadt hatte ich am Rand einer Legida-Demo miterlebt, wie halb Connewitz systematisch von einer Horde Lokhools verwüstet wurde. Unten watete die Bullerei durch den Schlamm. Der Regen hatte aufgehört. Ich kaufte mir eine Bratwurst. Doch sogar die Wurst war nur lauwarm, und da spazierte ich also schnurstracks an den Ordnern vorbei und warf das Brötchen in den nächstbesten Mülleimer, bevor ich den Südfriedhof betrat.

Feuchter Boden mischte sich mit dem Duft frühblühender Pflanzen. Die Wiesen dampften in der Sonne. Blinzelnd setzte ich mich auf eine Bank. Während um mich herum alles ganz friedlich schien, schoss Lokomotive ein Tor, klar und deutlich drang der Jubel zu mir herüber. Kurz darauf pfiff der Schiedsrichter zur Halbzeit. Eigenartig matt irrte ich die Alleen entlang. Und wie ich verloren ging, übersah ich fast ein Eichhörnchen, das an einem Mammutbaum hinauflief. Dass Grauhörnchen, obwohl inmitten all der Redwoods der nordamerikanischen

Pazifikküste heimisch, gut klarkamen, dachte ich, und da fiel mir ein, dass Enis einmal gesagt hatte, es sei eben kein Birkenspanner, als ihr mein Impulsreferat über die Jagdvorlieben Prinz Charles' zu viel geworden war, und das stimmte ja, unzweifelhaft lief die Anpassung an eine Umwelt von Art zu Art unterschiedlich ab. Im Ruhrgebiet hatte der Nachtfalter jedenfalls zu Zeiten der Montanindustrie seine weißen Flecken verloren, war mit zunehmender Feinstaubbelastung erst grau und anthrazit und schließlich schwarz geworden, um sich auf den rußbefallenen Birken besser vor Fressfeinden tarnen zu können. Als natürlicher Bewohner der Städte, hatte Enis gesagt, als Zugezogener im engeren Sinne, hatte sie gesagt, könne man nur ihn als Wappentier akzeptieren, den Birkenspanner, der die evolutionären Prozesse in wenigen Generationen abwickele. Das Arge an vollzogener Assimilation, dachte ich, ist ja die andauernde Ausklammerung dessen, was von der einen Realität in die andere geraten könnte. So wie man mit einem Londoner Stadtplan durch den Harz marschieren kann, liegen die Schwierigkeiten dieses Crossmappings eben nicht bloß im Geografischen begründet. Es gibt sie, die äußeren Faktoren, die aus verschiedener Topografie etwas neues, ungleich Homogeneres entstehen lassen. Stolpern ist auch nur ein Aufbruch aus dem Torfhaus, dachte ich, als ich in eine Pfütze trat, ins Straucheln geriet und der Nase nach hinknallte. Kühl sickerte Wasser in meine New Balance. Ich sah mich um, ob jemand den Sturz mitbekommen hatte, doch außer der Büste Julius Lips' blickte niemand auf mich hinab. „SEINE WISSENSCHAFT WAR DIE VÖLKERKUNDE SEINE HEIMAT WAR DIE WELT", las ich und war sofort sehr aufgeregt, nasse Socken hin, Geodäsie her, weil sogar Heinrich Mann nach Lektüre von *The Savage Hits back, Or The White Man Through Native Eyes* glaubte, dass Lips' Buch eine noch nie dagewesene Gelegenheit biete,

„Europa zu entdecken, seine merkwürdigen Sitten, die Eigenheiten der weißen Stämme". Und während sein kleiner Bruder nicht ohne Handschuhe wichsen wollte, nur um die Finger anschließend doch mit Fairy Ultra zu waschen, hatte Heinrich bereits den dicken Delitzsch in die Welt gebracht, diesen über alle Stuhlränder hinausquellenden Sachsen, dessen weiße und humorvolle Speckmasse sich auf das Heben und Hinstellen des Bierglases beschränkte. Ich glotzte noch ein bisschen in den Frühling, dann zog ich die Schuhe aus der Pfütze und machte mich auf den Weg zur Friedhofskapelle.

Vor der Anlage posierten Mangamädchen. Eine trug zu gelber Perücke und goldenem Diadem einen ultramarinen Rock, den sie immer dann hob, wenn sie in ihren pinken Stiefeln die Treppe zum Krematorium hinaufspazierte. Drei andere saßen etwas abseits auf einer Mauer und lösten Kreuzworträtsel. Die größte und grünste von ihnen hielt eine Spiegelreflex in den Händen. Als sie darüber zu sprechen anfing, weshalb genau der Sowjetische Pavillon drüben auf dem alten Messegelände perfekt für ein Sci-Fi-Shooting sei, musste ich daran denken, dass ich im American Museum of National History einmal gesehen hatte, wie ein Kind nach Art Charlton Hestons auf die Knie gesunken war, um vor einer Vitrine mit neuguineischen Outfits und Jagdutensilien „It's like future" zu rufen. Ich begann gerade, an einem Universum zu plotten, dessen Hansabucht, Bismarckgebirge und Mausoleuminsel nichts vom Kula-Ring wussten, als sich das Mädchen zu seinen Freundinnen auf die Mauer setzte. Vögel zwitscherten. Vom Stadion her drangen die Rufe der Lokfans zu uns herüber.

Ich lief an den Schornsteinen des Krematoriums vorbei, schob mich durch zwei Absperrgitter und trat hinaus in den Ehrenhain des antifaschistischen Widerstandskampfes. An dem Sockel einer Bronzeplastik las ich die Inschrift: „DIE OP-

FER DES FASCHISMUS MAHNEN", und da gab es, na klar, wenig hinzuzufügen, doch als ich bis dorthin gelaufen war, wo eigentlich das Denkmal für die beim Kapp-Putsch gefallenen Arbeiter stehen sollte, fand ich nur eine Schautafel. „Sehr geehrte Besucherinnen und Besucher", las ich, „Sie befinden sich hier auf dem ehemaligen Versammlungsplatz. Von der ideologischen Beeinflussung aller gesellschaftlichen Bereiche blieben selbst Friedhöfe nicht verschont." Sogar Friedhöfe, dachte ich, kam jedoch nicht gleich darauf, warum ausgerechnet die anders hätten behandelt werden sollen, und las also weiter: „Bei der Planung des Ehrenhaines wurde die ursprüngliche Gestaltungsidee des Südfriedhofes bewusst ignoriert und bei der Ausführung das historische Erscheinungsbild der Hauptachse zerstört." Gestaltung und Standortwahl waren Ausdruck des Darstellungswillens der DDR, dachte ich, und sofort fing eine Sozialistische Einheiz Party in meinen Ohren zu schrillen an, weshalb ich also loslief, um auch die letzte verbliebene Säule umzustoßen. Für dich, gefällte Lindenallee, rief ich und presste die Hände auf zwei konvexe Flächen, als mich plötzlich irgendwer von hinten am Bomberjäckchen packte. Ob ich etwa den Glauben für das Große und Gerechte schänden wolle, schrie das gelbhaarige Mädchen, und da hob ich abwehrend die Arme und rief: „Die Entfernung einzelner Gestaltungselemente aus der Zeit nach 1980 stellt die Wiederherstellung der Hauptallee auf Grund von Plänen aus dem Jahre 1901 dar." Ihre stahlblauen Augen wurden größer. „Für eine bessere und schönere Zukunft", schrie sie und trat mir so hart gegen das Schienbein, dass ich rückwärts gegen die Säule fiel. Augenblicklich geriet alles ins Wanken. Doch gerade als das Denkmal und ich umkippten, sprang das große grüne Mädchen aus dem Gebüsch, um uns aufzufangen. Gemeinsam stellten sie mich zur Rede und die Säule zurück an ihren Platz. Der Friedhof sei ein

Relikt des Wilhelminismus, riefen sie im Chor, und die Kapellenanlage sehe vielleicht aus wie das Kloster Maria Laach, aber das könne ja wohl nicht darüber hinwegtäuschen, dass ihr Architekt ein Otto gewesen sei, der auch die deutschen Regierungsgebäude in Kamerun und Togo entworfen habe. Dann griff sich die eine unter ihre gelbe Perücke. „Mondstein flieg und sieg", schrie das Mädchen, und da nahm ich, wie man so sagt, die Beine in die Hand, während sie mit ihrem Diadem nach mir schmiss.

Nur mit Mühe und Not hatte ich mich ins Völkerschlachtdenkmal retten können, wo ich nun am Fuß der Volkskraft lehnte. Weil mir Schweißperlen von der Vorderglatze tropften, öffnete ich den Reißverschluss meiner Jacke, nahm die Brille ab und zog das Polo aus der Hose, um mir damit die Stirn zu trocknen. Vor dem Ausgang verwickelte ein Ehepaar den Typen, der die Tickets kontrollierte, in ein Gespräch. Ob die vier Statuen für irgendetwas stünden, fragten sie ihn, und da freute er sich, Totenwächter seien das, sagte er, jeder von ihnen personifiziere eine Tugend des deutschen Volkes, Volkskraft, sagte er und zeigte in meine Richtung. Das Ehepaar legte die Köpfe schief. Und hier, rief er, während sein Finger rotierte, Glaubensstärke, Opferbereitschaft, Tapferkeit. Ob sie Fotos von ihrem Mann und den Tugenden schießen dürfe, fragte die Frau, und da nickte der Kontrolleur, sie könne so lange knipsen, bis ihr Fotoapparat den Geist aufgebe, ja wirklich, rief er, ihn störe das nicht, schließlich gehöre er zu den letzten seiner Art, man müsse abwarten, ob überhaupt jemand seinen Job weiterführe, er kenne eine Familie, die habe alles, aber die Kinder seien trotzdem nichts geworden. Und da sagte das Ehepaar etwas, das ich nicht verstand, und der Kontrolleur rief, er wisse von keiner Mutter, die nicht zu ihrem Kind stehe, das sei das Privileg der Frauen.

Draußen zog ich meine Jacke aus. Der Frühling hatte seinen Kater überwunden. Auf den Vorsprüngen des Völkis saßen modeinteressierte Studenten, tranken Radler und sahen sich durch ihre Sonnenbrillen den Ausblick an. Ich stieg die Stufen des Denkmals hinab, aber gerade als ich zum Tickethäuschen laufen wollte, um mir eine Fanta am Automaten zu ziehen, kletterten die Lok-Ultras den Hügel dahinter hinauf. Der Trommler trommelte. Ihr Häuptling fing an, mit seiner Bierflasche zu winken. „Ey du", hörte ich ihn noch rufen, aber da flitzte ich auch schon wieder die Treppe hoch. Nur durch den See der Tränen getrennt, liefen wir eine Weile nebeneinander her, während die Ultras in Endlosschleife sangen: „Von Stalingrad bis ins Bordell, niemand stoppt den FCL."

Am Morgen des 15. Mai erwachte ich neben Nils auf dem Niehler Ei. An den Rändern der Kuhle ragten unsere Beine heraus. Ich tastete nach meiner Brille. Um Gottes willen, dachte ich, als sich mein Oberkörper scharf stellte, du musst mit der Flasche am Mund eingeschlafen sein. Vor dem Zelt lagen die Überreste der Pute zum Wappen des MSV Duisburg arrangiert. Und da fiel mir wieder ein, was wir uns ein paar Stunden zuvor überlegt hatten: Obwohl RB bereits vor einer Woche in die Bundesliga aufgestiegen war, wollten wir nach Duisburg fahren und das letzte Saisonspiel anschauen, immerhin spielte der MSV noch gegen den Abstieg und brauchte also jeden Support gegen ein, so hofften wir, müde gefeiertes Red Bull.

Wir verließen die Insel nach Osten hin und bogen auf die Uferstraße ein, der wir flussabwärts folgten, bis das Fordwerk den Rhein versperrte. Klar, niemand kehrt gern um, wenn das Ende eines Wegs keine Sackgasse, sondern bloß Eigentum bedeutet, und klar, noch während Nils und ich über den Zaun kletterten, sahen wir das Henry-Ford-Denkmal. Ein stilisierter

Kopf ragte aus der Mauer hervor und glotzte auf den Rhein, als sei darin gerade erst das Manifest Destiny versunken. „Und trotzdem vorwärts", las Nils die Inschrift. Ein Relief zeigte zwei Arbeiter mit Hammer und Zahnrad. Ich fuhr die Unterschrift Fords mit dem Mittelfinger nach. 1931, sagte Nils und schüttelte den Kopf, da sei *The World's Foremost Problem* doch noch gar nicht gelöst gewesen, aber dann fiel uns ein, dass Henry I. nur die Weltwirtschaftskrise gemeint hatte.

Im Rhein wusch ich den Rotwein von meiner Brust, dann spazierten wir am Ufer zurück in Richtung Ei. Dieses Arschloch habe tatsächlich den Rhein privatisiert, rief ich, als wir uns einem Binnenschiffer näherten, der gerade dabei war, seinen Frachter loszumachen. Ob er uns vielleicht bis Duisburg mitnehmen könne, fragte ich, und Nils bot ihm den letzten Putenbollen an, und da freute sich der Kapitän, er habe nichts gegen Gesellschaft, rief er, und gefrühstückt habe er auch nicht. Am liebsten fahre er anspruchsvolle Strecken, sagte er und holte das Tau ein; Erpeler Ley, Loreley, solche Sachen, sagte er, und sofort nickten wir sehr aufgeregt, weil auch wir den Mittelrhein mochten. Außerdem habe man dort den Tourismus erfunden, ja wirklich, sagte der Kapitän, da bräuchten wir gar nicht so blöd zu gucken, 1817 sei das gewesen, rief er und biss in den Bollen. Als wir uns auf dem Sonnendeck ausstreckten, begann der Kapitän ein Impulsreferat über William Turner und den Drachenfels zu halten. Die Aquarelle des Engländers, sagte er, hätten dessen Landsleuten so gut gefallen, dass immer mehr von ihnen nach Königswinter gekommen seien, der romantische Rhein, sagte der Kapitän und schmiss einen abgenagten Knochen über Bord, sei eigentlich eine britische Erfindung, Deutschland habe es damals noch gar nicht gegeben, und dass dieses Land überhaupt existiere, sagte er und zeigte auf die Flagge, die stramm im Fahrtwind stand, habe eben wiederum einiges mit Romantik und Rhein zu tun. Die Esel seien der Beweis, dass es sich beim Drachenfels um die Wiege des Pauschaltourismus handle, vorher habe hier niemand so etwas gekannt, Esel für Urlauber, rief der Kapitän, und während er noch hinzufügte, eine Landschaft sei früher immer nur eine Landschaft gewesen, tauchten schon Duisburgs Schornsteine auf, und da fuhr der Kapitän rechts ran, damit wir an Land gehen konnten.

Vor dem Wedaustadion warteten Nils und ich auf die randvollen Busse aus Leipzig. Wir nippten am König Pilsener und lachten über unseren Deutschlehrer, darüber, dass er einmal im Landschaftspark Nord sehr ernst zu uns gesagt hatte, die Hochöfen seien ein echtes Industriedenkmal. Zwischen den Fingern seiner rechten Hand war eine Marlboro Light verglüht, während er sich mit der linken ausgiebig den Schnurrbart gezwirbelt hatte. Und nun, da wir uns selbst welche ansteckten, rollte auch schon der erste Bus an uns vorbei. RB-Schals hingen hinter den Fenstern. Im Innern hüpften die Fans auf und ab. Die ersten Sachsen, die Nils und mir entgegenkamen, pusteten Seifenblasen in die Luft. Sie sangen: „Wir sind nur zum Feiern hier." Und: „Zweite Liga war schön, Zeit für uns zu gehen." Damit lagen sie natürlich goldrichtig, sie hatten die zweite Liga genießen können, weil sie wussten, dass sie enden würde, so wie zuvor die fünfte, vierte und dritte geendet hatte. Als die Sachsen fast vorüber waren, stellten sich zwei von ihnen in voller Merchmontur zu uns und wollten wissen, ob wir Duisburger Zebras seien. Weil Nils nickte, fragte der eine, wo unsere Schals und Trikots seien, und sofort wurde Nils sehr wütend, nur ein Kind oder Idiot müsse immer seine Farben zeigen, rief er, sein Vater habe früher auch keine getragen, und trotzdem sei er alle zwei Wochen aus dem Dinger Dahl zum Parkstadion geradelt, fünfzig Kilometer für die Blauen, so habe man das gemacht, rief Nils und fuchtelte mit seinem Köpi vor dem Kopf des Sachsen herum, und überhaupt, man könne sich doch nicht einfach ein Bullenkäppi aufsetzen und denken, das sei genug, sagte Nils und bugsierte mit der Mündung seiner Flasche die Mütze zu Boden. Weil der andere weiterhin Seifenblasen machte, wurde auch ich sauer: „Sie kennen diesen Zustand nicht, dieses Gefühl, daß man ganz abscheulich spielt", sagte ich und ließ die Lauge in der Luft zerplatzen. „Ich weiß es jetzt, Nils, ich verstehe es, daß bei unserer Sache nicht der Ruhm, nicht der Glanz, nicht das, wovon ich träumte, die Hauptsache ist, sondern die Fähigkeit zu dulden." Dann sah ich den Sachsen an: „Lerne dein Kreuz tragen, und glaube!" Er wollte flüchten, aber ich packte den Pustefixtypen am Trikot, presste meine Stirn an seine und schrie: „Ich glaube, und das lindert meinen Schmerz, und wenn ich an den Abstieg denke, so habe ich keine Angst mehr vor dem Leben." Mit weit aufgerissenen Augen befreite sich der eine, und der andere hob seinen Fanartikel auf, und dann nahmen die beiden Bullen Reißaus und wir den roten Faden wieder auf, was bedeutete, dass wir Arm in Arm in das Stadion spazierten. Und wie die Dinge eben laufen, wenn schon in der ersten Szene ein Gewehr an der Wand hängt, schoss der MSV kurz vor Abpfiff das einzige Tor und rettete sich in die Relegation, die er jedoch neun Tage später sang- und klanglos verlieren sollte.

Die Nacht hatten Nils und ich auf der Rückbank des Fernbusses nach Leipzig verbracht, und jetzt drängelten wir uns vor dem Alten Rathaus, wo nicht viel mehr passierte als das, was gerade erst in einem RB-Imagefilm erzählt worden war, nur dass es mittlerweile ein Moderator mit zurückgegeltem Haar und rotem Sakko sagte. Wow, wow, wow, machte er, als neben mir ein Kind gähnte, und weil auch mir alles furchtbar fad vorkam, erzählte ich Nils noch einmal, dass ich letztes Jahr auf einem Rastplatz in den falschen Bus zurückgestiegen sei, wobei man ja eigentlich nur von gestiegen sprechen könne, jedenfalls habe mich der Bus nicht nach Bonn, sondern nach Frankfurt gebracht, was alles in allem eine ziemlich verwirrende Erfahrung gewesen sei. Auf der Leinwand gratulierte Kai Pflaume. Der Moderator sagte, ihm gefalle die Vereinshymne der Prinzen sehr gut. Nils und ich machten uns auf den Weg zu Karstadt.

Als wir zur Feier zurückkamen, betrat die DDR-Band Silly die Bühne. Die RB-Fans begannen zu pfeifen, was daran lag, dass die Musiker allesamt Trikots anderer Vereine trugen. Sängerin Anna Loos gratulierte noch fix, bevor sie rief, die Band wolle auch Dynamo Dresden und Aue zum Aufstieg in die zweite Liga und all den anderen ehemaligen Ostvereinen dazu gratulieren, dass es sie überhaupt noch gebe. „Vielleicht macht ihr das ja mit", sagte sie, aber die Fans hatten darauf keinen Bock, natürlich nicht, und übertönten Anna mit Hier-regiertder RBL-Rufen. So schön, sagte ich zu Nils, sei es nicht mehr gewesen, seit zwei Dutzend Dorstfelder bei Lena Meyer-Landrut eine Deutschlandfahne ausgepackt hätten, um dann mit erhobenen Armen „Wer Lena nicht liebt, soll Deutschland verlassen" zu skandieren, während Lena stoisch vor einer halbleeren Westfalenhalle *Satellite* gesungen habe. Am merkwürdigsten sei aber gewesen, sagte ich, dass außer den Nazis und uns, die wir dippenden Fingers dastanden, nur Mütter mit ihren Kindern zum Konzert gekommen seien.

Und jetzt stehen wir also an einem sonnigen 10. September auf der Festwiese und lassen uns von einem Bulltra darüber aufklären, dass Mateschitz ein neues Stadion plane, an der Autobahn, noch hinter dem Messegelände solle es gebaut werden, sagt er, deshalb werde es gleich eine Choreo dagegen und für das Zentralstadion geben, und da packt Nils und mich ein irre kathartisches Gefühl, wahrscheinlich, sagen wir uns, haben diese Typen während ihres kurzen Fantums mehr erdulden müssen als alle anderen Gegner des modernen Fußballs zusammen. „Es gibt keine Tradition, es gibt keine Geschichte, es gibt kein Archiv", sagt Nils, und da nickt der Typ traurig und fragt nach unseren Tipps für das Spiel. Und weil ja immer alles im Präsens passiert, wissen Nils und ich noch nicht, dass Borussia gleich verlieren wird, nur um zwei Monate später die Bayern zu schlagen und RB so erstmals in seiner Geschichte, die gar keine sein will, zum Tabellenführer zu machen, wissen noch nicht, dass wir in der Halbzeit des DFB-Pokalfinales Helene Fischer live sehen werden, wissen noch nicht, dass elf Borussen in der Rückrunde zwar Revanche nehmen, aber ein paar andere zuvor auch RB-Fans mit Flaschen und Steinen beschmeißen werden, was die Polizei damit kommentieren wird, die Angriffe hätten sich nicht zuletzt gegen Frauen und Kinder gerichtet. Und weil das alles schrecklich schockierend sein wird, wird sich der DFB nicht zu schade dafür sein, RB die Initiation zu schenken, indem er die Südtribüne aufgrund von Protestplakaten für ein Spiel sperrt.

Hier und heute bleibt jedoch alles friedlich, weshalb auch wir den Boykott gegen das ohnehin ausverkaufte Spiel befolgen. Kurz darauf stehen wir vor St. Trinitatis, der größten Kirche, die sich Katholiken auf ehemals sozialistischem Boden gebaut haben. Leipzigs Bevölkerung bestehe nicht mal zu fünf Prozent aus potenziellem Papstpublikum, sage ich, was bei einem Neubau in so prominenter Lage zumindest bescheuert sei, aber immerhin seien die Werbeplakate für den diesjährigen Kirchentag toll gewesen: „Seht, da ist der Mensch", habe auf ihnen gestanden, obwohl sich der Blick des bärtigen Opas nach oben richtete, als sitze der liebe Gott irgendwo auf seiner Wolke. Mit dieser Slogan-Bild-Kombi verhalte es sich ein bisschen so, als habe Red Bull nie aufgehört, die ironischen Cartoons der Neunzigerjahre als intelligentes Marketing zu begreifen. Eine Zeit, in der Werbung noch genauso greifbar gewesen sei wie die Dose selbst. Die Kirche gehe gewissermaßen den umgekehrten Weg zu einem Konzern wie Red Bull, der gar keine konventionelle Werbung mehr mache, weil alles an ihm bereits Werbung sei, da besinne sich der Bischof auf das Plakatieren, vielleicht, sage ich, habe es auch deshalb zu wenig Privatunterkünfte während des Kirchentags gegeben. Bevor wir den Martin-Luther-Ring überqueren, so viel Dreißigjähriger Krieg muss erlaubt sein, lesen wir noch eine Weile im Alten Testament, das auf einem Kirchenfenster abgedruckt ist: Abraham, der mit Gott verhandelt, als ginge es um Kühe. Lot, der seine zwei Töchter zur Vergewaltigung freigibt, was nur ein paar Männer in Engelskostümen verhindern können. Lot, der sie kurz darauf selbst schwängert. Gott, dem alles irgendwie egal ist.

„In Sodom und Gomorrah haben sie den ganzen Tag die Hände in Fotzen gehabt und gefickt und geleckt und keinem ists gekommen", rufe ich, während Nils und ich den Red-Bull-[sic!]-Fanshop nahe der Kirche betreten. Ob es noch Karten fürs Spiel gebe, frage ich prophylaktisch, und da schüttelt der Verkäufer den Kopf, das heißt, sein Kopf bewegt sich wirklich in der Horizontalen, als er abwechselnd Goldzahn und Coca-Cola-Schal anstarrt. Wir wollen gerade wieder gehen, als ein zweiter Verkäufer hinter einer Säule hervorspringt. „Hey Sportler", ruft er und meint ganz offensichtlich uns, denn außer Nils und mir ist niemand im Laden, und da bleiben wir also stehen und lassen ihn alle Vorzüge eines Pay-TV-Vertragsabschlusses aufsagen. Dabei brauchen wir kein Pay-TV, natürlich nicht, stellen aus Gründen der Höflichkeit aber trotz allem eine Frage, warum er gerade Sportler gesagt habe und nicht Sportsfreund, wie man früher des öfteren genannt worden sei, oder zumindest nehme man ja an, ein Mann habe einen anderen so nennen können, Sportsfreund, das sei doch eine übliche Anrede unter Männern gewesen, ob er das auch glaube, fragen wir, und weil er schweigt, werde ich jetzt dann doch ein bisschen ärgerlich und hake also nach, ob er finde, ich und mein Freund hier sähen aus als trieben wir Sport, und da winkt er ab, um „Sportler" auf eine Weise zu wiederholen, die so tut, als benutze er das Wort zum ersten Mal, er, der im Übrigen selbst wie einer aussieht, wie ein Surfer nämlich, Teller bunte Knete und die Locken sehr blond, dieser Typ ändert also die Taktik und sagt: „High Definition", doch da hören wir schon gar nicht mehr zu, weil uns einfällt, wer der erste Sportsfreund von allen war. „Gut Heil!", rufen wir, dann sind wir auf und davon.

Als wir siebzig Kilometer später in Freyburg ankommen, sind Nils und ich ziemlich aus der Puste, was uns egal ist, immerhin stehen wir vor dem Haus des Turnvaters, in das er zog, als er sich nicht länger in seiner Höhle verstecken musste. Auf einem Schild lesen wir, dass er es „Schwalbennest unter dem Adlerhorst" nannte. Um dieses Bild zu überprüfen, beginnen wir die Treppen zur Neuenburg hinaufzusteigen, aber schon nach ein paar Schritten krampfen meine Waden, ja wirklich, ich muss mich sogar auf den Waldboden legen, und da vergesse ich Jahns Koketterie, wie auch die DDR vergessen hatte, dass er Antisemit war.

Wegen unseres Drangs, sein altes Turnpferd zu reiten, rütteln wir an den Toren der Ehrenhalle. Die Eingänge sind verschlossen. Vor einem steht die sehr bärtige, sehr ernste Büste Jahns. Und weil gegenüber die Neonschrift des Bistros Caroline warm und verlockend blinkt, können wir nicht anders, als einzukehren. An der Wand hinter dem Tresen hängt eine Pla-

kette, die ein Wildschwein zeigt: „Kriegsmannschießen 1943".
Wir bestellen Soljanka und fragen, ob es denn nicht möglich
sei, des Turnvaters Bock zu benutzen, und da zapft uns Caroline gleich mal zwei Bier und sagt, in der Halle trainiere nach
wie vor die deutsche Jugend, es sei eine Turnhalle für den
Schulsport, nur Schüler hätten dort Zutritt, sagt sie und serviert die Suppe.

Walhalla

Weil eine Auszahlung nicht möglich war, beschlossen wir, unsere Körper später auf Kelheimer Kalkstein auszustrecken. Deutschlands Ruhm sei auch nur ein teures Bettgestell, sagte Enis, während der Regen in die Donau floss. Bei Kentucky Fried Chicken kauften wir von unserem letzten Geld einen Eimer paniertes Huhn und Kartoffelbrei mit brauner Soße. Da war ein Blinder, der in einer Ecke des Lokals ein Lied sang, oder ein Lied, das von einem Blinden handelte. Auf einem Realparkplatz ließ ich Sand aus meinen Sandalen rieseln. Eine Weile sonnten wir uns noch in einer Parkbucht, bevor wir der Walhalla-Allee stadtauswärts folgten.

Es dämmerte bereits, als wir ihr Ende erreichten. Über die abgemähten Wiesen schob sich der Mond, jaja, der Mond. Und dann sahen wir sie. Wie ein nicht zu bezwingender Pottwal lag sie weiß und unheimlich am Hang. Ihre Stufen waren so steil, dass ich vermied, zurückzublicken. Als mir trotzdem schwindelte, dachte ich an Heine und daran, dass er, der nichts für die „marmorne Schädelstätte" übrig gehabt hatte, 2010 als bislang Letzter in sie aufgenommen worden war. Doch die Aneignung ins Reich der Asen verblasste bereits wieder, seit ihm die AfD-Hochschulgruppe Düsseldorf eine Burka übergezogen hatte, was zwar keinen Sinn ergab, aber immerhin Brod bestätigte: „Die Geschichte der Heinedenkmäler in Deutschland klingt ganz wie ein von Heine selbst gedichtetes Nachtragskapitel zu »Deutschland ein Wintermärchen«. Er dichtet im Grabe weiter. Es dichtet in seinen Fußstapfen hinter ihm her."

Oben angelangt ließen wir uns zwischen zwei Säulen nieder. Ich tippte gerade ein Gedicht in mein iPhone, das ich mit *Ordnungsgemäß geschlossen* überschrieb, als ein Junge in roten Hosen vor mir auftauchte. Diese Arena, sagte er, gehöre ihm, ich solle mein Handy ausschalten. Verständnislos sah ich den Jungen an. Ich könne sie sowieso nicht einnehmen, rief er, Prestigelevel, rief er, Kraftpunkte. Als Enis erklärte, wir seien gar nicht der Pokémon wegen gekommen, sondern um nachzuschauen, ob Ludwig dem Atta Troll wirklich eine Plakette gewidmet habe, beruhigte sich der wütende Pokétrainer, und so plauderten wir noch ein bisschen über virtuelles Wachstum und den Kula-Ring (Muschelketten finde er auch gut, sagte der Junge), bis er vorschlug, wir könnten doch gemeinsam in den Tempel einsteigen, er habe gehört, nachts lebe ein Glurak darin, ganz sicher sei das wahr, sagte er, dieser Hügel sei ein Glumanda-Nest, nirgendwo in Deutschland gebe es so viele Glumandas wie hier. Enis und ich zogen einander hoch. Der Junge griff einen Pokéball aus seiner Hosentasche. Zu dritt stemmten wir uns gegen die Pforte, die schließlich nachgab.

Der Regen,
der gegen die
Fenster stürzt

Das Brötchen lächelte ihn an. Nein, Blödsinn, dachte Holger, das, was er auf seinem Teller liegen sah, verfügte zwar über Augen, Nase und eine Frisur, aber woher sollte er wissen, dass der aufgerissene Mund auch wirklich lächelte und nicht etwas völlig anderes tat (erschrocken sein zum Beispiel), und während er darüber nachdachte, konnte sich der Junge nicht mehr dazu durchringen, einen Bissen zu nehmen, obwohl es gut roch, das musste er zugeben. Noch saß der Dreijährige allein am Küchentisch, doch seine Großmutter würde jeden Moment zur Haustür hereinkommen, das wusste er, weshalb nicht nur das Frühstück zu schwitzen anfing, sondern auch Holger selbst, dem es jetzt so vorkam, als habe Ärger tatsächlich einen Geruch, den von Wurst nämlich, der bereits ein Firnis aus Kondenswasser auf der Stirn stand. Kurz darauf hörte er, wie der Schlüssel im Schloss umgedreht wurde. Blut stieg ihm heiß die Wangen hinauf. Gesichter, dachte der Dreijährige, sind Schlachtfelder der Erregungen, nein, Blödsinn, verbesserte er sich, aber gerade als er seiner Großmutter sagen wollte, er könne unmöglich dieses Wurstbrötchen essen, weil ein Gesicht ja immer auch Abbild der Seele sei, traf ihre Hand sein rechtes Ohr. Er wolle keine Wurst mehr essen?, schrie die Großmutter, gut, bitte, das habe vor ihm schon einer versucht, und der sei immerhin Kanzler geworden, Vegetarismus!, schrie sie und schlug noch einmal zu, diesmal traf sie die linke Wange, die ihr der Enkel bereitwillig hinhielt, darauf hoffend, sie würde ihn nicht dazu zwingen, das Fleisch-Seele-Problem undifferenziert zu lösen.

12. September 1974. Der Himmel über St. Bernward war der Spucknapf Gottes. Gelb zog das Sputum in den Harz. Im Wartebereich des Krankenhauses hielt ein Pfleger die Hand des Jungen. Und während ein weiterer Patient eintraf und die Intensivstation erneut in Aufregung geriet, schloss Holger die Augen, aus denen seit zwei Stunden mit hoher Frequenz Tränen kullerten: Großmutter, wie sie auf einen Holzstuhl steigt, um im Regal über dem Kühlschrank nach einer Packung Cornflakes zu tasten, die nur dort liegt, damit er, der Dreijährige, sie nicht erreichen kann, Großmutter, die gegen Esoterik wettert, die sagt, er dürfe nicht alles glauben, vor allem nicht, dass man nicht alles glauben dürfe, und deren Blick sich jetzt nicht länger nach oben, sondern aus dem Fenster richtet, wo gerade Annemarie Staehr und ein ihm unbekannter Rentner auf einem Tretroller vorbeifahren, guck mal, Holger, die Ami fährt ohne Helm und ihren Heinrich, sagt sie noch, aber da fängt auch schon der Stuhl zu wackeln an und fällt mitsamt der Großmutter auf das Linoleum.

Der Wartebereich roch nach einem Putzmittel, von dem Holger wusste, dass es Meister Proper hieß. Sein Pullover fühlte sich an Kragen und Saum feucht an. Im Radio erzählte die Moderatorin, Haile Selassie, König der Könige und 225. Nachfolger Salomons, flüchte zu dieser Stunde in einem alten Käfer durch sein eigenes Reich, nachdem gestern im äthiopischen Fernsehen eine Dokumentation mit dem Titel *Die unbekannte Hungersnot* gelaufen sei. Holger wusste, dass Selassie der erste Staatsgast der Bundesrepublik gewesen war, und er wusste auch, dass der König den Kanzlerbungalow, den immerhin der

Erfinder der sozialen Marktwirtschaft in Auftrag gegeben hatte (ja, das war wichtig, dachte Holger), für den Verschlag des Hausmeisters gehalten hatte. Wie der Fall lag, dachte Holger, schien dieser Mann verdient zu haben, was gerade mit ihm passierte. Als die Moderatorin den Wetterbericht verlas, öffnete der Junge die Augen. Der Pfleger ließ Holgers Hand los. Eine Kolonne Krankenschwestern eilte den Gang entlang. Im Bett, das gerade den Gang entlanggeschoben werde, liege Oskar Schindler. Er müsse oft herkommen, Niere kaputt, Bandscheibe kaputt, und zuckerkrank sei der berühmte Patient obendrein, sagte der Pfleger und begann, über einen Schlaganfall zu sprechen, den Schindler vor einiger Zeit erlitten hatte, ohne dabei seine Sprachfähigkeit zu verlieren, was Holger ziemlich abwegig erschien, aber er ließ sich nichts anmerken und den Pfleger also reden, der im nächsten Moment ohnehin aufstand, um vorzuführen, wie rechtsseitig gelähmte Menschen laufen, tanzen oder sich am Rücken kratzen, und erst da hörte der Junge zu weinen auf und lachte, ja, er lachte ganz unsinnig viel, so als wirke dieses Lachen irgendwie befreiend.

Die Verletzung der Großmutter verheilte schlecht. Weil Holger nicht wusste, was er sonst für sie tun sollte, und auch weil er sich selbst die Schuld an ihrem Oberschenkelhalsbruch gab, aß er sein Frühstück fortan wieder ohne Widerworte. Am Morgen des 24. September fuhren Holger und seine Mutter mit dem neuen Golf ins Krankenhaus. Die Polster, das wusste der Junge, würden noch eine Weile brauchen, bis sie wieder so gut riechen würden wie früher, nach Ernte 23 und Chanel N°5. Er klemmte auf der Rückbank in einem Kindersitz und spielte mit Tip und Tap, zwei Gummifiguren, die ihn einerseits daran erinnerten, dass er diesen Sommer Weltmeister geworden war, andererseits aber auch daran, dass er sie, die bei Karstadt noch siamesische Zwillinge gewesen waren, vor seiner Mutter verstecken musste, seit ein Küchenmesser die Maskottchen voneinander getrennt hatte. Vor dem Fenster zogen niedersächsische Äcker vorüber. Holger versuchte, in der Plastikschale hin und her zu rutschen. Der Gurt drückte auf seine Halsschlagader.

Als sie das Krankenzimmer betraten, saß seine Großmutter aufrecht im Bett und blätterte in einem Buch, dessen Umschlag zwei schwarze Männer zeigte. Einer der beiden hielt einen Speer in der Hand. Das seien Menschen wie von einem anderen Stern, sagte sie und reichte Holger das Buch, der fand, dass sie nicht wie Außerirdische aussahen, sondern wie Nackte, die ihre Gesichter bemalt hatten. Der Junge esse wieder Wurst, sagte Holgers Mutter, und da freute sich die Großmutter, ermahnte ihre Schwiegertochter aber trotz allem, sie solle pädagogische Fragen in Zukunft früher mit ihr besprechen. Und während die beiden Frauen über den freien Willen zu diskutieren begannen, schlich Holger aus dem Zimmer und lief allein den Korridor entlang. Er überlegte, ob der Fußbodenbelag auch zu zweiunddreißig Prozent aus Leinöl bestand, so wie der Küchenboden, auf den die Großmutter gestürzt war, oder ob dieser hier, auf dem seine Schritte nun trotz trockener Sohlen zu schmatzen anfingen, sich aus anderen Stoffen zusammensetzte. Als er an einer Tür vorbeikam, die einen Spalt weit offen stand, blieb der Junge stehen. Das Ehepaar Staehr stand neben dem Bett des rechtsseitig Gelähmten. Holger wusste, wer die Staehrs waren, jeder in Hildesheim wusste das, sogar ein Dreijähriger, dachte er und spürte, wie ihm Blut in die Wangen stieg. Und dann passierte es. Annemarie, die Frau des Doktors, beugte sich zu Schindler hinunter und gab ihm einen Kuss, während Doktor Staehr zuschaute, Heinrich, der stadtbekannte Arzt und Theaterförderer, sah einfach dabei zu, wie

243

seine Frau mit voller Absicht einen anderen küsste. Holgers Wangen vibrierten. Annemarie drückte ihren Mund noch immer auf Schindlers Gesicht, als Holgers Mutter ihren Jungen von hinten an den Schultern packte, zu sich riss, ohrfeigte und an den Haaren zurück in das Zimmer der Großmutter zog.

Am Abend des 8. Oktober ging es der Großmutter zunehmend schlechter. Weil sie immer wortkarger wurde, erzählte der Junge, dass etwas passiert sei, von dem er nicht genau wisse, was er davon zu halten habe, und da richtete sie sich, so gut es eben ging, im Bett auf und schaute ihren Enkel an. Holger zögerte. Die DDR habe gestern in ihre Verfassung geschrieben, sie wolle die Vereinigung nicht mehr, nein Blödsinn, verbesserte er sich, eigentlich seien nur die Begriffe „deutsche Nation" und „Deutschland" aus ihr gestrichen worden.

15. September 1985. Holger saß vor dem Tausendjährigen Rosenstock. Mit den Händen stützte er sich im Gras ab. Seine Beine ragten auf den gepflasterten Gehweg. Weil es seit Wochen nicht mehr geregnet hatte, spürte er, wie seine Handballen sich die ausgedörrten Halme einprägten. Das Material, dachte Holger, schreibt sich ein oder wird eingeschrieben. Als der Vierzehnjährige das Gewicht seines massigen Körpers nach vorn verlagerte, um die Innenflächen zu betrachten, erkannte er in Lebenslinien und Abdrücken das Geweih des Jägermeisterhirschs, was ihn sofort noch wütender machte, schließlich wollte er gar nicht hier neben seinen Mitschülern im Garten des Doms sitzen müssen und zuhören, wie sein Biologielehrer über Botanik sprach, sondern im Regionalzug nach Braunschweig, wusste er doch, dass die Eintracht, die letzte Saison abgestiegen war, auch in der zweiten Liga seine volle Unterstützung brauchte.

Die sprichwörtlichen Dornen der Rose, sagte der Lehrer, seien in Wirklichkeit Stacheln. Er trug eine Hose, die ihm nicht einmal bis über die Knie reichte, und Socken, die kurz vor ihnen abschlossen. Holger pflückte heimlich eine Hagebutte. Während er die eierförmige Frucht zwischen Daumen und Zeigefinger zerplatzen ließ, dachte Holger an eine Meldung, auf die er morgens in der *Hildesheimer Allgemeinen* gestoßen war, dieser Tageszeitung, die damit warb, Deutschlands älteste zu sein, was ihn, als seine Großmutter davon erzählt hatte, so sehr mit Stolz erfüllt hatte, dass er seitdem einen ernsthaften Berufswunsch verspürte. Schweinskopfsülze kauend hatte er jedenfalls gelesen, in Piräus stehe ein griechischer Kapitän vor Gericht, weil er vor der Küste Kenias elf Menschen misshandelt und über Bord geschmissen habe. Im Hafen Mombasas seien sie auf das Schiff geschlichen, um illegal nach Europa zu gelangen, und da hatte sich Holger an der Sülze verschluckt, vor lauter Gerechtigkeitsempfinden war sie ihm in die Luftröhre geraten, und nur das Einschreiten seiner Mutter hatte verhindern können, dass Holger vierzehnjährig an Aspik und Knochenmark verstarb.

Der Rosenstock habe 1945 bei der Bombardierung lichterloh in Flammen gestanden, sagte der Lehrer, ein Inferno sondergleichen sei das gewesen, die ganze Innenstadt aus Holz errichtet, da könne man sich ja vorstellen, wie das gebrannt und auch etwas so Altes und Edles nicht verschont habe. Er bückte sich, um unterhalb des Rosenstocks ein bisschen im trockenen Boden zu buddeln. Als ihm die Hose noch weiter die behaarten Beine hinaufrutschte, fing die Schulklasse zu kichern an. Holger wusste, dass Kichern nicht okay war, wenn jemand über brennende deutsche Städte sprach, obwohl Simone, die am lautesten lachte, dabei irgendwie süß aussah, das musste er zugeben. Es seien jedoch nur acht Wochen ins

Land gezogen, rief der Lehrer und hielt etwas Astähnliches in die Sonne, da habe der Rosenstock erneut mit zwei dutzend Trieben ausgeschlagen, man müsse sich das vorstellen, rief er, alles liege in Schutt und Asche, während der Rosenstock die Stunde Null einläute. Ob das etwa nicht symbolisch sei, rief der Lehrer und schwenkte den Trieb durch die Luft, aber Holger sagte nichts, er wusste, dass das eine rhetorische Frage gewesen war.

Dabei hätte er so gern etwas gesagt, hätte den Lehrer unterbrochen und an Richard von Weizsäckers Rede *Zum 40. Jahrestag der Beendigung des Krieges in Europa und der nationalsozialistischen Gewaltherrschaft* erinnert, die dieser am 8. Mai im Bundestag gehalten hatte. Es habe gar keine Stunde Null, sondern nur einen Neubeginn gegeben, hatte von Weizsäcker gesagt, bevor er von einer erzwungenen Wanderschaft von Millionen Deutschen nach Westen anfing. Holger ballte die Fäuste. Es empörte ihn noch immer, dass über das Schicksal der Vertriebenen gesprochen wurde, als habe man damals Wanderschuhe geschnürt, Brötchen geschmiert und sich mit lustigen Weisen auf den Lippen auf die Reise begeben. Dank seines Engagements im Studentenbund Schlesien wusste Holger, dass das nicht stimmte, mehr noch, er fand, dass von Weizsäcker nicht nur ein Lügner, sondern auch ein Deserteur war, im Krieg genauso wie als Staatsoberhaupt.

Der Vierzehnjährige hatte die Bilder von Bitburg noch genau vor Augen: Kohl, der einen schwarzen Mantel trug, und Reagan, der in Beige gekommen war, wie sie nebeneinander auf dem Soldatenfriedhof dastanden und der Waffen-SS gedachten, Hannelores Hut lobten, in einer Kneipe saßen; Kohl, der zwei kleine Biere bestellte. Holger verachtete all jene, die sich über das Gedenken des ehemaligen Schauspielers echauffierten, und das Einzige, was ihn wütender machte als das Lied

Bonzo Goes to Bitburg, war, dass der eigene Präsident drei Tage nach der kohlschen Kranzniederlegung zu feige gewesen war, in seiner Rede die Begnadigung Rudolf Heß' zu fordern, obgleich er diesen längst überfälligen Schritt zuvor geplant hatte. Free Rudi, dachte Holger, als der Lehrer davon zu sprechen anfing, die Erbanlage dieser Hundsrose habe sich seit tausend Jahren nicht verändert, weshalb sie immer exakt ein und dieselbe Pflanze geblieben sei. Sprossachsensystem, rief er, vegetative Vermehrung, rief er, Rankhilfen. Tausend Jahre, dachte Holger und ließ die Hagebutte in Simones Bluse rieseln.

Ein Jahr später, am 12. September 1986, stand Holger wieder vor dem Tausendjährigen Rosenstock. Er dachte daran, wie sehr er sich gefreut hatte, als in der Schule erzählt worden war, die Rose gehöre nun zum Unesco-Weltkulturerbe, obwohl er nach wie vor fand, sie sei eigentlich ein Naturerbe, aber ihn fragte ja niemand. In der linken Hand hielt er eine Flasche Bullenschluck, die rechte ruhte auf seinem Brustkorb. Holger wusste selbst nicht genau, was er hier tat, aber es schien ganz so, das konnte er nicht abstreiten, als würde er beten. Sein Blick war zu Boden gerichtet. Bitte mach, flüsterte er, dass wir gleich in Hannover, nein, Blödsinn, verbesserte sich der Fünfzehnjährige, dass wir in der verbotenen Stadt gewinnen. Er schaute hoch, der Rosenstock bewegte sich im Wind. Holgers Bauch zeichnete sich unter seinem engen Trikot ab. Eine Rose, dachte er, ist nicht immer eine Rose, eine Rose ist ja zum Beispiel auch ein Brombeerstrauch, ein Apfel- oder Mandelbaum. Und wenn nun die Familie der Rosengewächse für die Volksgemeinschaft stünde, dachte er, dann würde ein Niedersachse ebenso eine Gattung umreißen wie ein Kärntner, Thüringer, Elsässer; und ein Friese wäre nur eine Art in dieser Gattung, genau wie ein Harzer oder Hannoveraner. Er trank einen

Schluck, und während der Kräuterlikör ihm scharf auf der Zunge lag, fiel Holger auf, dass die Mandel nicht dazugehören konnte, weil sie nur so tat, als sei sie eine Blume, eine Beere, ein Obst, weil sie in Wahrheit ein Kern war, dachte Holger, ein Fremdkörper im Rosengarten, und dass so ein Mandelbaum sich deshalb auch nicht wundern dürfe, wenn er durch Einsatz von Sägen und Äxten ausgesondert würde.

Vierzehnjährig hatte Holger ein Interesse an Botanik entwickelt. Er hatte im Anschluss an den sonntäglichen Wandertag gelesen, dass das älteste und schwerste Lebewesen der Welt ein Baum war und dass dieser Baum eine Pappel und diese Pappel nicht bloß eine, sondern fünfzigtausend Pappeln waren. Irgendwo in Utah bildeten sie einen einzigen Organismus, sechstausend Tonnen schwer und über ein Rhizom miteinander verbunden. Alle sahen gleich aus. Und nun, da Holger also mit der Hand auf der Brust überlegte, ob er diese Pappel, die den Namen Pando trug, mit der Volksgemeinschaft vergleichen konnte, kam er zu dem Entschluss, dass eine Pappel niemals ein Rosengewächs sein würde, weil sie eben immer ein Weidengewächs bliebe, aber der Rosenstock war Pando in ihren vegetativen Merkmalen ähnlich, ja, er war sogar mehr als sie, eine richtige Kulturpflanze. Und wenn sich das Rhizom über die Alpen zöge, nein Blödsinn, verbesserte sich Holger, weil er wusste, dass es immer im Boden stecken bliebe (und aller Boden zu dem Rhizom gehörte, das ihn durchzog), wenn es also unter den Alpen hindurch nach Österreich gelangte, dachte er, könnte doch wieder etwas Tausendjähriges erblühen. Bitte mach, flüsterte Holger, während er den Rosenstock lang und ernst anschaute, dass Jörg Haider morgen zum FPÖ-Vorsitzenden gewählt wird. Erst im Verbund mit der Ostmark kann sich die Hundsrose über das rot unterwanderte Europa ausbreiten, dachte er, sie wird wachsen, und alle Deutschen werden endlich wieder ein Volk sein, um sich als Sprossachsenmacht den gebührenden Grund und Boden auf dieser Erde zu sichern. Und dann weisen wir den Blick nach dem Land im Osten, dachte Holger und setzte den Bullenschluck an seine Lippen.

18. Januar 1987. Weil sein Mofa wegen der Temperatur von −18° C nicht angesprungen war, quälte sich Holger auf dem Damenrad seiner Mutter den zugeschneiten Himmelberg hinauf. Seine Augen tränten. Im Flaum, der über seinen Lippen spross, gefror die Rotze, obwohl er immer wieder versuchte, sie mit der Zunge daran zu hindern. Um die Eröffnung der Reichsgründungsfeier noch mitzuerleben, musste er sich beeilen. Für einen Moment vergaß Holger, dass er kein Gas geben konnte, und als sich am Lenker nichts rührte, wurde er wütend, stieg aus dem Sattel und in die Pedale, bis endlich Alfeld im Tal auftauchte. Als er am Faguswerk vorbeifuhr, räusperte sich Holger, um das, was die Bronchien freigaben, auf den geräumten Gehweg zu spucken. Er wusste, dass die Fabrik nach einem Entwurf Walter Gropius' erbaut worden war, und er wusste auch, was er davon zu halten hatte. Einzig der Name der Fabrik gefiel Holger. Die Buche schien ihm ein Baum zu sein, der einen Platz im nationalen Gedächtnis verdiente, er fand, der hessische Kellerwald, in dem er sich letzten Herbst verlaufen hatte, müsse ebenso wie der Rosenstock zum Weltnaturerbe ernannt werden. Er dachte noch immer über die Befangenheit der Unesco nach, als er den Landgasthof erreichte, den Hans-Michael Fiedler für die Feierlichkeiten angemietet hatte.

Holger lernte den niedersächsischen NPD-Landesvorstand, Mitbegründer des Thule-Seminars und Initiator des Studentenbundes Schlesiens fünfzehnjährig auf einem Treffen des Unabhängigen Schülerbundes kennen. Fiedlers

Vortrag über *Das Deutschlandbild in den Schulbüchern* gefiel Holger so gut, dass er direkt im Anschluss zum Redner lief, um mit ihm über al-Chwarizmi und etwaige Lösungen des Problems zu diskutieren. Fiedler sagte daraufhin, er, Holger, sei im Denken schon viel zu weit fortgeschritten, um sich ausschließlich mit Gleichaltrigen abzugeben, die ja oftmals nicht einmal im Ansatz verstünden, woran der kommenden Volksgemeinschaft gelegen sei. Bevor Holger an diesem Abend nach Hause lief, wollte der Landesvorstand noch wissen, ob er schreibe, Zeitung oder so, und da fingen die Wangen des Fünfzehnjährigen zu leuchten an, nein, noch nicht, aber das wolle er, lispelte Holger, und Fiedler sagte, während er Zeigefinger und Daumen aneinander rieb, er solle bald mal etwas an *Nation und Europa* schicken, ein Kamerad, den er, Fiedler, sehr gut kenne, gebe das Organ heraus. Holger wusste, dass der berühmte Maler Salvador Dalí nicht nur Faschist, sondern auch der Meinung gewesen war, ein Künstler sei erst dann ein echter Künstler, wenn er mit seiner Kunst Geld verdiene, und selbst wenn es hier nicht um die brennende Giraffe über dem Sofa seiner Mutter ging, fühlte sich Holger, als beginne in diesem Moment so etwas wie der Rest seines Lebens.

Holger schloss das Fahrrad an einem Jägerzaun ab, obwohl er wusste, dass ein Dieb nur eine Säge gebraucht hätte, um den nächsten Streit mit seiner Mutter zu provozieren. Vorsichtig stieg er die Treppen zum Gasthof hinauf. Holger öffnete die Tür. Und noch während er darüber schimpfte, dass der Wirt nicht ausgiebig genug gestreut hatte, spürte er, dass irgendetwas nicht stimmte. Zwar roch der Schankraum bereits nach undefinierbar vielen Schnäpsen, von denen Holger hoffte, wenigstens bei einem handle es sich um Bullenschluck, aber es war ganz eindeutig zu still. Als Holger das Wort gedämpft dachte, fiel ihm auf, dass er noch gar nicht gefrühstückt hatte, sah er einmal von der halben Leberwurst nach Pfälzer Art ab, die er sich kurz hinter Hildesheim freihändig in den Mund gepresst hatte. Holger putzte seine beschlagene Brille. Als er sie wieder aufsetzte, erkannte er einige Kameraden der Jungen Nationaldemokraten, die sich um den Tresen drängelten und einander die Glatzen streichelten. In einer Ecke des Raumes standen Burschenschafter, deren Vollwichs und Schmisse dem Sechzehnjährigen etwas zu großspurig erschienen. Ihrer weiß-lindgrün-rosenroten Bänder und Mützen wegen nahm er an, dass sie zur Danubia München gehörten. Holger blickte an sich hinab. Er fand, dass ihn der nachtblaue Anorak, die ausgebeulten Jeans und halbhohen Adidas ziemlich langweilig aussehen ließen, aber das war okay, dachte Holger, weil er in diesem Moment bemerkte, wie sich in seinem Auftritt das Radikale mit dem Seriösen versöhnte. Im Eingangsbereich stehend, genoss Holger die eigene Wirkung, dann schlenderte er zum Buffet.

Er löffelte gerade Kartoffelsalat neben die Bockwürstchen auf seinem Teller und überlegte, ob die Köchin wohl Miracel Whip oder eine andere vollfette Mayonnaise verwendet hatte, als Fiedler von hinten eine Hand auf seine Schulter legte. Holger wollte gerade einen witzigen Spruch machen, da fiel ihm auf, wie ernst Hans-Michael guckte, so ein Blick am Reichsgründungstag!, dachte Holger und fragte mit vollem Mund, was eigentlich los sei. Ob er die Sache mit Bomben-Ingo noch nicht gehört habe, fragte Fiedler, und weil Holger einfach weiteraß, erzählte ihm Fiedler also die ganze Geschichte, erzählte, wie Ingo vor zwei Tagen wieder einmal eine Bombe gebaut habe, um sie auf dem Kerstlingeröder Feld in die Luft zu jagen, doch dazu sei es nicht mehr gekommen, weil die Kohlensäure-Patrone, in die Ingo seinen Sprengsatz diesmal gefüllt habe, bereits explodiert sei, bevor er sie aus dem Fenster seines Kinderzimmers in den elterlichen Garten habe hieven können. Fiedler erzählte, er selbst habe in letzter Zeit immer wieder gesagt, der Junge übertreibe, und dass Bombenbauen zwar wichtig, der Ingo aber ein regelrechter Pyromane geworden sei, weshalb er, Fiedler, ihn, Ingo, ja auch öfters aus seinem Partei-büro geschmissen habe; erzählte, wie die Feuerwehrmänner alles, was von Ingo übrig geblieben sei, von der Reichskriegs-flagge über seinem Bett hätten abschaben müssen, und dass einer von ihnen gesagt habe, so einer müsse sich nicht wun-dern, um so einen sei es nicht einmal schade.

Holger fühlte mit einem Mal, wie flau sein Magen, wie leer sein Kopf war. Das Rhizom seiner Aktivitäten, das in den letzten zwei Jahren bis Göttingen gewachsen war, hatte einen Trieb verloren, aber es würde erneut ausschlagen, daran zwei-felte Holger nicht. Als Fiedler ihn später an seinen Tisch einlud und mit einem Kameraden über Horst Wessel zu sprechen be-gann, dachte Holger, irgendwer müsse mal ein Lied schreiben, das davon handle, dass nur die Besten jung sterben. Doch er ließ den Gedanken fallen, weil sich alle um ihn herum erhoben. „Aus der Väter Blut und Wunden wächst der Söhne Helden-mut", intonierte eine Gruppe Alter Herren die letzte Strophe des Niedersachsenlieds, woraufhin der ganze Schankraum ein-stimmte: „Niedersachsen soll's bekunden für die Freiheit Gut und Blut. Fest wie unsre Eichen halten allezeit wir stand, wenn Stürme brausen über's deutsche Vaterland."

Am 3. März 1994 wartete Holger vor dem Thega-Filmpalast auf zwei Kameraden von den Jungen Nationaldemokraten, deren Vorsitzender er inzwischen war. Er griff seinen Flachmann, in den er vorhin eine halbe Flasche Bullenschluck gekippt hatte, aus der Manteltasche, schraubte ihn auf und legte den Kopf in den Nacken. Feine Regentropfen fielen auf seine Brille. Die

Schlange am Ticketschalter reichte bis auf den Vorplatz. Er spürte, wie die Verachtung, die er für diese Leute empfand, in seinem Brustkorb brodelte, nein, Blödsinn, verbesserte er sich, weil er wusste, dass es weniger diese Volksverräter als Steven Spielbergs Filme waren, die er hasste, was daran lag, dass er sich sechsjährig im Filmpalast verlaufen hatte. Nach dem Pinkeln war er nämlich nicht zu *Schneewittchen und den sieben Zwergen* zurückgekehrt, sondern in einen Saal, über dessen blaue Leinwand gerade eine Frau schwamm. Hinter ihr tauchte aus dem Wasser ein Dreieck auf, und was dann passierte, fand Holger so furchtbar, dass ihm Variationen dieser Szene fortan im Schlaf begegnen sollten.

Als seine Kameraden im Stechschritt auf ihn zumarschierten, dachte er, sein kindlicher Hass sei gewissermaßen prophetisch gewesen. Eine Weile standen sie noch im Nieselregen von Hildesheim, und während Holger den beiden seinen Bullenschluck anbot, kamen sie auf *E. T.* zu sprechen, diesen Film, den Holger natürlich nie gesehen hatte, den seine Kameraden aber nun in den höchsten Tönen zu loben anfingen. Er habe auch immer so ein Fahrrad mit Korb gewollt, sagte der eine, und der andere fügte hinzu, die Plakate der zwei Spielbergstreifen seien schon sehr ähnlich, beide Male reiche ein Mensch seine Hand jemand anderem, mit dem Unterschied, dass diesmal eine Mädchenhand und nicht der leuchtende Finger eines Außerirdischen sie ergreife, aber *E. T.* trage ja durchaus auch menschliche Züge, er wolle nach Hause, Heimat und so, sagte der eine Kamerad, und der andere sagte, am deutlichsten werde dieser Heimataspekt in der Halloween-Szene, wo sich E. T. als Yoda von *Star Wars* verkleide, da wisse jeder, dass der Film in der Wirklichkeit spiele, gerade weil Yoda nicht echt sei, aber *E. T.* eben schon, und darum, der Kamerad machte eine Kunstpause, wolle er davon sprechen, dass E. T. eigentlich ein

Mensch sei, aber da schlug Holger mit der Faust in die hohle Hand, sie seien politische Soldaten, schrie er, was den beiden einfiele, zu behaupten, Juden seien Menschen von einem anderen Stern, das seien überhaupt keine Menschen, schrie Holger, und sofort drehte sich die Schlange so geschlossen nach ihnen um, dass die drei Kameraden verstummten.

Auf der Leinwand entließ eine Lokomotive ihren Dampf in eine schwarzweiße Landschaft. Holger stopfte sich eine Handvoll Popcorn in den Mund. Und wie er also im Sitz versank und mit der Zunge versuchte, Maisrückstände aus seinen Backenzähnen zu schieben, setzte plötzlich eine Melodie ein, die er kannte: „Im Grunewald, im Grunewald ist Holzauktion", hörte er eine Männerstimme singen, und während die SS-Offiziere auf der Leinwand rhythmisch zu klatschen anfingen, und mit ihnen der Mann, der im Zimmer neben seiner Großmutter gestorben war, nahm Holger nicht länger wahr, was vor seinen Augen ablief, bis schließlich auch die Männerstimme verklang, ersetzt wurde durch seine eigene, die dreijährig sang: „Meine Oma fährt im Hühnerstall Motorrad", und seine Großmutter, die ihren Kochlöffel nach Art eines Dirigentenstabs bewegte, die sich freute über ihn, den dreijährigen Holger, der sang und um sie herumsprang, darauf wartend, dass die Schweinekoteletts gar wurden. Holger schloss die Augen und sah noch einmal, wie sie vom Stuhl fiel, als der Ehebrecher Schindler auf einem Tretroller vor dem Fenster vorbeifuhr, und sich selbst, das Kind im Krankenhaus, das glaubte, der Unfall der Großmutter sei seine Schuld. Dabei war es doch Schindlers Schuld gewesen, der nun auf der Leinwand lächelte, weil die Großmutter sich niemals hätte ablenken lassen, hätte Ami ihren Mann Heinrich und nicht Schindler durch die Gegend gefahren. Holger sah nicht, wie ein Wehrmachtssoldat die Locken eines Juden mit dem Bajonett abschnitt, sah auch nicht, wie der Soldat sich das Haar auf Höhe der Schläfen unter die Käppi schob, sah stattdessen, wie er selbst am 9. Oktober 1974 im leeren Krankenzimmer der Großmutter stand und sein Zorn so groß wurde, dass er die Hand seiner weinenden Mutter losließ, um zuerst auf den Flur und von dort in das benachbarte Zimmer zu schleichen, wo Schindler seit Tagen im Koma lag. Und dann sah er noch einmal, wie er sich dreijährig auf die Zehenspitzen stellte und ihm den Schlauch aus dem Mund zog, von dem er wusste, dass er Endotrachealtubus hieß.

Holger wusste nichts mehr. Das heißt, manche Dinge wusste er schon noch. Dass sein Kopf schmerzte, weil das Gehirn dehydriert gegen die Schädeldecke drückte. Dass er aufstehen sollte, um zwei Aspirin in ein Glas mit Leitungswasser zu werfen. Dass er seit dem 29. Dezember 2012 zweiundvierzig Jahre alt war. Gerade ein Mann in seinem Alter müsse mitunter bis zum Vergessen trinken, fand Holger, galt es doch noch immer die Idee zu widerlegen, ein Gedanke, der einmal gedacht worden sei, könne nicht mehr zurückgenommen werden. Das Laken, auf dem sein Körper ruhte, fühlte sich klamm an. Während Holger langsam die Bettdecke von seinem Bauch zog, dachte er daran, wie sie diesen Witz jeden Freitag bei der Schülerzeitung gemacht hatten, bevor mit jugendlichem Leichtsinn, nein, Blödsinn, mit heiligem Ernst der Kräuterlikör vernichtet worden war. Im Aufrichten wuchsen vor seinen Augen schwarze Löcher, die erst wieder verschwanden, als Holger seine Lider schloss. Eine Weile blieb er auf diese Weise sitzen und war froh, die senfgelben Vorhänge nicht sehen zu müssen, die seine Frau bei Ikea gekauft hatte und deren Farbe seinen Appetit jeden Morgen so anregte, dass er gar nicht anders konnte, als auf direktem Weg zum Kühlschrank zu eilen und sich eine Stulle zu schmieren. Sein Kreislauf beruhigte sich. Holger griff nach seiner Brille, stieg von der Matratze und schlüpfte in eine Unterhose.

Obwohl noch nicht einmal Mittag, schien ihm die Luft in der Küche bereits sehr stickig zu sein, was daran liegen musste, dachte Holger, dass August war. Er drehte den Wasserhahn auf. Die Leitung gab ein Röcheln von sich, dann floss ihm das Wasser angenehm kühl über die Hände. Durch die Oberlichter drangen Sonnenstrahlen und teilten den Küchentisch in zwei Hälften. Wie er barfuß auf dem Linoleum stand und den Brausetabletten bei ihrer Zersetzung zusah, versuchte Holger, den gestrigen Abend zu rekonstruieren, doch wollte ihm einfach nicht einfallen, was genau auf dem Dorffest in Hanau passiert war. Hanau?, dachte Holger und schlug sich mit der flachen Hand gegen die Stirn, ganz so, als könne er dadurch die Chronologie seines Suffs wieder ins Lot bringen, oder zumindest eine Erklärung dafür finden, dass er sich hier alleine in seiner Wohnung befand. Aber war das überhaupt Sachsen? Holger blickte aus dem Fenster. Erleichtert stellte er fest, dass sie noch da war, die Nudelfabrik von Riesa, von der er wusste, dass sie ausschließlich regionale Produkte verarbeitete, bevor sie als Glöckchen, Hörnchen und Hütchen ihre jeweilige Form fanden. Die Elbe floss in Richtung Nordsee. Am Himmel war keine einzige Wolke zu sehen. Hanau, Hahn auf, das sind die weißen Flecken der Nacht, dachte Holger sinister und leerte das Glas mit einem Schluck.

Er öffnete den Kühlschrank und stellte fest, dass er verwaist war. Weil Holger aber wusste, dass es immer eine Notration Würstchen gab, wollte er gar nicht so genau wissen, warum seine Frau nicht eingekauft hatte. Sondern eigentlich nur, wo sie nun gerade war. Deutschländer, dachte er, vereinen das Beste von allen deutschen Würstchen in sich, sie sind knackig wie Wiener, würzig wie Frankfurter und zart wie Bockwürstchen. Allerdings wunderte sich Holger oft, dass die dicken Deutschländer nicht ganz so gut schmeckten wie die langen, dünnen. Und wie er darüber nachdachte, ob das vielleicht am Saitling liege, fiel ihm ein, wie er einmal im niedersächsischen Scharzfeld eine ganze Rede auf einer Wurstmetapher aufgebaut hatte, um sie auf den Satz enden zu lassen: „Aus einer Türkensalami wird auch dann kein Deutschländer-Würstchen, wenn sie lange in einem deutschen Kühlschrank liegt."

Einmal das Erdreich der Erinnerung aufgebrochen, wollte Holger nun alle Kartoffeln daraus hervorholen, und dachte also daran, wie er fünfzehnjährig einen Aufsatz (*A rose is a rose is an apple — Am rhizomhaften Wesen mag der Volkskörper genesen*) an *Nation und Europa* geschickt hatte; daran, wie der Herausgeber ihn ablehnte; der Text sei voll schiefer Vergleiche, enthalte zu viele Adjektive und kreise insgesamt um ein leeres Zentrum, ließ er ausrichten, woraufhin sein Kamerad Fiedler ihn an den *Komet* weiterreichte, eine Schülerzeitung, die sich von der Prosa begeistert zeigte, ja, die Redaktion lud ihn sogar nach Göttingen ein, wo er nicht nur Freundschaft mit Bomben-Ingo schloss, sondern auch die ehemalige Redakteurin Jeanette Matin fortan öfters auf ein Bier traf. Einmal, als sie über das leere Zentrum von *A rose is an apple* sprachen, sagte sie, der Herausgeber urteile nicht nur falsch, er habe schlichtweg das Wesen des Faschismus nicht verstanden. Dann empfahl sie Holger den Besuch des Thule-Seminars, dort lerne man viel über Runen, ob er etwas für Runen übrig habe, wollte sie wissen, ja, Runen seien klasse, lispelte Holger, bevor sie diskutierten, ob nicht der Egalitarismus in seinen verschiedenen Varianten eine Hauptursache für die tiefe Dekadenz der modernen Welt sei. Ein anderes Mal riet Jeanette ihm, sich in Fiedlers Studentenbund zu engagieren, und weil Holger seit Simone kein Mädchen mehr so hübsch gefunden hatte, befolgte er ihre Ratschläge, obwohl er wusste, dass seine Chancen wegen des Altersunterschieds von zehn Jahren eher gering waren.

Holger holte ein Töpfchen Bautz'ner Senf aus dem Vorratsschrank und schraubte das Einmachglas auf. Er goss das Wurstwasser ab und erinnerte sich daran, wie Fiedler ihn auf der Reichsgründungsfeier bei den Jungen Nationaldemokraten eingeführt hatte, wie er nach dem Abitur 1991 von seinen neuen Kameraden zum stellvertretenden Vorsitzenden ernannt worden war, wie er zeitgleich eine Lehre zum Verlagskaufmann begonnen hatte, um fünf Jahre später die *Deutsche Stimme* zu übernehmen und pünktlich zum neuen Jahrtausend ihr Chefredakteur zu werden. Er dachte an seinen Umzug nach Riesa im Sommer vor dreizehn Jahren, als der Freistaat Sachsen wie eine zu bestellende Ackerkrume vor ihm gelegen hatte. Holger tunkte ein Würstchen in den Senftopf und ärgerte sich noch einmal darüber, dass die Straße, in der er bis 2009 sein Büro gehabt hatte, in Geschwister-Scholl-Straße umbenannt worden war. Ohne es zu wollen, musste er erneut an Jeanette denken, daran, wie er sie 2004 auf der Wahlparty wiedergetroffen hatte, als seine Kameraden und er mit zehn Prozent in den sächsischen Landtag einzogen, Jeanette, die inzwischen in die CDU eingetreten war, ein Fakt, der nichts am Zauber dieser Nacht hatte ändern können, davon war Holger überzeugt, schließlich erinnerte er sich noch an jeden ihrer bierseligen Blicke; ein Zauber, der ein paar Tage später nur davon übertroffen wurde, dass drei von Jeanettes Parteifreunden ihrem Ministerpräsidenten die Gefolgschaft verweigerten, um für Holgers Kameraden Uwe zu stimmen. Ach, Uwe, dachte Holger und wurde traurig, weil ihm einfiel, wie Uwe, der ja selbst als Fahrlehrer gearbeitet hatte (der perfekte Beruf, dachte Holger, um den Kontakt zur deutschen Jugend nicht zu verlieren), im August 2006 frontal mit einem Lastwagen kollidiert war. Am nächsten Tag hatte Holger eine Nachricht an Jeanette verfasst, die nichts weiter enthielt als einen Doppelpunkt und eine sich öffnende Klammer, Satzzeichen, von denen Holger schon damals wusste, dass auch sie in ihrer Kombination einen Smiley ergaben.

Und dann vibrierte sein Smartphone. Als er auf das Display blickte, las Holger, in Gedanken noch immer bei Jeanette, den Namen, unter dem er seine Frau im Telefonbuch abgespeichert hatte. Dahinter ein von ihm aufgenommenes Foto, das sie mit ihren vier Kindern zeigte. Seine Frau, die er 2002 während eines JN-Treffens kennengelernt hatte. Seine Frau, die sich achtzehnjährig sofort in ihn verliebt hatte, weil er als Vize-Vorsitzender so intelligent und weltmännisch aufgetreten war. Während das Smartphone allmählich auf die schattige Seite des Tisches geriet, dachte Holger, dass er es gewesen war, der sie aus dem Auswahlprogramm *Die Astronautin* des Deutschen Zentrums für Luft- und Raumfahrt losgeeist hatte, um aus ihr das zu machen, was sie bis letztes Jahr gewesen war, die Führerin des Rings nationaler Frauen. Und trotzdem hatte sie ihn vor einem Jahr verlassen und dem Gespött seiner Kameraden ausgeliefert, nur um sechs Wochen später doch zu ihm zurückzukehren. Holger spürte, wie ihm Tränen in die Augen stiegen. Auch wenn er nicht mit Sicherheit sagen konnte, ob seine Frau ihn gerade erneut verriet, fühlte er tief im Innern ihre Illoyalität, und fing also an, den stilisierten Telefonhörer auf seinem Display nach rechts zu schieben, was ihm jedoch wegen seines senfbeschmierten Fingers nicht gelang, immer wieder tat das Saphirglas so, als nehme es Holgers Berührungen nicht wahr. Nach dem dritten Versuch legte seine Frau am anderen Ende der Leitung auf. Nur weil er wusste, dachte Holger und wischte sich mit den Handballen die Wangen trocken, worin sich ein

Satellit und ein Fernmeldekabel unterschieden, hieß das noch lange nicht, dass er deshalb auch in diesem Bewusstsein denken, geschweige denn sprechen musste. Er dachte, es sei ja noch schöner, wenn alles Wissen um die Welt zu ein und derselben Handlung führe. Dann stand er auf, wankte zum Spülbecken und ließ etwas Fairy Ultra in seine Hand tropfen. Im Innern der Wand röchelte es erneut. Holger trocknete sich die Hände und rief seine Frau zurück, die abnahm, noch ehe das erste Freizeichen ertönte.

„Weißt du, Schatz, ich mein, sogar die Elbe könnte täuschen."

(...)

„Jede Nudel der Welt kann es."

„Holger?"

„Ja, also, ich will wissen, wo du bist."

(...)

„Du bist nicht hier, aber das bist du ja sonst, und ich weiß nicht"

„In Hanau."

„Ich weiß nicht, wie ich nach Hause gekommen bin."

„Du wurdest gefahren."

„Die ganze Strecke von Hessen aus?"

(...)

„Was ist denn passiert?"

„Du hast dich aufgeführt wie damals auf dem Sommerfest in Gröditz."

„Ich bin nach Riesa zurückgetrampt?"

„Nein, der Faust hat dich gefahren."

„Matthias?"

„Holger, du hast es wieder getan."

„Getan? Was denn?"

„Was du schon in Gröditz gemacht hast."

„Du weißt, dass ich nicht mehr weiß, was in Gröditz passiert ist."

(...)

„Ich war doch rotzedicht!"

„Und an gestern?"

„Rotzedicht!"

(...)

„Schatz?"

22. Dezember 2013. Holger war ins Erz hinabgefahren. Dorthin also, wo Sachsen ihn und seine Familie noch in Ruhe ließ, wo sie auf dem Vorsprung eines Brunnens sitzen und an Paradiesäpfeln knabbern konnten, ohne dass irgendwer Kenntnis von ihnen nahm. Drei Tage waren ins Land gegangen, seit Holger seinen Rücktritt als NPD-Bundesvorsitzender und Fraktionsführer im sächsischen Landtag verkündet hatte. Ihm wurde immer bewusster, wie müde ihn die innerparteilichen Auseinandersetzungen gemacht hatten, wie sehr ihm die Kraft fehlte, dauerhaft gegen Nachreden anzukämpfen. Er wusste, dass man neudeutsch Burnout dazu sagte, was aber auch nur bedeutete, dass seine Vertreibung abgeschlossen war. In einer Woche würde er dreiundvierzig Jahre alt. Holger biss in den kandierten Apfel.

Orkanartige Böen zogen über den Marktplatz von Annaberg-Buchholz. Am Glühweinstand, den Holger mit klebrigen Lippen nicht aus dem Blick ließ, löste sich ein Tannenzweig und wirbelte eine Weile über das Kopfsteinpflaster, bevor er vor seinen Füßen liegen blieb. Zweiundvierzig, dachte Holger und überlegte, ob er seinen Kindern die Geschichte des Brunnens erzählen sollte, auf dessen kaltem Stein sie hin und her rutschten, obwohl ihre Mutter ihnen am Morgen lange Unterhosen rausgelegt hatte. Das Denkmal Barbara Uthmanns, von der Holger wusste, dass man sie auch die gütige Fee des Erzgebirges nannte, weil sie ihren zu kleinen Fingern zum Trotz das Klöppeln kapitalisiert hatte, und das sich seit 2002 wieder im Mittelpunkt des Brunnens befand, war drei Jahre vor der vermeintlichen Befreiung eingeschmolzen worden, was daran lag, dass sein Schöpfer Robert Henze es aus Bronze gegossen hatte und die Regierung davon ausgegangen war, sie könne den ihr aufgezwungenen Krieg noch gewinnen, sobald Uthmann mit allen demontierten Bismarcks und Wilhelms verschmolzen sei. Holger fand, die *Verordnung zum Schutz der Metallsammlung des deutschen Volkes* habe nicht umsonst die Todesstrafe für all jene angedroht, die sich aus Geiz dem großdeutschen Freiheitskampf entziehen wollten. Ein ganzes Volk hatte sich wirtschaftlich verausgabt, um seinen Besitz nicht nur im übertragenen Sinn Munition werden zu lassen. Holger stellte sich die Hitlerjungen vor, wie sie in ihren weißen Socken und mit Alditüten in den Händen von Haus zu Haus spaziert waren, beinah so, dachte er, als sei die Metallsammlung das deutsche Äquivalent zu Halloween gewesen. Doch als er sich erinnerte, wie warm ihm ums Herz geworden war, als er in *Triumph des Willens* die HJ zum ersten Mal auf Flöten hatte spielen sehen, realisierte Holger, dass sein Gedanke in Anbetracht der Umstände problematisch wirkte, dass er vielleicht nie wieder so über die deutsche Jugend würde schwärmen dürfen wie bisher. Holger dachte noch einmal an Henze, den er für einen bedeutenden Bildhauer hielt, und war sich augenblicklich sicher, dass der es begrüßt hätte, seine Arbeiten im Hochofen des Endsiegs aufgehen zu sehen, schließlich hatte Henze auch die Germania entworfen, diese Plastik, die erst 1949 vom Dresdner Altmarkt entfernt worden war, nachdem ihr nicht einmal die Nacht des 13. Februars etwas hatte anhaben können.

Holger drehte sich zu seinen Kindern, merkte dabei aber, wie schlecht es ihm ging und dass er gar nicht sprechen wollte, weder von Geschichte noch vom Zweig der Nordmann-Tanne, den er mit der Sohle seines Schuhs daran hinderte, davonzufliegen. Dabei hätte er gern erzählt, dass diese Tanne zur Familie der Kiefern gehöre und dass sie aufgrund ihrer Pfahlwurzeln besonders sturmfest sei. Stark und standhaft wie ein Nordmann, dachte Holger und nagte das letzte Stück Apfel vom Stiel, den er hinter sich in den Brunnen fallen ließ. Dann holte er zum ersten Mal an diesem Sonntag sein Smartphone aus der Anoraktasche. Als er die Timeline hinabzuscrollen begann, stand seine Frau auf und sagte, sie trinke jetzt mit den Kindern einen Kinderpunsch, es sei ja wirklich kalt heute, sie könne später auch fahren, ob er nicht, aber da schüttelte Holger schon den Kopf, weil er auf Facebook ein an ihn adressiertes Posting las, der einzige Rat, stand dort, den man ihm noch gebe, bestehe aus einer Pistole und exakt einer Patrone. Ausrufezeichen. Eine Weile starrte Holger auf das Display, dann sah er zu seiner Familie hinüber, die sich bereits am Glühweinstand drängelte. Ob es selbstironisch wäre, überlegte er, wenn er dem Michael, NPD-Bundestagskandidat aus Sachsen-Anhalt, ein Like daließe, doch gerade als er den ausgestreckten Daumen drücken wollte, erschien auf dem Display eine Nachricht von Jeanette, er müsse jetzt stark sein, schrieb sie unter einem Link, den Holger sofort öffnete: „Schon ein Parteivorsitzender mit Sprachfehler ist an sich ein Unding; man übersieht es aus Höflichkeit, muß aber darüber sprechen, wenn der bedauernswerte Betroffene unversehens um sich schlägt. Ist ein Parteivorsitzender wirklich ein so gutes Aushängeschild für uns, der während unserer Auftritte bei der Deutschlandfahrt demonstrativ abseits steht und fortwährend mit pummeligen Fingerchen auf seinem Mobiltelefon herumtippt?"

Doch Holger kannte diesen Auszug aus einer Mail Karl Richters, er hatte ihn bereits im Oktober gelesen, als ihr Konflikt in aller Öffentlichkeit eskaliert war. Er verachtete Richter, seit der ehemalige Danube einmal gesagt hatte, auch wegen logopädieresistenter Typen wie ihm habe der Führer seinerzeit die Euthanasie eingeführt. Später war Richter dann Chefredakteur bei *Nation und Europa* geworden, eine Personalie, von der Holger fand, sie habe auf nichts als burschenschaftlichem Klüngel beruht. Und als er miterleben musste, wie Richter am 19. September 2004, diesem großartigen Tag für alle Deutschen, die noch Deutsche sein wollen, nicht nur zum wissenschaftlichen Berater der sächsischen NPD-Landtagsfraktion ernannt worden war, sondern er ihn kurz darauf auch noch als Statist im Kinofilm *Der Untergang* sah, war Holger so aus seiner Haut gefahren, dass Richter gar nicht die *Deutsche Stimme* hätte übernehmen müssen, was er 2008 zu allem Überfluss zusätzlich tat, um endgültig sein ärgster Feind zu werden.

Wie die Definitionen sich ins Gehege kommen, dachte Holger, Waldränder mit Schnee. Der Gebirgswind rüttelte an ihm und seiner Familie; er wusste, dass sie hier nicht bleiben konnten, nicht im Erz und auch nicht in Sachsen, sie würden dieses Land verlassen müssen und in eine Exklave gehen, in das siebzehnte Bundesland, dachte Holger, dorthin, wo er seit Jahren seinen Sommerurlaub verbrachte.

Am Vormittag des 12. November 2016 hockte Holger auf dem Klo seiner Kneipe und hielt die *Frankfurter Allgemeine* fest in beiden Händen. Die Kabine war so klein, dass er sich mit den Füßen an der gegenüberliegenden Wand abstützen konnte. Seit er vor dreieinhalb Jahren die Maravillas Stube in einem Vorort von Palma eröffnet hatte, fand Holger, es sei noch wichtiger als früher, gut darüber informiert zu sein, was in der Heimat geschah. Ihm kam es mitunter so vor, als gehe er nun ausschließlich zu Fuß, anstatt hin und wieder auch mal den Bus zu nehmen, als dehne sich die Distanz, die ihn vom Vaterland trennte, mit jedem Tag weiter aus, als verliere er allmählich den Bezug zum Volk.

Die Vogelgrippe, die sich auf der ersten Seite und im Norden der Republik ausbreitete, interessierte ihn auch, weil viele seiner niedersächsischen Freundinnen Hühner hielten. Besorgt warf Holger den Hauptteil auf die Fliesen, die früher einmal weiß gewesen sein mussten. Im Sport brachte die FAZ einen Artikel über San Marino, deren Fußballmannschaft am Tag zuvor von der deutschen besiegt worden war. Zwergstaaten, dachte Holger, sind die Furunkel am Arsch der europäischen Geschichte. Dann ließ er die Zeitung sinken, um mit der rechten Hand hinter sich zu greifen. Die Spülung machte ein halbherziges Geräusch.

Als er sich wieder auf seine Lektüre konzentrierte, las Holger, der große Borusse Alfred Schmidt sei gestorben, ein Spielertyp, von dem er fand, dass es ihn heute so gar nicht mehr gab, immerhin hatte Aki als gebürtiger Dortmunder die gesamte Karriere bei seinem Verein verbracht. Und dann passierte es. Noch während der Sportteil ausgefaltet zu Boden sank, schlug Holger das Feuilleton auf, sah in das Gesicht Ilse Aichingers und erschrak. „Ein junges intelligentes jüdisches Mädchen", stand dort, „eine der besten Dichterinnen des nicht nur kurzen, sondern unseligen zwanzigsten Jahrhunderts." Niemand kann von mir verlangen, daß ich Zusammenhänge herstelle, solange sie vermeidbar sind, lispelte Holger in die Leere der Klokabine und erinnerte sich, wie er sechsjährig *Schlechte Wörter* gelesen hatte, zu einer Zeit, in der die Klassenkameraden nicht einmal das Alphabet fehlerfrei aufsagen konnten, erinnerte sich also, wie er dagesessen hatte, die Hände unter dem Pult, gleichermaßen schockiert und beseelt von dem, was er las: „Die wenigsten können sich wehren. Sie kommen zur Welt und werden sofort von alledem umgeben, was sie zu umgeben nicht ausreicht. Ehe sie den Kopf wenden können, werden ihnen, begonnen bei ihrem eigenen Namen, Bezeichnungen zugemutet, die nicht zutreffen." Obwohl Holger die Fäuste in den Taschen und die Untergänge bei sich selbst ließ, waren ihm schon damals erste Zweifel an Ilse gekommen, die ja auch schrieb, sie gebrauche die besseren Wörter nicht mehr, und dass ihre Einfälle gar nicht die ihren seien, weil sie sonst anders hießen. Meine Ausfälle kann es heißen, aber nicht meine Einfälle. Der sechsjährige Junge hatte schon damals gewusst, dass das Blödsinn war, schließlich ging es darum, die Dinge möglichst genau zu benennen, sogar dann, wenn man sich dafür selbst widersprechen musste.

Während Holger die Zeitung quer und längst zu falten begann, erinnerte er sich, wie er nach zwanzig Jahren des Zweifelns die Rede zum Großen Österreichischen Staatspreis gelesen hatte, und wie ihm damals erst klar geworden war, dass Aichinger in *Schlechte Wörter* gelogen hatte. „Es wird immer um Genauigkeit gehen", hatte sie nun nämlich gesagt, fast so, dachte Holger, als habe sie sich bei ihm entschuldigen wollen. Aber dafür war es 1996 ohnehin zu spät gewesen, weil er bereits erfahren hatte, was Ilse von ihrem Urgroßvater hielt, der ja für die Eisenbahn als Stationsvorstand eines kleineren und unbekannten Ortes gearbeitet hatte. Die FAZ war inzwischen nicht größer als ein Taschenbuch. „Eine U-Bahn, eine U-Bahn bauen wir, von Hannover bis nach Auschwitz, eine U-Bahn bauen wir", sang Holger leise, während er sich das Feuilleton zwischen die Beine schob.

Und wie er dann die Kabinentür entriegelte, die Klinke

drückte und hinaus in die Herrentoilette trat, sah er mich, der ich am Pissoir stand, wo mir die ersten San Miguel so kraftvoll aus dem Körper sprudelten, als habe man ein Loch zwischen meine Lenden geschossen. Als sich unsere Blicke trafen, nickte er mir zu. Holger, der Profi. Das, was von der Zeitung übrig war, klemmte zusammengerollt in seiner Achselhöhle. Er drehte den Wasserhahn auf und wusch sich die Hände. Andächtig lauschten wir dem Plätschern des Wassers. Nachdem er fort war, knöpfte ich den Reißverschluss meiner Levi's zu.

Im Außenbereich der Maravillas Stube widmete sich Nils bereits seinem Schnitzel, als Holgers Kellner zwei neue Biere brachte, die ich im Vorbeigehen bestellt hatte. Vornehm trug er sie auf einem Tablett vor sich her. Sein Gesicht sah so eingefallen aus, als habe Hochprozentiges sechzig Jahre lang alle Körpersäfte absorbiert. Welk hingen die grauen Haare im Wind, der vom Mittelmeer zu uns hinüberwehte. Aber klar, dachte ich, was hätte der Ballermann auch anderes sein können als ein Gnadenhof für alkoholkranke Kameraden. Ich gähnte, ohne mir die Hand vor den Mund zu halten, ein herzhaftes Gähnen. Dann hielt ein Transporter der Metzgerei Ca'n Claus auf der menschenleeren Carrer de Marbella. Und während wir auf paniertem Schwein herumkauten und kistenweise Nachschub an uns vorbeigetragen wurde, setzten sich zwei ältere Frauen an einen der Tische neben uns. In ihren weißen, knöchellangen Strandkleidern, wirkte ihr Teint brauner, als er eigentlich war. Es dauerte nicht lange, da sprachen die beiden über die Präsidentschaftswahlen. Die Melania, sagte die eine, sei nicht nur die hübscheste First Lady aller Zeiten, sie sei auch die dümmste. Als ihnen der Kellner zwei Weizen servierte, unterbrach die eine die andere, um ein Impulsreferat über Feminismus zu halten, das Nils und mich weitgehend überzeugte, aber ihre Freundin wollte einfach nicht einsehen, wie man mit einem Mann verheiratet sein konnte, der schon längst, wenn ich sie da richtig verstand, seine eigene Tochter gefickt hätte, wäre das gesellschaftlich nur ein klein bisschen akzeptierter.

Seit drei Tagen hatte ich nicht geschlafen. So lange war es her, dass Enis und ich die Nacht durchgemacht hatten, um auf dem Sockel des Teddy-Thälmann-Denkmals eine erste Push-Meldung zu erhalten, Trump, lasen wir, liege nach den bislang ausgezählten Staaten vorn, ehe wir im Morgengrauen und mit Blick auf das Brandenburger Tor in einer Starbucks-Filiale von seinem Sieg erfuhren. Alles kalter Kaffee, hörte ich Enis sagen, dann stiegen wir schon die Treppen zu den Toiletten hinab. Später am Tag spürte uns Ben im Gesundbrunnen-Center auf, und so fuhren wir gemeinsam weiter zur nächsten Mall, wo er uns, die wir an schalen Sternburgs hingen, in einen Dschungel aus Plastikblumen führte. Doch weil Enis und mich selbst die floristische Sterilität des Dong Xuan Centers nicht besänftigen konnte, griff Ben zum iPhone: „ich hasse Betroffenheit", schrieb er in ein ohnehin schon aufgeregtes Internet hinein, und da fiel mir auf, dass das stimmte, seit gestern hatte sich überhaupt nichts verändert, was vielleicht daran lag, dachte ich, dass alles immer erst dann losgeht, wenn das eigene Hirn runter- und wieder rauffährt. Erstmal eine Nacht drüber schlafen, dachte ich und wurde sofort sehr ängstlich, weil ich mir vorstellte, wie mich der Schlaf anfiele und ich erst durch ihn meine Einwilligung zu den Dingen gäbe, die passiert waren. Schlaf, dachte ich, ist auch nur ein Vertragsschluss mit der Wirklichkeit, dann kauften wir allerlei Plastik und tranken Fanta, und Ben erzählte uns von den bevorstehenden Wahlen in Liechtenstein.

Wir wollten gerade die Schnapsauswahl studieren, da klärte uns die Karte darüber auf, dass Holger befugt sei, ein Kräuterdiplom auszustellen, ein Gast, so lasen wir, müsse nur achtzehn Schnäpse trinken, um vom Verein zur Pflege der edlen Kräuter das Diplom verliehen zu bekommen. Es musste inzwischen gegen Mittag gehen, die Sonne jedenfalls erhob sich über die Pinien, aus denen der Park auf der anderen Straßenseite bestand. Nils deutete auf eine Rutsche, die zwischen den Bäumen verrostete. „Die ganze Welt", sagte er, „leidet unter der Zeugnis- und Titelkrankheit, unter welcher kein natürliches Leben möglich ist." Während das Licht unsere letzten Schlucke flutete, nickte ich und sagte, mir seien Silvester und Samstage doch genauso verhasst wie ihm, aber Nils hielt nun nichts mehr, wie aus einem Schokoladenbrunnen die Schokolade quoll die Auslöschung über die Promenade S'Arenals: „Sie hängen sich die Zeugnisse und Titel in ihren Wohnungen an die Wand, in den Wohnungen der Metzgermeister und der Philosophen, der Küchengehilfen und der Rechtsanwälte und Richter hängen die Zeugnisse und Titel und sie starren diese ihre Zeugnisse und Titel ihr ganzes Leben lang mit den gierigen Augen an, die sie von diesem fortwährenden gierigen Starren auf diese Zeugnisse und Titel bekommen haben." Und weil ich auch nicht genau wusste, wie ich meinen Freund zur Vernunft bringen sollte, schien doch die Prüfung der beste Weg zu sein, mit unserem Wirt in eine Plauderei zu geraten, sagte ich, es gebe nun einmal keinen Unterschied zwischen Luxustrinker und Bahnhofspenner, worüber Nils nur noch wütender wurde, und als er nicht aufhörte, über Zeugnisse und Titel zu sprechen, und die Frauen am Nachbartisch komisch zu gucken anfingen, winkte ich also nach der Rechnung und sagte, wenn er so weitermache, könne es sein, dass ich nie wieder mit ihm in den Urlaub fahren würde, aber da lachte er bloß und sagte, Nils, der sei doch die wichtigste Figur im Buch, ob ich mir wirklich leisten könne, auf seine Gegenwart zu verzichten, und weil das ja stimmte, und auch, weil ich auf Holgers Terrasse nicht sagen wollte, dass Welpenschutz zumindest in dieser Story Vorrang habe, gab ich den Schützengraben auf und dem Kellner ein Trinkgeld, bevor wir zum Hotel wankten und erschöpft auf unsere Betten fielen.

Nachdem uns der Mittagsschlaf ein neues Netz des Zivilen gekabelt hatte, spazierten wir die Balnearios hinauf. Ein Deutscher führte einen Pudel an der Leine. Sein aufgeknöpftes Hemd flatterte im Wind, auf dem Kopf trug er eine schwarz-rot-gelbe Dreadlockperücke. Im Sand saß ein Liebespaar und aß Raffaellos. Der Schädel eines Seismosaurus ragte über die Scheiben einer verwaisten Strandbar. Und plötzlich sahen wir ihn, den Ort, von dem wir schon so viel gehört hatten, in Schulhofgesprächen mit Leuten, die T-Shirts trugen, auf denen „Finale ins Gesicht" geschrieben stand, und die nicht müde wurden, zu erzählen, wie gut sich ein praller Strohhalm im Mund anfühle. Doch als Nils an den Toren des Mega Park rüttelte, stellten wir fest, dass sie verschlossen waren. Nebensaison, hallte es in meinem Kopf, ein Wort, dass von Holger bei unserem Mailverkehr kaum genutzt worden war. „Erstens haben wir mit Ausnahme von Weihnachten tatsächlich immer geöffnet. Und zweitens beginnt die Nebensaison erst im November", hatte er geschrieben, um dann hinzuzufügen: „Der September ist der Hauptreise-Monat, aber auch im Oktober ist noch ordentlich was los. Für mich war dieser Zeitraum schon als Tourist der liebste, und das hat sich mit Blick auf das Wetter und die Urlauber-Klientel auch heute nicht geändert ...", aber das half ja auch nicht weiter, Nils, rief ich, Holger, rief ich, der habe alles gewusst und genau so vorausgesagt, wie es nun gekommen sei.

Mit feuchten Augen erreichten wir bald das Oberbayern, doch auch hier war die Tür, die in den Keller führte, vergittert. Ich wischte mir das Gesicht am Unterhemd ab. Nils blickte auf das Meer. Eine letzte Träne rollte seine Wange hinab. Für uns gebe es jetzt nur noch eins zu tun, sagte er, und natürlich wusste ich sofort, was er meinte, und so irrten wir in das Landesinnere, über sandige Straßen und vorbei an verbarrikadierten Bodegas, um den Bierkönig zu finden. Von hinten gelangten wir ans Ziel. Eine weißgetünchte Mauer, darüber eine Konstruktion aus Holz, von der ich nicht mit Sicherheit sagen konnte, ob sie Heimatfilm oder Robinsonade zitierte. Und überall dieses tolle Logo, ein blonder Mann mit Bierkrug, jeder einzelne handgemalt, weshalb sein Blick von Schild zu Schild variierte. Von außen wirkte es fast so, als sei der Laden eine Art Fahrgeschäft, und da erinnerte ich mich, wie ich vierjährig zum ersten Mal einen Freizeitpark besucht hatte, den Traumlandpark, ein Areal, das ursprünglich ein Märchenwald gewesen war, bevor Bugs Bunny dort kurz nach meinem Besuch die Warner Bros. Movie World proklamierte. Doch bis es so weit war, standen inmitten des mitteleuropäischen Mischwalds Dinosaurier, Mammuts und das größte begehbare Herz der Welt, kurzum: Das Fahrgeschäft schien alles zu sein, was nach Zahlung des Eintritts sichtbar wurde.

Am Morgen hatten Nils und ich den Flughafen von Palma zu Fuß verlassen, was eine schlechte Idee gewesen war, nicht mal ein Trampelpfad führte vom Gelände, obwohl uns von Holger nur drei Kilometer trennten. Wir überquerten einen Parkplatz. Hinter dem Zaun standen Aloen, deren Blätter so grau waren wie der Boden, auf dem sie wuchsen. Weil aber jeder Parkplatz irgendwann zur Straße wird, folgten wir zuerst ihm und später einem Standstreifen, der schließlich eine Fußgängerbrücke kreuzte. Klar, ein Tourist kann die fünf Mark für den Bus gern zahlen, und klar, um Kohle ging es hierbei nicht. Der Weg jedenfalls war dann so schön, dass uns gar nicht auffiel, wo genau wir die Schwelle zum Rummel übertraten.

Als wir die Schinkenseite des Bierkönigs erreichten, bat ich Nils noch einmal, *Die 120 Tage von Bottrop* zusammenzufassen, aber dafür schien er keinen Kopf zu haben und bewegte ihn stattdessen im Takt des Lieds, das aus dem Innern zu uns drang. Wir traten ein. Weil gerade Happy Hour war, schob uns die Barfrau gleich zwei mal zwei Krüge über den Rundtresen, um den Männer mit Cowboyhüten saßen. „Traum von Amsterdam, der die Hoffnung nahm", sangen sie und schunkelten mit ihren frischbezapften Tulpen. Doch sogar der Bierkönig war nicht immun gegen die Symptome der Nebensaison. Es liege vielleicht nur an der Uhrzeit, sagte Nils, aber es irritiere ihn schon, dass keine einzige Frau unter den Gästen sei. Der Länderspielpause wegen wurde auf einer Leinwand, die im hintersten Winkel hing und trotzdem von überall zu sehen war, Formel 1 übertragen. Wir stellten uns an einen Tisch, von dem aus wir die beiden einzigen Männergruppen, die sich schon jetzt schön asozial in den Armen lagen, im Blick behalten konnten, ohne sie allzu arg anglotzen zu müssen. Die größere schien aus dem Braunschweiger Land zu stammen, zumindest trugen sie blaugelbe Trikots und eine Fahne, auf der „Sektion Suff" geschrieben stand. Als sie anfingen, auf ihre Barhocker zu klettern, um sich an einer Balustrade in den ersten Stock hinaufzuziehen, wurde mir ein bisschen schwer ums Herz, weil ich an Holger dachte und daran, dass ja auch er ein Fan der Eintracht war und sicher viel lieber unter Gleichgesinnten geturnt hätte, als von Berufs wegen unter Stubenarrest zu stehen.

Als ich zwei Biere später vom Klo kam, mischte sich Nils gerade unter die zweite Gruppe, das heißt, er war von ihr geschluckt worden, eigentlich saß er noch immer dort, wo ich ihn zurückgelassen hatte. Ich stellte mich mit vier neuen Gläsern dazu und hörte einen pickligen Typ sagen, all diese Männer (er machte eine ein- beziehungsweise ausladende Geste) seien ein Junggesellenschützenverein, Münsterland, rief er, Schützenkönig, rief er, scheiß Erwachsene. Ich drückte ihm eins meiner überflüssigen Biere in die Hand und fragte, was genau das sei, ein Junggesellenverein, und da lachte er und legte, das Glas an den Lippen, seinen Kopf so lang in den Nacken, bis es leer war. Keiner sei über dreißig, keiner habe eine Frau, und natürlich habe auch keiner ein Kind, Kinder, rief er, da fliege man raus, da sei man nicht länger Junggeselle, da müsse man doch mit dem Bagger den Swimmingpool, rief er, Hecke, rief er, Gartenzaun. Dann erzählte er, gestern habe eine geile Mutti (er grinste, wie man so sagt, beseelt) vor dem Hotel gesagt, sie könne ihm drei Finger in den Po schieben, weshalb ihm die Idee gekommen sei, das Mexikolied anzustimmen, und da habe die Mutti gelacht und einfach den nächsten gefragt. Doch als ich wissen wollte, ob ein Junggeselle nicht immer auch Jungfrau sein müsse, drehte sich ein Typ zu uns, der wirklich schön war, und hielt sein Smartphone in die Runde, Titten und Großbuchstaben, ich konnte es nicht richtig erkennen, kein Problem, schrie der Schöne und fing an, uns das Foto vorzulesen, neulich im Swingerclub, schrie er, sei das Licht angegangen, und da habe der (er trommelte aufs Display), der habe bemerkt, aber den Rest verstanden Nils und ich schon nicht mehr, weil uns urplötzlich der Impuls überfiel, schwimmen zu gehen.

Auf dem Rücken liegend, trieb ich im Meer. Der Horizont sah aus, als habe der liebe Gott eine Tüte Veilchenpastillen fallen lassen. Die Sonne stand so tief, dass die heranziehenden Wolken violett leuchteten. Und während ich über das Treiben immer müder wurde, dachte ich noch einmal an den Bus, den wir nicht genommen hatten, der mir nun aber wichtig erschien, als solle man auch deshalb nicht zu Fuß ins Innere S'Arenals gelangen, weil die ganze Sache, die sich hier inszenierte, bereits in ihm zu beginnen habe. Ich stellte mir vor, wie ich einer Unbekannten den Platz meines Koffers anböte. Später ständen sie an der Bar des Bierkönigs, wo ich etwas sagen könnte, zum Beispiel: Bist du nicht die Frau aus dem Bus?, rhetorisch gefragt, na klar, und dann gäbe es also das, was hier Urlaubsflirt hieß, eine Annäherung, die nicht darauf aus wäre, die nächstbeste Bettenburg zu stürmen, sondern nur dafür gut, mir ein Alibi für die nächste Woche zu geben, jeden Morgen ein Konterbier, weil ja gilt: *Scheiß drauf!* (... *Mallorca ist nur einmal im Jahr*), obwohl niemand sieben Tage lang gegen die Kater antrinken will, aber man muss, und die einzige Chance, an dieser Tortur auch nur halbwegs Gefallen zu finden, liegt darin, die Vorstellung eines ausstehenden Ficks aufrechtzuerhalten.

Während ich im Hochsitz einer abwesenden Bademeisterin hockte und Nils dabei zusah, wie er ins Unwetter kraulte, kam es mir vor, als finde Mallorca in einer Superposition statt, als sei die Katze auch deshalb zugleich tot und lebendig, weil hier egal war, ob sich die Leute circlusieren ließen oder nur darauf hofften. Ich erinnerte mich, wie ich einmal mit der Akademie für Letalität und Lösungen einen Ausflug nach Korfu gemacht hatte, um festzustellen, dass die Industrial Desert Design Inc. auf dieser Insel gescheitert war, nirgends die Spur einer Wüste, Olivenhaine, Herden gutgenährter Puten und Kaiserin Sissis Palast (in dessen Parkanlage ein Heine-Denkmal gestanden hatte, bis Wilhelm II. an gleicher Stelle eine Skulptur Elisabeths aufstellte, womit er gewissermaßen den Move der alten BRD vorwegnahm, die Kaiserin durch Abbildung mundtot zu machen), das, ja, das sahen wir alles, aber eine Wüste fanden wir nicht. Eines Abends saßen wir am Strand und dachten an die Zementfabriken Thessalonikis, da spazierten ein Mann und eine Frau auf uns zu. Sie hielten sich bei den Händen und schienen am Sonnenuntergang interessiert. Doch als sie die Düne erreichten, auf der wir gerade eine Gallone Wein öffneten, blieben die beiden stehen, zogen sich aus und wateten ins schienbeintiefe Wasser. Ihren Blick auf uns, das ALL, gerichtet, ging die Frau in die Knie, griff mit den Händen den Meeresgrund und streckte ihren Arsch dem Mann entgegen, der, nachdem er eine Weile seinen Schwanz gerieben hatte, stumm in sie eindrang. So saßen wir im Sand und tranken und sahen zu, bis er auf ihren Rücken spritzte. Langsam verließen sie das Meer, sammelten ihre Kleidung auf und entfernten sich, ohne den Fehler Lots namenloser Frau zu wiederholen, in dieselbe Richtung, aus der sie gekommen waren.

Damals hatte ich das okay gefunden und geglaubt, die Sache sei für die beiden irgendwie wichtig gewesen. Und nun, da ich mir vorstellte, dass die Münsterländer morgen mit der TUI zurück in die Zukunft fliegen würden, wo sie Schützenkönige sein würden oder auch nicht, verstand ich, dass ihr Junggesellenleben vorüberginge, weil ansonsten bald jeder Marktplatz von Borken bis Beckum blitzeblank gefegt wäre, aber einmal im Jahr würden sie ihre Monogamie trotz allem Mallorcas instabilem Atomkern ausliefern müssen, um die Enge des eigenen Afters darüber zu vergessen, dass sie nun im Verein zugeben dürften, die Salami in eine Turnhalle schmeißen zu wollen.

Als Nils endlich aus dem Wasser stieg und seine Unterhose anzog, fragte ich ihn nach zweitausend Jahren christlicher Erziehung, und da rief er, der Katholizismus sei der große Zerstörer der Kinderseele, ja wirklich, die katholische Kirche habe den zerstörten Menschen auf dem Gewissen, rief er, den chaotisierten, den letzten Endes durch und durch unglücklichen, das sei die Wahrheit. Eine Weile sprachen wir noch von der Quantenlogik des Seitensprungs und stolperten über Lübecker

Hütchen, die den Bürgersteig blockierten, dann kehrten wir ein ins Deutsche Eck.

Später am Abend kamen wir ein zweites Mal aus dem Bierkönig, wo man uns Eimer mit Sangria befüllt hatte. Es fing an zu regnen. Und weil uns plötzlich ein Mut überfiel, sprangen wir Hand in Hand zwischen den Pfützen hindurch, um bei unserem Wirt die Prüfung abzulegen. Doch als wir die Maravillas Stube völlig durchnässt erreichten, tanzte bereits die „Sektion Suff" unter Holgers rechtem Arm einen Limbotanz. Alles ist niemals mehr, dachte ich, als der Regen, der gegen die Fenster stürzt. Ein Braunschweiger trug einen Bierhelm auf dem Kopf. Andere lagen sich in den Armen und sangen: „Lass dich niemals mit 'nem Afrikaner ein, er bringt dich um mit seinem dritten Bein", und da gingen Nils und ich zum Hotel und legten uns in unsere Betten. Wir guckten ein bisschen *Ballermann 6*. Doch als Tommie und Mario die betrunkene Maja vergewaltigen wollten, schalteten wir lieber aus und fingen an, *Hai-Alarm auf Mallorca* zu streamen, ein Film, der uns gar nicht enttäuschen könne, sagte ich, schließlich spiele Ralf Moeller darin die Hauptrolle.

Ich war Fan, seit mein Vater mich im Sommer 2000 ins Kino mitgenommen hatte. Im Saal ließ uns zwar die Klimaanlage frösteln, während die Thermometer draußen dreißig Grad überstiegen, aber wir wollten *Gladiator* sehen, den Film, von dem Ralf später immer dann sprach, wenn ihn mal wieder jemand fragte, ob er eigentlich unser Mann drüben in Hollywood sei. „Fünf Oscars, Russell Crowe, Ridley Scott, ich habe Dinge gesehen", sagte Ralf bei solchen Gelegenheiten stets, „die ihr Menschen niemals glauben würdet. Gigantische Schiffe, die brannten, draußen vor der Schulter des Orion. Ich habe C-Beams gesehen, glitzernd im Dunkeln, nahe dem Tannhäuser Tor." Und: „Ich träumte, Philip K. Dick schlendere durch das Atomkraftwerk von Civitavecchia, obwohl wir kein einziges Mal in Rom gedreht haben."

Und jetzt, da Nils und ich auf das MacBook glotzten und Sven Hansen sagte: „Eins plus eins ist zwei, und Haie fressen Menschen", fing ich an, von Ralf zu erzählen; erzählte, Vater Möller habe im Recklinghausen der Siebziger aus Schrott Hanteln geschweißt, um den Klüngelkerl reich und aus seinem Sohn das stärkste Kind des Ruhrgebiets zu machen; erzählte, Ralf habe sich dann zum Bademeister ausbilden lassen, aber kurz darauf sei ihm Arnold Schwarzenegger in die Arme gelaufen. „The greatest feeling you can get in the gym is the pump", habe der gesagt, und dann: „Blood is rushing into your muscles. Your muscles get a really tight feeling, like your skin is going to explode any minute. It feels fantastic. It's as satisfying to me as coming is, you know?" Ralf habe genickt, weil ihm klar geworden sei, dass auch er Bodybuilder werden wolle. „As having sex with a woman and coming. And so can you believe how much I'm in heaven?" Ja, das könne er, habe Ralf gerufen, aber Arnold habe sich und sein Impulsreferat nicht aufhalten lassen: „I'm like getting the feeling of coming in a gym. I'm getting the feeling of coming at home. I'm coming day and night. I mean, it's terrific, right?"

Ich erzählte, die beiden seien fortan beste Freunde gewesen, obwohl Ralf Arnold alles nachgemacht habe: Mr. Universum, Mr. Olympia, Conan der Barbar. Und als der eine schließlich zum Gouverneur ernannt worden sei, habe auch der andere Lust bekommen, in die Politik zu gehen. Nur wenige Jahre später habe Ralf einen Brief an den Freiherrn zu Guttenberg verfasst, um zu fragen, ob er, der Wunderminister, dazu bereit sei, mit ihm, Ralf, ins Bundeswehrcamp nach Masar-i-Scharif zu fahren; erzählte, Theo habe sich über diesen Vorschlag gefreut und Ralf sofort zurückgeschrieben, er solle ein paar Rudergeräte einpacken, Platz genug sei ja im Bundeswehrjet, Smiley, doch nach ihrer Rückkehr sei Ralf in ein Fettnäpfchen getreten, als er vor einer Kamera sagte, der Baron tauge auch zum Bundeskanzler; erzählte, Theo sei fuchsteufelswild die Flure des Bendlerblocks auf und ab gerannt, eine Tratschtante sei dieser Moeller, habe er gerufen, als er sich im Innenhof genau dort auf die Knie habe fallen lassen, wo steht: „Ihr trugt die Schande nicht, Ihr wehrtet Euch, Ihr gabt das große ewig wache Zeichen der Umkehr".

Zum Einschlafen hörten wir dann eine Rede von Holger, so wie wir es auch früher immer gemacht hatten, wenn wir morgens nach Hause gekommen waren, siebzehnjährig, mit Lack auf den Fingernägeln, und es gerade noch geschafft hatten, Rudolf Heß' Namen in die Suchleiste zu tippen.

Am nächsten Morgen standen wir auf dem Balkon, rauchten Fortunas und sahen dabei zu, wie der Himmel, der eine einzige Wolke war, das Mittelmeer zum Überlaufen brachte. Im Regencape stand der Deutsche am Strand und spielte mit seinem Pudel. Die Dreadlockperücke ragte unter der Kapuze hervor. Das Haupthaar des Hundes war mehr Kalauer als Frisur. Weil sonst nichts passierte, sagte ich zu Nils, kürzlich erst sei mir klar geworden, dass Normalnull gar nicht an allen Küsten über denselben Pegel verfüge, dass auch das Meer unterschiedlich weit in den Raum hineinrage. Dann zogen wir uns etwas Schickes an und fuhren mit dem Bus nach Palma.

Die Stadt schien ein einziges Siphon zu sein. Die Gullys kamen mit dem Schlucken der Wassermassen kaum hinterher. Des Sightseeings wegen betraten wir einen El Corte Inglés. Als wir an der Kasse warteten, um Knete und Regenschirme zu bezahlen, sagte ich, dieser Laden gehöre tatsächlich zur größten Warenhauskette Europas, nicht einmal Karstadt habe mehr Filialen, und da fanden wir es noch ein bisschen schöner, draußen unseren Einkauf aufzuspannen. Palma wirkte wie ein hervorragend normaler Ort, und so liefen wir unter dem Regen hindurch, stiegen in unterirdische Einkaufspassagen hinab und tranken in jeder Bar ein kleines Bier. Mit von Erdnüssen salzigen Fingern fing Nils an, Knetskulpturen zu formen, bis die Play-Doh-Palette leergeknetet war. Man müsse aufpassen, sagte er, dass die Farben nicht ineinandergerieten, jedes Kind wisse das, am Ende ergebe sonst alles ein Braun.

Nils' Arbeiten trugen folgende Titel: *Sehnsucht nach Neandertal, Bildnis einer Neodeutschen, Noir Orangutan, Wuh das erste Mal II, Der Englandflug des Rudolf Heß, 1000 Träume von 1 Nacht, H. und die letzte Bockwurst* und so weiter und so fort, aber die übrigen Skulpturen schienen unter formalästhetischen Aspekten misslungen. Es hätte ja keinen Sinn gehabt, sich ihre Namen zu merken, natürlich nicht, doch die genannten sahen einfach klasse aus, und da liefen wir zur Gerhardt Braun Gallery, um dem Galeristen die Arbeiten anzubieten. Nach langen, fast zähen Verhandlungen drückte Braun meinem Freund ein dickes Bündel Scheine in die Hand. Nils solle, rief er uns hinterher, das Geld aber um Gottes willen in Bildung investieren, Bildung, rief Braun, die sei heutzutage das A und O. Als es zu dämmern begann, saßen wir schon im Bus zurück nach S'Arenal.

Gegen die Fenster der Maravillas Stube stürzte der Regen. Holger saß allein an einem Tisch. Vor ihm stand ein leeres Bierglas. Den Fernseher ließ er nicht aus den Augen. Und während Holger also den Autos zusah, wie sie im Kreis fuhren, traten Nils und ich ein. „Da seid ihr ja wieder, Jungs", rief er und hechtete hinter den Tresen, um uns allen ein San Miguel zu zapfen. Wir sprachen dann, na klar, über Fußball, und als Holger wissen wollte, aus welcher Stadt wir kämen und was wir dort so trieben, sagte Nils, er sei ein Maler und Lackierer aus Gotha, und ich sagte, Leipzig, weil mir fürs Lügen die Waffen fehlten. Eine Weile sprachen wir über Red Bull. Anfangs habe er ein Problem mit diesem Verein gehabt, sagte Holger, aber inzwischen finde er ihn gar nicht so übel, immerhin habe Mateschitz in Leipzig viel für die deutsche Jugend getan, das sei nicht selbstverständlich, sagte Holger, und das stimmte ja, auf die deutsche Jugend, riefen wir und hoben unsere Gläser, während Rosberg im Fernseher auf das Treppchen kletterte. Doch weil Nico nur Zweiter und Lewis Erster war, hörten wir *God Save the Queen*, als Holger das Kräuterdiplom servierte. „Heil dir im Siegerkranz, Herrscher des Vaterlands, heil, Kaiser, dir", sangen wir zu dritt im Chor, aufrecht, die Hände auf den Herzen. Ich musste an Ben denken, daran, dass er heute wohl der einzige Sieger bleiben würde, und sang also beim nächsten Chorus: „Oben am jungen Rhein, lehnet sich Liechtenstein an Alpenhöhen", doch da guckte unser Wirt streng, und Nils boxte mich ein paarmal in die Rippen. Der Bullenschluck brannte gerade in unseren Hälsen, als Holger sich noch ein Bier zapfte und gegenüber von mir Platz nahm.

Hassloch
und ich

Um mit der Sache abzuschließen, die meine Mutter eine Republik vor deiner Zeit nannte und ich sich Mühe geben mit Messer und Gabel, saßen wir an diesem 23. Februar neben dem mintgrünen Kachelofen und bestellten Saumagen, Bratwurst und Leberknödel mit Sauerkraut und Kartoffelpüree. Und als wir nüchternen Magens am Riesling nippten, erzählte ich, mir sei gestern im Verlag eine Frau vorgestellt worden, die früher einmal für den Doktor gearbeitet habe, und da legte meine Mutter ihre Stirn in Falten, das wünsche man niemandem, sagte sie und kicherte in ihren Römerkelch. Die Bekannte habe ihren Job jedenfalls auf eine Art und Weise erledigt, sagte ich, dass der Doktor vor Jahren offenbar darauf gekommen sei, sie ein Prachtweib zu nennen, Prachtweib, rief meine Mutter, und sofort blickten die Kellnerinnen zu seiner Sitznische herüber, um dann erleichtert festzustellen, dass es nicht Helmut war, der seinen Hauptgang herbeisehnte, sondern nur meine Mutter und ich.

Ich spazierte an einer Fotogalerie ehemaliger Gäste vorbei und überlegte, ob Margaret Thatcher, die berühmte Softeis-Erfinderin, wohl ein Deideshcimer Dessert probiert hatte, als ich auf einem Beistelltisch eine Ausgabe des aktuellen *Zeitmagazins* liegen sah. Eine winterliche Landschaft, darin ein Mann in schwarzem Mantel, vor ihm ein Stein, und vor dem Stein eine Straße, die längs ein Riss durchzog: „Walter Kohl über seinen Vater". Und wie ich ganz und gar geschockt im Gang stand und fast schon vergaß, dass mir, wie man so sagt, die Blase drückte, versuchte ich an bessere Zeiten zu denken, dachte zum Beispiel an den Wolfgangsee, an Helmut, der einen Hirsch streichelt, der eine Babykatze verschlingt, der mit Walter und Peter im Schlauchboot spielt, dachte an Hannelore, die mit ihrer Milch ein Rehkitz säugt; dann griff ich nach der Zeitschrift und kehrte zum Kachelofen zurück, wo meine Mutter schon mit der nächsten Flasche Wein auf mich wartete.

Als wir die Köpfe zusammensteckten, wurde uns klar, dass Walter im Begriff war, so etwas wie sein eigenes Simulacrum zu werden. Gefragt, warum er für das Interview eine Autobahnraststätte bei Eisenach vorgeschlagen habe, antwortete er: „Wir sind hier an der früheren innerdeutschen Grenze, am alten Grenzübergang Herleshausen. Für mich ein sehr symbolischer Ort", und das war ja schon witzig, immerhin würde auch jeder weitere Besuch Walters die Tankstelle mit Symbolik aufladen und damit seine Aussage für ihn immer wahrer machen, so merkwürdig die Leute es vielleicht fänden, dass Walter diesen Grenzort aussucht, um über das Nicht-Verhältnis zum Vater zu sprechen. Doch diesmal schien seine Wahl noch genauso konkret zu sein wie die Storys über seine Stiefmutter. Vierunddreißig Jahre jünger, rief meine Mutter, ekelhaft, die habe sich als Jugendliche Poster von Helmut über das Bett gehängt. Außerdem ziehe sie Hannelores Hosenanzüge an, rief ich, wie bei *Vertigo*, oder wie Hitchcock selbst, da sei ich mir jetzt nicht sicher, rief ich, Horror, rief ich und schenkte uns nach. Walter sagte: „Mein Vater hat sich schon vor Jahren, unter dem starken Einfluss seiner neuen Frau Maike, von seiner alten Familie getrennt. In seinen heutigen Aussagen ist er nicht mehr der, der er einmal war. Nehmen Sie den Besuch des ungarischen Ministerpräsidenten Viktor Orbán im vergangenen April bei ihm. Der Helmut Kohl von früher hätte den Autokraten Orbán nicht so freundlich empfangen."

Klar, wenn die Uhr runterfällt, ist sie kaputt, und klar, Maike und Helmut befanden sich in bester Gesellschaft. Auf Stephen Bannons *Breitbart* waren in diesen ersten beiden Monaten 2017 bereits sechzehn Texte „mit dem Tenor erschienen, Ungarn sei die Speerspitze des neuen Europa". Das wusste ich, weil ich vorgestern auf dem Weg nach München die *Süddeutsche Zeitung* gelesen hatte, um später für das Wirtshaus gewappnet zu sein. Erst neulich waren Enis und ich in die Bochumer Hopfendolde eingekehrt, wo uns die Themen dank vorheriger WAZ-Lektüre nicht ausgingen, was habe nur den Luchs geritten, überlegten wir, als er aus dem Gelsenkirchener Zoo geflohen sei, und dazu gab es, na klar, gleich starke Meinungen. Aus dem Loch abzuhauen könne man keinem verübeln, sagte eine Ramazzotti trinkende Rentnerin, und sofort war das Geschrei groß: „Gelsenkirchen Stadt der Liebe, zwischen Vater und dem Sohn", sangen ein paar Typen am Tresen, die sich erst wieder einkriegten, als die Wirtin ein Plädoyer für die Abschaffung der Arten hielt, das Schwein mache sich gut im Smoking, mit goldgeränderter Brille auf dem Rüssel, sagte sie, und da bestellten Enis und ich noch zwei Stößchen und mutmaßten mit einem Opa, der uns verriet, er wolle einmal Bürgermeister werden, ob sich der Luchs mit einem Fuchs paaren könne, und wenn ja, würde die gattungsübergreifende Liebe die deutschsprachige Literatur retten?

In München spazierte ich zum Königsplatz. Auf der Ruine eines Ehrentempels wucherte das Buschwerk vor sich hin. Der Himmel war ein Sunny-side-up-Spiegelei mit aufgeplatztem Dotter. Und wie ich so dastand und mir eine HB ansteckte, dachte ich an Karl Kuhn den Kellner, der während des Hitlerputschs sein Café verlassen hatte, um nachzusehen, was vor der Feldherrnhalle passierte, Karl Kuhn den Kellner, den eine Kugel traf, der starb und, ohne es zu wollen, zum Blutzeugen der Nazis wurde. Ich dachte an Karl Kuhn den Kellner, der einen Bestseller gewidmet bekam und unter meinen Füßen einen Sarkophag aus Bronze.

Als ich später den Löwenbräukeller suchte, fielen mir an einer Hausfassade die Worte „Nolte raus" auf, und da erst verstand ich, dass Bananen-Nolte back im rechtsextremen Business war. In der Jungen Alternative hatte er zwar seines Engagements bei der Danubia München wegen keine Zukunft mehr gehabt, war aber anschließend einfach mal in den AfD-Bezirksverband Oberbayern eingetreten, um auch im Freistaat eine „Patriotische Plattform" zu gründen, schließlich kämpfe ja sonst niemand „für den Erhalt unserer Kultur und unserer Identität". Apropos: Nolte, als Danube seit längerem mit dem Verfassungsschutz per du, konnte seine Gefühle für die „jungen Idealisten, die sich für die Völker Europas einsetzen", natürlich kaum verbergen. Nur weil sie „durch intelligente und gewaltfreie Aktionen auf Missstände in unserem Land aufmerksam" gemacht habe, sei die Identitäre Bewegung ins Visier des Verfassungsschutzes geraten, aber kein Problem, der gehöre ja sowieso „auf den Müllhaufen der Geschichte", und ja, na klar: „Wir wünschen uns eine engere Zusammenarbeit zwischen Identitärer Bewegung und AfD, denn auch die AfD ist eine identitäre Bewegung und auch die Identitäre Bewegung ist eine Alternative für Deutschland."

Am nächsten Morgen stand ich in Bogenhausen vor dem Haus der Danubia. Im Vorgarten wucherte das Unkraut. Die Fahne hatten sie eingeholt. Ein Fuchs trug eine Umzugskiste über den Rasen, und da wollte ich von ihm wissen, was los sei, aber der Fuchs antwortete nicht, er streckte mir nur die Zunge raus und rannte davon. Ich überlegte, ob die Burschen ihre Bogenhausener Gespräche, zu denen sie gern auch mal den ein oder anderen Holocaust-Leugner einluden, nun wohl umbenennen würden. Ich dachte an Horst Mahler, der hier 1998 aufgetreten war, und daran, dass nicht einmal Orbán ihm Asyl als politisch Verfolgtem gewährte, was ganz sicher damit zu tun hatte, dachte ich, dass er Horst nicht zu seinem Volk zählte.

Im Intercity hatte ich ein SZ-Interview mit Magdalena Marsovszky gelesen, in dem sie erklärt, wen genau Orbán eigentlich meint, wenn er von Volk spricht: „Alle Magyaren, die den Legenden nach aus Asien kommen, Tibet, Iran, Mongolei. Im 19. Jahrhundert kam der Glaube auf, der Stamm der Szekler in Transsylvanien sei das den Ariern nahestehende magyarische Urvolk". OMG, Urarier, dachte ich und las weiter: „Alles zielt darauf ab, Großungarn zu propagieren. Orbán hat allen sogenannten Auslandsmagyaren in der Ukraine, in Rumänien, Serbien, Kroatien und der Slowakei Pässe angeboten, rund 500 000 Menschen erhielten dadurch die ungarische Staatsbürgerschaft. Und er hat mit dem Begriff der »heiligen ungarischen Krone« die kulturelle Version des großungarischen Lebensgebietes in die Präambel des Grundgesetzes aufgenommen." OMG, Artikel 116, dachte ich, kratzte mir die Glatze und rief in das Großraumabteil: „Deutscher ist, wer als Flüchtling oder Vertriebener deutscher Volkszugehörigkeit oder als dessen Ehegatte oder Abkömmling in dem Gebiete des Deutschen Reiches nach dem Stande vom 31. Dezember 1937 Aufnahme gefunden hat." Doch bevor mir der zweite Absatz im Wortlaut einfiel, kam auch schon ein Schaffner herbeigelaufen, ich solle bitte leiser sprechen, sagte er, das hier sei ein DB-Ruheabteil, ob ich die Piktogramme nicht lesen könne, und überhaupt, niemand müsse auf einer Zugfahrt das Grundgesetz zitieren. Er könne mir aber einen Kaffee anbieten, hier gucken Sie mal, sagte er und holte aus seinem Wägelchen eine Schnabeltasse mit integriertem Filter hervor.

Als er fort war und der Zug durch bayrische Wälder ratterte, las ich, wie genau Orbán eine Krone in sein Grundgesetz hatte aufnehmen können: „Gemeint ist damit die Volksgemeinschaft der Magyaren. Seither steht der »Schutz der völkischen Nation« über dem Schutz der Menschenwürde. Der ganze Staat wird auf einem Sandhaufen aufgebaut, auf Mythen und Gespinsten. Die Magyaren, die von den Hunnen, Skythen und Sumerern abstammen und als weiße Rasse letztes Endes von Atlantis ...“

Ich solle endlich mit Atlantis aufhören, sagte meine Mutter, wenn sie etwas von Voelkel kaufe, dann nur weil es ihr schmecke und nicht des durchgestrichenen Barcodes wegen. Und weil das ja stimmte, und auch weil ich nicht über den Urarier streiten wollte, kamen wir also zurück auf Walter: „Ich selbst bin immer wieder von älteren Mitschülern zusammengeschlagen worden, weil eben das Motto hieß: Hau dem Kohl aufs Maul!“ Meine Mutter bestellte erstmal Schnaps, so etwas wünsche man niemandem, sagte sie, aber im nächsten Moment mussten wir doch wieder über die CDU lachen: „Gleichzeitig operiert man mit Vokabeln wie »Markenkern«, da läuft es mir kalt den Rücken runter. Entschuldigung, aber wir reden nicht über Seife oder Cola“, sagte Walter, „wir reden über Menschen und Organisationen, die das Schicksal unseres Landes bestimmen. Aber vielleicht bin ich da altmodisch.“ Dieser Volkswirt, sagte ich, habe ganz schön gelitten, fraglos, was aber egal sei, immerhin lehne er die Entkernung der Sprache und damit also der Wirklichkeit ab, altmodisch, na gut, aber ein Gegner, und da stießen wir mit unseren Tresterbränden an, nicht zuletzt, weil Walter, wie wir nun erfuhren, durch Helmuts Spendenaffäre seinen Geschmackssinn verloren habe: „Selbst als ich Nutella mit französisch-scharfem Senf mischte, schmeckte es wie Papier." Was sei Helmut nur für ein Vater, fragte meine Mutter und blickte rhetorisch durch mich hindurch. Walter dazu: „2011, am zehnten Todestag meiner Mutter, haben wir an der Tür des Elternhauses in Oggersheim geklingelt, weil wir mit unserem Vater an ihr Grab gehen wollten. Doch dann kam die Polizei, einige der Beamten kannte ich sogar. Sie sprach gegen uns einen Platzverweis aus – weil wir ein Sicherheitsrisiko seien. Vier Beamte, zwei davon mit Maschinenpistole, standen mit uns im Vorgarten und forderten uns auf, das Grundstück zu verlassen." Eine Weile saßen wir nur so da und glotzten die grünen Kacheln an, dann sagte meine Mutter, sie wolle morgen nach Oggersheim fahren.

Dieser Vorschlag war mir schon einmal gemacht worden. Damals wohnte ich eine Zeit lang in Hassloch, einem Ort in der Pfalz, der dafür bekannt ist, dass in seinen Supermärkten Produkte vor ihrer Einführung auf Verkaufserfolg getestet werden; das deutsche Durchschnittsdorf, wo im Fernsehen eigens Werbeclips für solche halbvirtuellen Produkte laufen, und das also ständig in einer Zukunft existiert, deren tatsächliches Eintreten von jeder einzelnen Bewohnerin abhängt, kurzum: Es war wirklich interessant.

Am Waldrand hatte ich ein Zimmer in einer Monteursunterkunft bezogen. Morgens folgte ich einem Lehrpfad, setzte mich auf den Stumpf einer Eiche und schrieb ein Gedicht mit Naturbetrachtung. Wenn ich zurückkam, hockten bereits Scharen von Rentnern im Biergarten der Herberge und tranken ihre Schoppen. Die Pfälzerin an sich ist ja eine unfassbare Säuferin, immer sitzt irgendwo eine und schüttet sich einen Schorle rein, der stets zu drei Vierteln aus Riesling besteht. Da passt es, dass es eine Weinstraße gibt, die all diese versoffenen

Nester verbindet. Über sie radelte ich nach Bad Dürkheim und wollte den Wurstmarkt besuchen, das größte Weinfest der Welt, doch als ich ankam, fand ich nur eine Kirmes, und da kaufte ich mir eine Zuckerwatte und fuhr mit dem Riesenrad. Auf den sonnenbeschienenen Bänken des Kurparks fielen mir und den anderen Rentnern die Augen zu. In einer Hasslocher Modeboutique erstand ich eine beige Weste. Ich putzte mir die Zähne, wusch mir das Gesicht, die Arme, den Hals, die Ohren. Ich ging jeden Tag hinunter zur Post. Ich masturbierte jeden Tag. In den toten Stunden saß ich herum, blätterte in Zeitschriften. Bei wiederholten Café-Gelegenheiten versuchte ich mir einzureden, dass ich verliebt war, aber das Fehlen von Sanftheit – einer *bestimmten* Sanftheit – verriet mir das Gegenteil. Manchmal dachte ich, ich lebte woanders. Ich radelte nach Speyer und sah mir den Dom an, dachte an Hannelore und legte mich an den Rhein. Ich bestellte Bücher in einem Hasslocher Schreibwarengeschäft. Ich radelte nach St. Martin, wo die Eltern meiner Mutter jahrzehntelang ihre Herbstferien verbracht hatten. Ich fuhr nach Mannheim. Ich hörte einer alten Frau zu, die Schleckers Insolvenz beklagte. Ich kaufte bei Aldi, Lidl, Rewe, Edeka und Penny. Kein einziges Mal fand ich ein Produkt, das ich noch nicht kannte. Ich lebte in der Gegenwart. Überkam mich trotzdem Heimweh, lief ich eine Runde über den Realparkplatz oder spazierte so lange durch den Pfälzer Wald, bis ich die Vogesen sah. Ich lief bis Paris, fand dort außer Katzenfutter nichts und kehrte nach Hassloch zurück. Als ich an diesem Abend einschlief, riss plötzlich jemand meine Zimmertür auf und hielt mir eine Wodkaflasche entgegen, doch nach nur einem Schlückchen bat ich den Monteur, mich wieder allein zu lassen, ich müsse ausruhen, ja richtig, ich käme gerade aus Paris, na klar, Montmartre, sagte ich und schob ihn zur Tür hinaus.

Ich träumte Folgendes: Giorgio Fox, Comicfigur, siebzehnjähriger Kunstkritiker, saß in einem Restaurant im 30. Stock in Paris beim Essen. Das war alles. Beim Aufwachen dachte ich, dass die in der Blüte der Jugend erfasste und erkannte Leuchtkraft der Kunst für mich in absolute Ferne gerückt war. Auch ich war einst im Paradies, als Betrachter oder als Gestrandeter, da, wo das Paradies die Form des Labyrinths besitzt, aber nie als ausübender Künstler. Jetzt, mit achtundzwanzig, hatte sich das Paradies von mir entfernt, und das einzige, was ich zu sehen vermochte, war die Totale eines jungen Mannes mit all seinen Eigenschaften: Ruhm, Geld, der Fähigkeit also, für sich selbst zu sprechen, sich frei zu bewegen, zu lieben. Und die Art, wie Giorgio Fox gezeichnet war, verriet eine Liebenswürdigkeit und Härte, die mein Gesicht (meine Fotovisage) niemals wird imitieren können.

Die meiste Zeit verbrachte ich in Rubens Sportsbar. Ruben war gerade erst aus Australien zurückgekehrt, wo er sich nicht nur im Stile der Aborigines hatte tätowieren lassen, ihm war dort auch die Idee gekommen, in Hassloch eine Bar nach australischem Vorbild zu eröffnen. Seine roten Haare trug er kurz, die T-Shirts eine Nummer zu klein, beides Maßnahmen, die Kreuz und Bizeps betonten. Des pfälzischen Dialekts wegen, und auch, weil er sehr leise sprach, verstand ich nur wenig von dem, was er sagte, easy going, Down Under und so, aber auf dem Flachbildschirm lief ja immer irgendeine Sportübertragung, und da blieb ich also am schwarzen Kunstleder des Poco-Barhockers kleben, rauchte auf die laxe Gesetzgebung und trank fränkisches Bier, von dem Ruben sagte, es sei nun mal das beste.

Rubens zweiter Stammgast hieß Helmut und wohnte gleich nebenan. Es dauerte keinen Bundesligaspieltag, da erkannten wir uns als Schwarzgelbe. Ende der Siebziger sei er regelmäßig ins Westfalenstadion gefahren, sagte Helmut, aber irgendwann habe er damit aufgehört, auch wegen seiner Frau Connie, die betreibe einen Frühstückstreff unter ihrer Wohnung, Connies Frühstückstreff, sagte Helmut und zeigte auf die Wand neben mir. Weil Ruben sich darauf einließ, keine Konferenz mehr zu zeigen, schauten wir fortan jedes Borussiaspiel bei ihm, und samstags brachte Connie eine Platte normaler Brötchen vorbei, die sie ordentlich gebuttert und mit Mortadella belegt hatte. Als Borussia an einem warmen Nachmittag im September 2014 gegen die Blauen verlor, sagte Helmut, er habe jetzt richtig Lust, sich einen reinzustellen, im Ortskern gebe es ja das Bierfest, das sei zwar mitunter furchtbar, aber entweder man habe Lust, sich einen reinzustellen, oder nicht, das müsse man eben wissen, sagte Helmut, und weil das ja stimmte, begleitete ich ihn zum Marktplatz.

Eine tiefstehende Sonne ließ den Kirchturm funkeln. In den Straßen ringsherum hatten Trödler ihre Stände aufgebaut. Helmut und ich schmissen unser Kleingeld zusammen. Ich kaufte mir ein Michael-Schumacher-Handtuch, ein Mutterkreuz erster Stufe und *Die Verwirrungen des Zöglings Törleß*. Er kaufte sich einen Walkman. Dann tranken wir einige Schoppen und liefen so rum. Als Helmut Leute traf, die er kannte, verabschiedete ich mich. Und wie ich im Rummel verloren ging, stand ich plötzlich vor einem Aquazorbing-Pool. Kinder liefen in Kugeln aus Plastik über ein knietiefes Wasser, wobei sie immer wieder hinfielen, ein großer Spaß, na klar, doch als ich gerade weitergehen wollte, passierte es, ein Junge brach zuckend in seiner Kugel zusammen, die nun im Pool auf und ab zu springen begann. Es dauerte eine Weile, bis zwei Sanitäterinnen eintrafen und ihn aus ihr befreiten.

Als ich später im Bierzelt saß, um pflichtbewusst ein Bier zu trinken, betrat der Nena-und-ich-machen-Filmkuss-Markus unter irritierend ironischem Jubel die Bühne. Und während Markus seinen großen Hit performte, fiel mir ein, dass ich einmal gehört hatte, Diedrich Diederichsen sei ein Fan des Songs, was ich damals sympathisch gefunden hatte, weil es so gut zu seinem Robespierre-Image passte. „Deutschland, Deutschland, spürst du mich, heut Nacht komm ich über dich", sang Markus, aber seine Bewegungen wirkten irgendwie abwesend, er schien nicht mehr zu spüren, was es hieß, Deutschland zu fragen, ob es ihn spüre, die Diskokugel warf zwar Lichter auf seine rote Lederjacke, aber er spürte es ganz einfach nicht, und da stand ich auf und suchte mir einen Weg zum Ausgang. Doch als ich zwischen den Planen durchschlüpfen wollte, setzte eine neue Melodie ein. „Oooh", rief Markus in sein Mikrofon: „Jede Nacht um halb eins, wenn das Fernsehen rauscht", und sofort kletterte halb Hassloch auf die Biertische, hob die Krüge und begann zu schunkeln, und Markus ersetzte in seiner Version Helmut durch Angela, um dann völlig auszurasten, ja wirklich, wie ein Berserker sprang er über die Bühne, als die Hasslocher schrien: „Das alles und noch viel mehr, würd ich machen, wenn ich König von Deutschland wär."

Und so hätte ich wohl meinen Lebensabend in Hassloch verbracht, wären mir nicht am nächsten Tag Connie und Helmut im Wald begegnet. Ich erzählte, der NDW-Markus habe gestern Rio gecovert, ob sie das auch mitbekommen hätten, und während sie noch die Köpfe schüttelten, erzählte ich schon, dass mir in Dortmund mal der ehemalige Gitarrist der Band begegnet sei, der inzwischen unter dem Namen Scherbe Kontrabass die alten Songs spiele, erzählte, Marius del Mestre habe bei mir schon vor dem Konzert einiges bestellt, und dass es trotzdem oder gerade deshalb, das wisse ich nicht genau, so tragisch wie großartig gewesen sei. Ich blickte auf den mit Laub bedeckten Boden des Naturlehrpfades. Markus habe gestern jedenfalls die Namen der Kanzlerinnen vertauscht, sagte ich, und da kamen wir auf den Namensvetter zu sprechen und freuten uns über ihn, bis Helmut vorschlug, morgen früh nach Oggersheim zu fahren. Dass das eine schöne Idee sei, sagte ich und ging meines Weges, obwohl mir schon klar war, dass ich für diesen Schritt noch nicht bereit war, dass ich schleunigst aus Hassloch verschwinden musste.

Am nächsten Tag holte mich die Akademie für Letalität und Lösungen aus meiner Monteursunterkunft. Wir liefen im Stechschritt nach Kallstadt und den Peterskopf hinauf, um den Bismarckturm zu besichtigen, waren danach aber sehr enttäuscht, weil ihn die Kallstädter ab 1901 nicht wie siebenundvierzig andere Gemeinden nach den Prinzipien von Wilhelm Kreis' *Götterdämmerung* hatten bauen lassen, sondern von Friedrich Kunst, dessen Name keinerlei Entsprechung in seinem Entwurf fand, völlig missraten sei der Turm, rief ich, obwohl man doch nur auf Wagner hätte vertrauen müssen. Zwei Krähen flogen zwischen strahlend braunem Blattwerk in Richtung Westen davon.

Als wir das Dorf erreichten, klopften wir an das Tor der Weinstube Zum Bacchuss. Es dauerte, bis uns der Wirt öffnete. Er trug einen langen weißen Bart, die Haare lockten sich um seine Vorderglatze. Hinter seiner Nickelbrille waren die Augen nicht größer als ein Daumennagel. Wir hätten Glück, sagte er, heute sei Nierentag, und bevor wir etwas erwidern konnten, lief er auch schon in die Küche und kam mit „zehn verschiedene Nierengerichte zum Probierpreis von 10,90 Euro" zurück, und da setzten wir uns also in den rustikalen Schankraum und fingen an, *Marsch auf Manhattan* zu schreiben, ein Kurzdrama, das von den Brüdern Fred und John handelt, die Anfang des 20. Jahrhunderts in New York leben und furchtbar gern Football spielen.

Zu Beginn des ersten Akts fällt Fred bei einem Touchdown so unglücklich hin, dass er zwar weiterhin wächst und wichst und alles, sich aber im Hirn etwas gelöst hat, und so hört Fred fortan ein Klimpern, sobald er den Kopf ruckartig bewegt. Sein Bruder hingegen sitzt zu oft auf der Ersatzbank, als dass es hinter seiner Stirn zu klimpern anfangen könnte. Im zweiten Akt verliebt sich John in ein Mädchen aus der Highschool. Sie fahren die Niagarafälle hinauf, wo John ihr beichtet, sein Bruder habe in Coney Island bei einem Hot-Dog-Wettessen dreizehn Würstchen gegessen, nur um drei verlausten Einwanderern zu beweisen, wer der größte Patriot von allen sei, und sich später aus der Achterbahn auf eine Gruppe Schaustellerinnen zu erbrechen. Er sei nun Träger des gelben Senfgürtels. Der Akt endet damit, dass das Mädchen mit John Schluss macht, weil sie die Geschichte eklig findet. Im dritten Akt gründen Fred und seine Mutter eine Immobilienfirma namens Elizabeth Trump & Son. John, den Liebeskummer plagt, möchte bei ihnen einsteigen und fängt an, Architektur zu studieren. Die Brüder geraten jedoch bald in einen Streit, weil Fred seine Rohbauten immer sofort nach den Richtfesten verkauft. Das Bauhaus sei ihm scheißegal, sagt er zu John, der darüber so verzweifelt, dass er im Oberstock des Hauses Wall Street Nro – um Rat bittet. Im vierten Akt gibt es eine Weltwirtschaftskrise. Fred steigt vorübergehend aus der Immobilienbranche aus und eröffnet einen Supermarkt in Queens. Weil John nichts mit Supermärkten anfangen kann, wendet er sich vom Bruder ab, studiert an der Columbia Physik und erfindet eine Krebs heilende Röntgenstrahlung, bevor er mit Ike Eisenhower nach Paris reitet, um die Stadt von den Nazis zu befreien. Im fünften Akt kommt es durch einen Cumshot Freds zur Katastrophe.

Als das Drama fertig war, aßen wir die letzten Nierchen und spazierten über die Freinsheimer Straße zum Geburtshaus von

Freds und Johns Vater Fritz Trump. Aber das Haus war natürlich nur ein Haus, weißverputzt und pfalztypisch verriegelt, und da kauften wir fix eine Gallone, legten uns in die sonnenbeschienenen Weinberge und dachten über den Senior nach.

Obwohl Fritz innerhalb von sechs Monaten halb Manhattan die Haare im Nacken hatte stehen lassen, um die Vokuhila populär und sich selbst reich zu machen, barg sein Portemonnaie oft nicht mehr als einen Dollar, was ihn so wütend machte, dass er mit der Eisenbahn einmal quer durch das Land fuhr, im Puffviertel von Seattle ein Wirtshaus eröffnete, die amerikanische Staatsbürgerschaft annahm und seinen Namen in Frederick änderte. Da sein Saumagen den Huren und Freiern aber nicht schmeckte, verkaufte er den Laden schon bald wieder und zog in die Berge Washingtons, wo er für die anspruchsloseren Gaumen der Goldschürfer kochte. So kam Fred nach Monte Cristo, und weil ihm der Name gefiel, und auch, weil Rockefeller versprach, entlang der Wildnis eine Eisenbahn zu bauen, eröffnete er dort sein neues Wirtshaus. Blöd war nur, dass es ständig regnete. Früher hatte Fred ausschließlich Gerolsteiner Sprudel getrunken, er mochte das Gefühl, wenn die Kohlensäure im Hals prickelte, doch nun fing er an, Wasser in einer Regentonne zu sammeln. Manchmal kam es ihm so vor, als gäbe es in Monte Cristo nur Gold und Regen, die vergebene Alchemie Amerikas. Und damit lag Fred schon richtig, hatten sich die Kwakiutl doch in genau diesem Klima ihren Potlatsch ausgedacht. Als der Überfluss im Winter seinen Aggregatzustand wechselte, rieselte er so lange auf das primitiv gezimmerte Dach des trumpschen Wirtshauses, bis es schließlich unter dem Gewicht des Schnees zusammenbrach. Sich über das Wetter ärgernd, reiste Fred nach Kallstadt, um bei der Hochzeit seiner Schwester ein bisschen auszuspannen. Zurück an der Pazifikküste, fingen Goldschürfer gerade an, das Land am Klondike River auf links zu stülpen, und da eröffnete Fred an der Grenze zu Alaska das New Arctic Restaurant and Hotel. Nachdem er eine ganze Zeit lang Zimmer an Prostituierte vermietet und Dampfnudeln mit Vanillesoße serviert hatte, fuhr er 1901 als reicher Mann abermals in die Pfalz, diesmal, um eine Frau zu finden.

Der Einfachheit halber fragte er seine alte Nachbarin Elisabeth, die, als Fred seinen Friseursalon hatte schließen müssen, noch ein Kind gewesen war. Die Tinte im Standesamt Ludwigshafen war noch nicht trocken, da setzten die beiden schon mit einem Dampfer nach New York über, wo sie eine hübsche Wohnung in der Bronx bezogen. Elisabeth änderte ihren Namen in Elizabeth, bekam aber trotz allem oder gerade deswegen so schlimmes Heimweh, dass sie nun jeden Tag durch den Joyce Kilmer Park spazieren musste. Am Fuße der Loreley Fountain setzte sich Liz neben die Melancholie. „Ihrem grossen Dichter die Deutschen in Amerika", las sie die Inschrift und dachte an den Rhein, den sie am meisten an Deutschland vermisste, obgleich sie ihn kaum kannte. Weil Elizabeths schlechte Laune auch Fred auffiel, zogen die beiden zurück nach Kallstadt. In Deutschland warfen die Behörden ihm jedoch vor, er sei nur nach Amerika emigriert, um dem Wehrdienst zu entgehen. Man habe ihn ausgebürgert. Fuchsteufelswild wählte Fred 11833 und ließ sich mit dem Berliner Stadtschloss verbinden. Er sei nur des insolventen Friseursalons wegen ausgewandert, schrie er in den Hörer, und sofort wurde auch der Kaiser wütend, ein Friseursalon namens Spektacoolhair, rief er, da dürfe man sich nicht wundern, was sei das überhaupt für ein Scheißname, Denglisch, rief der Kaiser, da sehe man doch, wes Geistes Kind hier Haare schneide, er, Fred, solle nie wieder anrufen, und das Deutsche Reich, das könne gut auf ihn verzichten.

Alles endete damit, dass Fred an der Wall Street erneut einen Friseursalon eröffnete. Doch als der 1. Weltkrieg ausbrach, kamen aufgrund seines Migrationshintergrundes so gut wie keine Kunden mehr, und da fing Fred also an, sein Geld in Immobilien anzulegen.

Im Winter 2014 und damit ein Quartal nachdem mich die Akademie aus Hassloch abgeholt hatte, verpassten Nils und ich die Loreley, wie man so sagt, nur um Haaresbreite. Anstatt wie Elizabeth oder Doktor Klaas das Deutsche in der Bronx zu finden, stiegen wir am Gourmet Deli die Treppen zur Metro hinab. Als wir zurück in die Flatbusher Wohnung unseres Freundes des Juristen kamen, sagte Nils, dass auch wir mal während einer Klassenfahrt Bananenschalen auf die Champs-Élysées geworfen hätten.

Zwei Wochen zuvor hatten wir Nils' Tante im Trump Place besucht, Riverside Boulevard und mit Blick auf den Hudson, um ihr und dem Concierge ein frohes Fest zu wünschen. Als wir später Schlittschuh unterhalb des Rockefeller Centers fuhren, sagte ich zu meinem Freund dem Juristen, die Wohnungssuche im Rheinland gestalte sich, na klar, schwierig, doch nun hätte ich endlich etwas gefunden, einen Bahnhof bei Bonn, sagte ich, und da lachte er und machte einen vierfachen Rittberger. Später, auf dem Dach des Centers, wollte er wissen, ob die Züge nicht zu laut seien, und da rief ich, es gehe hier verdammt noch mal um Bonn, Bonn, rief ich, es sei höchste Zeit, die Stadt zu neuem Glanz zu führen.

Bonn war natürlich noch immer besser, als es die alte Bundesrepublik in ihrer Gesamtheit je gewesen war, Eiermanns Eugen, das brutale Stadthaus und Hans Riegel juniors Fabrik, wo mir einmal die Zahnspangenchefin eine Hand voll Goldbärenbruch schenkte, weil ich dessen Arbeit über *Die*

Entwicklung der Weltzuckerwirtschaft während und nach dem 2. Weltkrieg fehlerfrei rezitieren konnte. Sie war es auch, die mir erzählte, sein Vater, der Bonbonkocher Hans Riegel senior, habe in seiner Hinterhof-Waschküche mit nur einem Sack Zucker dafür gesorgt, dass Bonn damals wie heute nach Bonbon rieche. Wenn ich mal nicht mit der Alkopopjugend am Rhein rumhing, joggte ich zum Petersberg und über den Bill-Clinton-Jogging-Pfad, um in einer Form zu bleiben, deren Nutzen sich mir proportional zu jeder gemischten Tüte erschloss.

Jeden Mittwoch besuchte ich die Vorlesung des Paläontologen Ralf Schmitz und hörte mir an, was er von Neandertalern, Subsistenzstrategien und dem Doppelgrab von Oberkassel erzählte. Einmal, er sprach gerade von der bevorstehenden Umpolung der Pole, wollte ich plötzlich ernsthaft studieren, weshalb ich sofort in das Rheinische Landesmuseum rannte, um mir das von Schmitz ausgebuddelte Jochbein und die Schädelkalotte des Urfunds anzuschauen. Ich malte mir schon aus, wie ich das Plastik in die Archäologie einführen würde, als ich eine hölzerne Heine-Skulptur anrempelte, und da fiel mir ein, dass ich gleich einen Zahnarzttermin in Düsseldorf hatte. Auf der Rückfahrt stieg ich aber trotzdem Neanderthal Hauptbahnhof aus und sah mir den alles entscheidenden Grabenbruch durch einen View-Master an.

Kurz bevor ich auf das Ei flüchtete, dachte ich daran, dass meine Eltern, obwohl sie aus Köln stammten, Bonn noch nie wirklich besucht hatten, und da lud ich sie also ein, ihnen Tulpenfeld und Kanzlerbungalow zu zeigen. Es stimmt schon, man kann über Ludwig *Wohlstand für Alle* Erhard viel Schlechtes sagen, immerhin organisierte er 1935 (1935!) an der Nürnberger Handelshochschule das erste (das erste!) Marketingseminar Deutschlands, aus dem später die Gesellschaft für Konsumforschung und somit auch Hassloch entstand, aber der Bungalow gehört zum Besten, was in Deutschland jemals gebaut wurde. Weil sein Nachfolger jedoch weder den Bungalow noch die Möbel mochte (der Tisch sei ja entsetzlich häßlich, rief Kurt Georg am Tag seines Einzugs), ließ er von Herta-Maria Witzemann die Einrichtung austauschen, tapezierte die Wände mit Raufaser und rief Udo Jürgens an, ob der nicht Lust habe, für ihn und seine Frau ein bisschen Klavier zu spielen.

Kiesinger sei nicht der Einzige gewesen, der mit Sep Ruf gehadert habe, sagte unsere Führerin, als wir gerade einen Blick in Lokis Teeküche warfen. Am schlimmsten habe es natürlich die Kohls getroffen, sagte sie, für Walter und Peter sei hier kaum Platz gewesen. Nun standen wir unter Hannelores Sternenhimmel aus Halogen und glotzten in den Garten hinaus, wo Helmut zu Gorbatschow gesagt hatte, so sicher, wie der Rhein in die Nordsee fließe, werde Deutschland wiedervereint. Ich setzte mich auf sein Fernsehsofa. Der braune Cordbezug war verschlissen. Das Polster gab angenehm nach. Und während ich glücklich war, in Helmuts Kuhle zu versinken, reichte mir meine Mutter die Insignien des Saumagens. Sie habe ihn ja nie gemocht, sagte sie nach einer Weile und setzte sich neben mich. Ich starrte auf das dunkle Spiegelbild des Fernsehers. Hier hatte Helmut von seiner Wahlniederlage erfahren. Hier hatte sich auch die zweite real existierende Republik aufgelöst, um fortan in postdemokratischer Virtualität weiterzuexistieren. Mit beiden Händen hielt ich Lauch und Sellerieknolle fest umschlossen, als könne ihre Essenz dieses Land nach Art einer Eigenurintherapie retten.

Und jetzt, da meine Mutter und ich unterhalb des Hambacher Schlosses parkten, lachten wir noch einmal darüber, wie wütend die Führerin damals geworden war, Doktor Kohls Couch sei nur eine Leihgabe, hatte sie gesagt, um gleich hinterherzuschieben, die Pförtnerin verwahre nicht ohne Grund unsere Ausweise. Für den Fall, dass Helmut später an uns vorbeirollen sollte, hatten wir gestern während des letzten Tresterbrands in seinem Lieblingsrestaurant beschlossen, uns zuerst einmal in demokratische Stimmung zu bringen. Ich zog die Handbremse fest an, gab dem Drang jedoch nicht nach, sie ein weiteres Mal zu kontrollieren. Es war kalt und windig und der Himmel beinah opak. Wir nahmen unsere Sonnenbrillen ab. Über uns kreisten Satelliten. Ich warf fünfzig Cent in ein Fernrohr, das auf der Aussichtsplattform stand. Mein Blick streifte das Becken des Rheins, die BASF, Thingstätte und Philosophenweg hoch über dem Neckar. Ich sah Studentinnen, die über die Alte Brücke spazierten, das Restaurant Goldener Hecht, wo ich zu meiner Exmatrikulation ein Herrengulasch bestellt hatte, und mein Kellerloch am Neckarmünzplatz, an dem ein Junggesellenabschied auf Segways vorbeifuhr. Auf gar keinen Fall wurde ich sentimental.

Als wir das Tickethäuschen betraten, ordnete eine Frau gerade die Ansichtskarten. Der Tourist als solcher, sagte sie, sorge traditionell für Unordnung, das liege in seinem Wesen. Sie seufzte. Ihr Dialekt verriet, dass sie im Elsass aufgewachsen war. Wie für eine Frau ihres Alters üblich, trug sie eine rote Brille. Sie zurrte mir das Eintrittsband am Handgelenk fest und sagte, im Oktober letzten Jahres sei die Unordnung am schlimmsten gewesen, da habe hier nämlich die AfD eine Tagung abgehalten. Allen anderen Menschen habe man damals verboten, bis hinauf zum Schloss zu kommen, was der Idee des Ortes diametral entgegenlaufe, immerhin heiße die Dauerausstellung Hinauf, hinauf zum Schloss!, aber das habe ja schon der alte Börne gewusst, sagte sie, dass der Deutsche gern ein Knecht sei, wenn er nur zugleich auch einen Knecht habe.

Ob sie am AfD-Tag auch hier gewesen sei, wollte ich wissen, und da runzelte sie die Stirn. Petry habe gesagt, dass über den Zweiten Weltkrieg etwas differenzierter zu argumentieren sei, was solle das bedeuten, fragte die Elsässerin, einerseits habe es Duschen gegeben, andererseits aber auch Seife? Meine Mutter versuchte, sie zu beruhigen, doch half es nicht, die Elsässerin war plötzlich, wie man so sagt, auf hundertachtzig, sie könne die Rede sogar auswendig: „In Bezug auf die Nachkriegswirtschaftsgeschichte", rief sie, „gibt es kaum noch Streit darüber, dass ein großer Teil der bis dahin niemals da gewesenen Wirtschaftsprosperität, die nach dem Zusammenbruch, nach der Kapitulation mitnichten erwartet werden konnte und auch von den Alliierten mitnichten beabsichtigt worden war, wenn wir an Pläne wie den Morgenthau-Plan und andere Direktiven denken, dass trotzdem dieses Wirtschaftswunder, das sogenannte, stattgefunden hat. Viele sind sich einig, dass dieses Wirtschaftswunder, das auch durch alliiertes Geld befördert wurde, aber eben nicht nur dadurch, dass es auf dem Gewerbefleiß, dem nach wie vor hohen Ausbildungsniveau und der kulturellen Identität der Landesleute in Deutschland beruhte." Die Elsässerin holte Luft. Das schlechte Deutsch der Rede tue ihr leid, aber die Petry könne eben nicht reden. Und überhaupt, kulturelle Identität am Arsch, rief sie, die Rede sei ja wohl das Dümmste, was sie jemals gehört habe, den Morgenthau-, nicht aber den Marshall-Plan zu erwähnen, grenze doch an Volksverhetzung, und überhaupt, ersteren hätte Amerika mal durchziehen sollen, schön alles ins Bäuerliche zurückbomben, das wäre vielleicht am besten gewesen. Als sie meiner Mutter das Rückgeld gab, sagte die Elsässerin noch, Petry sei nicht mal davor zurückgeschreckt, Heine zu zitieren, angeblich habe er über die Kleinstaaterei, die Fürstenherrschaft und die Unfreiheit in seinem Deutschland gereimt: „Denk ich an Deutschland in der Nacht, so bin ich um den Schlaf gebracht", was in zweifacher Hinsicht unsinnig sei, zum einen habe sie falsch zitiert, okay, sagte die Elsässerin, das könne ja mal passieren, viel wichtiger aber sei, dass Heine sich mit seinen *Nachtgedanken* gar nicht auf den teutonischen Untertanenstolz bezogen habe, sondern auf die Situation im Exil, und da meinte meine Mutter, Petry sei scheinbar überhaupt nichts heilig, in ihrer Facebook-Neujahrsansprache habe sie Brechts *Kinderhymne* deklamiert, und da lachten wir noch ein bisschen über die vergebene Wiedervereinigung, bevor wir zur Elsässerin Tschüssi sagten und komplett hinauf zum Schloss stiegen, wo auf uns die erste schwarz-rot-goldene Flagge wartete.

Als wir später im Chinarestaurant Kaiserkrone vor unserem süßsauren Schweinefleisch saßen, erzählte ich meiner Mutter, dass Ben und ich letztes Jahr im Sommer stundenlang die Kantstraße hoch- und runtergelaufen seien, um Helmuts Lieblingschinesen zu finden. Das habe gedauert, sagte ich, weil es dort ja wirklich sehr viele chinesische Restaurants gebe, aber schließlich seien wir uns sicher gewesen, das richtige gefunden zu haben. Doch als ich den Kellner fragen wollte, ob Kohl hier früher oft zu Gast gewesen sei, habe er mich falsch verstanden und gerufen: „Kohl, Kohl?, Tofu!"

Klar, die letzten Stückchen Ananas kauend, lachten wir noch einmal darüber, dass Helmut dieses in China unbekannte Gericht auf einer Staatsreise bestellt hatte, und klar, Ente kross kam in der alten Bundesrepublik auch deshalb gut an, weil sich die süße Soße als Rotkohlklon des Kaiserreichs problemlos im, wie Frauke sagt, Wirtschaftswunder assimilierte.

Durstig spazierten wir durch Oggersheim. Als wir an der Festhalle vorbeikamen, wurde mir mulmig zumute, weil ich an Maike denken musste, daran, dass die *Super Pause* getitelt

301

hatte: „Jetzt mauert seine Frau ihn auch noch ein!", und ich fragte mich, ob vielleicht stimmte, was die Redaktion herausgefunden hatte. „Sie schottet den Altkanzler komplett von der Außenwelt ab. Das Anwesen gleicht einem Hochsicherheitstrakt", schrieben sie, und dann: „Maike Kohl-Richter schreckt vor nichts zurück." Wir bogen in den Saumgartenweg ein, der uns bis zu Helmuts Garten führte. Meine Mutter sagte: „Es sind alte Männer, die deine Fehler ausmerzen." Ich deutete auf die hohe Mauer, die uns die Sicht versperrte, und sagte, dass in der *Super Pause* gestanden habe, „dass es aus dieser Festung für ihn kein Entrinnen mehr" gebe. Wie oft sie mir schon gesagt habe, ich solle diese Klatschhefte nicht kaufen, nicht mal für neunundvierzig Cent, sagte meine Mutter und machte ein strenges Gesicht.

Auf dem Bürgersteig war alles ruhig, die Marbacher Straße verwaist. Einzig ein Rabe saß auf Helmuts Dach. Doch plötzlich öffnete sich auf dem benachbarten Grundstück die Tür eines schmalen Bungalows. Ein Polizist trat heraus und kam auf uns zu. Ob er damit richtig liege, dass wir keine Anwohner seien, sondern von der Presse, sagte er, und als ich den Kopf schüttelte, rief meine Mutter, wir seien nichts weiter als westdeutsche Touristen. Nachdem der Polizist uns eine Weile gemustert hatte, sagte er: „Ausweise", und da wollte meine Mutter wissen, ob er nicht in ganzen Sätzen mit uns sprechen könne, das sei ja wirklich keine Art, aber der Polizist stemmte nur die Arme in seine Hüften und schwieg.

Als er mit unseren Ausweisen im Bungalow verschwand, landete ein zweiter Rabe auf Helmuts Haus. Ich konnte nicht erkennen, was, aber er hielt etwas Großes in seinem Schnabel. Meine Mutter sagte: „Ich habe keine Angst, ich habe kein schlechtes Gewissen, und Mitleid ist auch das falsche Wort." Und weil es ja trotzdem nie schön ist, in eine Personenkontrolle zu geraten, sagte ich mein Lieblingszitat auf: „Da haben uns die Roten ein, zwei Jahre lang in der Woche mindestens viermal gebrauchte Präservative in den Vorgarten geschmissen mit dem Ergebnis, dass unser großer, wunderschöner Schäferhund aus der Tür rausschoss, die Präservative sofort ins Maul nahm, hin und her schüttelte und damit in der Straße rumlief. Das hat meine Frau immer bis zum Äußersten erregt." Und während wir beide noch kicherten, öffnete der Polizist schon wieder die Tür und trat ein zweites Mal heraus in den Nachmittag. „Jahrestage funktionieren wie ein Teppichbombardement", sagte er und gab uns die Ausweise zurück. Er könne uns ja verstehen, er selbst sei auch Kohlianer und empfinde es als große Ehre, auf ihn aufpassen zu dürfen. Wir bedankten uns artig. Auch ich könne ihn verstehen, ohne Leine seien wir alle Blondis Welpen, sagte ich, und da begann der Polizist, ein Impulsreferat zu halten. Er sagte: „Ich bin der gleichen Ansicht wie Altkanzler Kohl, dass die wichtigsten Werte Europas die Nationen sind, zumal die vielfältigen Nationen. In Europa sind die Nationen die Realität, die Vereinigten Staaten von Europa die Utopie. Tausend Jahre alte nationale Wurzeln sind nämlich vorhanden, die zu zerreißen würde dem Selbstmord gleichkommen." Ja, na klar, Selbstmord, sagte ich, und der Polizist sagte: „Es ist von Anfang an zum Scheitern verurteilt, falls wir Europa ohne nationale Besonderheiten bilden wollen. Niemand hat das Recht, von den Völkern zu verlangen, dass sie auf ihre Identitäten verzichten. Der Altkanzler sagt es mutig heraus: Europa ist nicht die verrückte Idee einiger Träumer, es ist nicht Poesie und nicht Folklore."

Das sei aber ein schönes Schlusswort, unterbrach ihn meine Mutter, und ich fügte hinzu, dass es im Deidesheimer Hof gleich Abendbrot gebe. Der Polizist und ich schüttelten uns schon die Hände, als es passierte. Der Rabe erhob sich und ließ den Gegenstand, den er bis eben in seinem Schnabel gehalten hatte, in Helmuts Vorgarten fallen. Es knallte. Und sofort sprang eine weitere Polizistin aus dem Bungalow heraus. Mit ihrer Maschinenpistole zielte sie in die Luft. Halt!, Stop!, rief meine Mutter, aber da ließ die Polizistin von selbst die Pistole sinken und hob auf, was heruntergefallen war. Es sei eine Packung American Cheese, gefrorener American Cheese, rief sie, und da verschwanden wir schleunigst, während der Polizist noch hinter uns herrief: „Dank sei für Helmut Kohl!"

Als wir später im Deidesheimer Hof auf unseren Betten ausruhten, fragte ich meine Mutter, ob sie nicht auch schon wieder ein bisschen Hunger habe, und da rollte sie zuerst mit den Augen, das heißt, sie rollte wirklich mit den Augen, dann sagte sie, das mache den Kohl jetzt auch nicht mehr fett, und griff zum Hörer des Telefons, das neben ihr auf dem Nachttisch stand.

Register

5 *Es kann ... der Reichtum.* Roberto Bolaño, Die Nöte des wahren
Polizisten. München 2013, S. 45.

Marsch der Wirte

7f. *Christentum und ... Boden entfernt.* Saul Ascher, Die Germanomanie.
Skizze zu einem Zeitgemälde [1815], in: Ders., Flugschriften. Mainz
2011, S. 147 f.

8 *daß Deutschland ... angewiesen ist.* Saul Ascher, Die Wartburgsfeier.
Mit Hinsicht auf Deutschlands religiöse und politische Stimmung
[1818], in: Ders., Flugschriften. Mainz 2011, S. 214.

9 *volkstumsbezogenen Vaterlandsbegriff.* de.wikipedia.org/wiki/
Burschenschaftliche_Gemeinschaft.

9 *am Annaberg ... „Südbus".* Wiener akademische Burschenschaft Albia,
Protokoll über die Verhandlungen des Burschentags 2002.
linksunten.indymedia.org/node/42899, S. 13.

10 *beim Anblick ... Vaterlandsliebe.* Heinrich Heine, Vorrede zum ersten
Band des „Salon" [1833], in: Ders., Schriften über Deutschland.
Frankfurt am Main 1968, S. 42.

10 *Milchbreiliebe.* Heinrich Heine, Ludwig Börne. Eine Denkschrift
[1839], in: Ders., Schriften über Deutschland. Frankfurt am Main
1968, S. 413.

11 *der schauerliche ... verlorenen Lebens.* Ebd., S. 403.

11 *Ein schwacher ... völlig ausarten.* Ludwig Börne's Urtheil über
H. Heine. Ungedruckte Stellen aus den Pariser Briefen. Frankfurt am
Main 1840: zit. n. Max Brod, Heinrich Heine. Biographie [1934]. Mit
einem Vorwort von Anne Weber [Max Brod – Ausgewählte Werke.

Herausgegeben von Hans-Gerd Koch und Hans Dieter Zimmermann in Zusammenarbeit mit Barbora Šramková und Norbert Miller]. © Wallstein Verlag GmbH, Göttingen 2015, S. 392.

11 f. *Die scheelsüchtige ... werden können.* Heinrich Heine, Atta Troll. Ein Sommernachtstraum [1843], in: Ders., Gedichte. Frankfurt am Main 1968. S. 336 f.

12 *eine Melancholie ... häßlichen Gemeinheit.* Max Brod, Heinrich Heine. Biographie [1934]. © Wallstein Verlag GmbH, Göttingen 2015, S. 390 ff.

12 *Was mich ... Liebe selbst.* Heinrich Heine, Ludwig Börne. Eine Denkschrift [1839], in: Ders., Schriften über Deutschland. Frankfurt am Main 1968, S. 352.

12 *Kein Talent ... ein Charakter.* Heinrich Heine, Atta Troll. Ein Sommernachtstraum [1843], in: Ders., Gedichte. Frankfurt am Main 1968, S. 403.

13 *der Herr Doktor ... eben gestorben.* Heinrich Heine, Die Harzreise [1826]. Stuttgart 2003, S. 36.

13 *alles Herrliche ... Leben herausphilosophiert.* Ebd., S. 35.

13 *Fürchten Sie ... die Vernunft.* Ebd., S. 37.

13 *einem Nationalgedicht ... holprige Verse.* Ebd., S. 61.

13 *Revolutionsdilettanten mit den Turngemeinplätzen.* Ebd., S. 68.

13 *Prachtausgaben wäss'riger ... hiesige Burschenpersonal.* Heinrich Heine, An Friedrich v. Beughem in Hamm [1820], zit. n. Max Brod, Heinrich Heine. Biographie [1934]. © Wallstein Verlag GmbH, Göttingen 2015, S. 108.

13 f. *Auf der ... Erden turnte.* Heinrich Heine, Ludwig Börne. Eine Denkschrift [1839], in: Ders., Schriften über Deutschland. Frankfurt am Main 1968, S. 415.

14 *lodernden Holzstoß.* Saul Ascher, Die Wartburgsfeier. Mit Hinsicht auf Deutschlands religiöse und politische Stimmung [1818], in: Ders., Flugschriften. Mainz 2011, S. 213.

14 *in ihrer somnambulischen Verirrung.* Ebd., S. 203.

14 f. *Und selbst ... zu erzählen.* Karl Kraus, Heine und die Folgen [1910], in: Ders., Polemiken, Glossen, Verse und Szenen. Leipzig 1987, S. 20 f.

15 *nichteuropäische Gesichts- ... aufgenommen werden.* Münchener Burschenschaft Arminia-Rhenania, Tagungsunterlagen des Burschentages 2011. linksunten.indymedia.org/node/42899, S. 52.

16 *gelbsüchtigen Hansea ... wie Ausländer.* Fred Duswald, Paßtum contra

Volkstum, in: Die Aula. August 2011. linksunten.indymedia.org/de/node/45784.

17 *allerlei Abfälle.* Marin Trenk, Döner Hawaii. Stuttgart 2015, S. 133.

17 *as American as Chop Suey.* Ebd., S. 75.

18 *Darwins Korallen.* Horst Bredekamp, Darwins Korallen. Frühe Evolutionsmodelle und die Tradition der Naturgeschichte. Berlin 2005.

19 *Kochen vor dem Gast.* Prospekt. Am Ofenstein Eisenach, Sommer 2014.

28 *Burschentag zum Desaster machen.* Spannbetttuch. Gabelsberger Straße Eisenach, Sommer 2014.

32 *Für immer die Alpen.* Benjamin Quaderer, Für immer die Alpen, in: 24. openmike. Wettbewerb für junge Literatur. Die 22 Finaltexte. München 2016, S. 133.

33 *Noch mehr … den Nationalfarben.* Gästezeitung Gasthaus Grüne Tanne. Karl-Liebknecht-Straße, Jena, Sommer 2014.

35 *Während das … in Butter.* Vgl. Martin Kippenberger, 1984: Wie es wirklich war am Beispiel Knokke, in: Ders., Wie es wirklich war – Am Beispiel Lyrik und Prosa. Frankfurt am Main 2007, S. 101.

35 *Manchmal koche … das tagelang.* Ebd.

36 *Angst? Nicht … etwas Angst.* de.wikipedia.org/wiki/Marlene_Dietrich.

36 *die Judensau … zum Fenster.* Julius Streicher, Das Schwein auf dem Montmartre, in: Der Stürmer. Nürnberger Wochenblatt zum Kampfe um die Wahrheit. Dezember 1925.

37 *Verbreiter jeglicher … und Zügellosigkeit.* de.wikipedia.org/wiki/Heinrich-Heine-Denkmal_(Bronx).

37 *Heine ist … entarteten Judentums.* Ebd.

37 *Freiheitsgefängnis, wo … fabelhaft dünken.* Heinrich Heine, Ludwig Börne. Eine Denkschrift [1839], in: Ders., Schriften über Deutschland. Frankfurt am Main 1968, S. 369.

37 *Heath Ledgers Lächeln.* Benjamin Quaderer, So schön, dass ich fast schon Natur schreien wollte. Freie Presse, 30.01.2013.

38 *Doch Schmerz beiseite.* Heinrich Heine, Briefe aus Berlin [1822], in: Ders., Reisebilder. Erzählende Prosa. Aufsätze. Frankfurt am Main 1968, S. 21.

39 *Ich glaube … zu haben.* iPhone. Auf freier Strecke zwischen Herford und Minden, Winter 2015.

40 *schlecht gewählt.* Stéphane Charbonnier, Brief an die Heuchler. Und wie sie den Rassisten in die Hände spielen. Stuttgart 2015, S. 13.

40 *Wer sind … zu geraten.* Ebd., S. 37 f.

40 *Gas geben.* Plakat. Blankenfelder Chausee, Berlin, Sommer 2011.

45 *aber es … zu versorgen.* Tocotronic, Die neue Seltsamkeit, auf: K.O.O.K. Hamburg 1999.

46 *des dumpfen … ziemlich überdrüssig.* Heinrich Heine, Englische Fragmente [1828], in: Ders., Reisebilder. Erzählende Prosa. Aufsätze. Frankfurt am Main 1968, S. 485.

Rauch der Welt

47 *Die allgemeine … zu besuchen.* Franz Kafka, Das Ehepaar [1922], in: Ders., Die Erzählungen und andere ausgewählte Prosa. Frankfurt am Main 2004, S. 456.

47 *Heine-Schrubber.* Ein Heine-Schrubber in New York. Focus, 16.09.1996.

49 *Christelns, ich … zu dienen.* Heinrich Heine, An Ferdinand Lassalle in Berlin [1846]: zit. n. Max Brod, Heinrich Heine. Biographie [1934]. © Wallstein Verlag GmbH, Göttingen 2015, S. 325.

49 *Unter den … geborne Feinde.* Heinrich Heine, Lutezia [1840], in: Ders., Schriften über Frankreich. Frankfurt am Main 1968, S. 350.

49 f. *daß die … später erreichte.* Max Brod, Heinrich Heine. Biographie [1934]. © Wallstein Verlag GmbH, Göttingen 2015, S. 152 ff.

50 *den Schritt … zu bewahren.* Ebd., S. 178.

50 *auf ein … zu sein.* Ebd., S. 188.

52 *Argonauten des westlichen Pazifiks.* Bronisław Malinowski, Argonauten des westlichen Pazifik. Ein Bericht über Unternehmungen und Abenteuer der Eingeborenen in den Inselwelten von Melanesisch-Neuguinea [1922]. Frankfurt am Main 1979.

54 *Das Motiv … trinkt, Unheil.* Marcel Mauss, Die Gabe. Form und Funktion des Austauschs in archaischen Gesellschaften [1925]. Aus dem Französischen von Eva Moldenhauer. © Suhrkamp Verlag, Frankfurt am Main 1990, S. 154.

54 *Sehr geehrter … Sie an.* DIN-A4-Papier. Aachener Straße Düsseldorf, Herbst 2015.

56 *Die für … zu erweisen".* Marcel Mauss, Die Gabe. Form und Funktion des Austauschs in archaischen Gesellschaften [1925]. © Suhrkamp Verlag, Frankfurt am Main 1990, S. 99.

57 *Das Wort … geschrieben stand.* Ebd., S. 172.

58 *Eine gründliche ... weitem übersteigt.* Ebd., S. 149 f.

58 *feinwürzigen, speckigen Geschmack.* de.wikipedia.org/wiki/
kartoffel-des-Jahres.

59 *Die Juden ... französischen Nationalität.* Heinrich Heine, Lutezia [1840],
in: Ders., Schriften über Frankreich. Frankfurt am Main 1968, S. 347.

59 *Es ist ... Geldmotive zuschreibt.* Ebd., S. 349.

59 *Kaserne des Reichtums.* Ebd., S. 423.

59 *Ein merkwürdiger ... sein Prophet.* Ebd.

60 *Nathan, damals ... Sterling verdienen.* Zweite Fortsetzung. Der Spiegel,
29.08.1962.

60 *raffiniert.* Ebd.

61 *daß die ... worden sind.* Jeffrey L. Sammons, Die Protokolle der
Weisen von Zion. Die Grundlagen des modernen Antisemitismus –
eine Fälschung. Text und Kommentar. Göttingen 1998, S. 7.

62 *das ein ... Joël gewesen.* Ebd., S. 12 f.

63 *religiösen Schwärmers ... die Juden.* Ebd., S. 15.

63 *engagierter Antisemit ... Heine verfaßt.* Ebd., S. 20.

63 f. *Der Mensch ... Tatsachenfeststellung ist.* Marcel Mauss, Schriften zum
Geld. Herausgegeben von Hans Peter Hahn, Mario Schmidt und
Emanuel Seitz. Aus dem Französischen von Eva Moldenhauer.
© Suhrkamp Verlag, Berlin 2015, S. 126 f.

64 f. *Wie sehr ... verständlich werden.* Adolf Hitler, Mein Kampf [1925],
zit. n. Jeffrey L. Sammons, Die Protokolle der Weisen von Zion.
Die Grundlagen des modernen Antisemitismus – eine Fälschung.
Text und Kommentar. Göttingen 1998, S. 24.

66 *Die Menschen ... signieren verstanden.* Marcel Mauss, Die Gabe. Form
und Funktion des Austauschs in archaischen Gesellschaften [1925].
© Suhrkamp Verlag, Frankfurt am Main 1990, S. 89.

67 *I carry ... life teaches.* In: Log Lady Intro episode 1. youtube.com/
watch?v=VUSYmmOQ23U.

67 *Derjenige, der ... an Prestige.* Marcel Mauss, Die Gabe. Form und
Funktion des Austauschs in archaischen Gesellschaften [1925].
© Suhrkamp Verlag, Frankfurt am Main 1990, S. 85.

67 *„in den ... seines Namens".* Ebd., S. 92.

67 *Das Wort ... Tatsachen hin.* Ebd., S. 79.

68 *höchste Potlatschgüter ... des Wortes.* Ebd., S. 112 ff.

68 *übernatürliches Objekt.* Marcel Mauss, Schriften zum Geld.
© Suhrkamp Verlag, Berlin 2015, S. 29.

68 *„übernatürlichen Kraft".* Ebd.

Café Defizit

69 *Alois Schicklgruber ... sein wird.* Werner Schima, Adolf Hitler. Der große Verführer. Wien 2016, S. 12.

Mein Leben in der Kuhle

72 *Heil, Arbeitsmänner.* Leni Riefenstahl, Triumph des Willens [1935]. youtube.com/watch?v=X7eOUzjn7pM.

72 *schon allein ... die Möglichkeit.* Susan Sontag, Faszinierender Faschismus, in: Dies., Im Zeichen des Saturn. München 1981, S. 102.

72 *die Regisseurin ...Konzeption verfügt.* Ebd.

72 *ist ein ... mit Politik.* Leni Riefenstahl. spiegel.de/kultur/kino/ zitate-von-leni-riefenstahl-ich-bedaure-zu-100-prozent-hitler-kennengelernt-zu-haben-a-264954.html.

72 f. *Will man ... verteidigt, naiv.* Susan Sontag, Faszinierender Faschismus, in: Dies., Im Zeichen des Saturn. München 1981, S. 106.

73 *Keine einzige ... ist echt.* Ebd., S. 105.

73 *Und einen ... Kommentar gibt.* Ebd.

73 *Es gibt ... nötig ist.* Ebd., S. 105 f.

73 *stellt eine ... zum Theater.* Ebd., S. 105 f.

73 *Es ist ... reine* Geschichte. Ebd., S. 105.

73 *In* Triumph *... Realität treten.* Ebd., S. 106.

73 *Matrone auf Safari.* Ebd., S. 97.

75 *Bei Porree.* Theodor Fontane, Irrungen, Wirrungen. books.google.de/ books?id=LMN9DAAAQBAJ&printsec=frontcover&dq=irrungen+ wirrungen&hl=de&sa=X&ved=0ahUKEwiT9r3UtbDUAhVRUlAKHQ J4ATo4ChDrAQhJMAc#v=onepage&q=irrungen%20 wirrungen&f=false.

75 *noch keiner ... kurz gekommen.* Ebd.

78 *die Würstchen der Wahrheit.* Wolfram Lotz, Rede zum unmöglichen Theater. http://dasuntergehendeschiff.blogspot.de/2009/09/ rede-zum-unmoglichen-theater.html.

79 *Wer nach ... niemals andersherum.* Jonathan Franzen, Das Kraus-Projekt. Aus dem Englischen von Bettina Abarbanell. Unter Mitarbeit von Daniel Kehlmann und Paul Reitter. © Jonathan Franzen 2013; Rowohlt Verlag GmbH, Reinbek bei Hamburg 2014, S. 13 ff.

79 *In späteren ... ich erzählen.* Ebd., S. 10.

79 *die sich ... Individualität aneigneten.* Ebd., S. 17.

80 *Ich gebe ... verarmen lässt.* Ebd.

80 *Wir sind ... worden sind.* Ebd., S. 20.

80 *Über das ... eine Illusion.* Georges Perec, Träume von Räumen [1974]. Zürich/Berlin 2014, S. 117.

81 *Autonauten.* Julio Cortázar, Carol Dunlop, Die Autonauten auf der Kosmobahn [1983]. Frankfurt am Main 1996.

81 *Die Umrisse ... Fremden, markieren.* Marc Augé, Nicht-Orte [1992]. Aus dem Französischen von Michael Bischoff. © Verlag C. H. Beck oHG, München 2010, S. 57.

81 ff. *Die besten ... mit hineingehört."* Jonathan Franzen, Das Kraus-Projekt. © Jonathan Franzen 2013; Rowohlt Verlag GmbH, Reinbek bei Hamburg 2014, S. 95.

82 *„gelehrteren Fußnoten".* Ebd., S. 13.

82 *Die Kunst ... gelogen ist.* Roberto Bolaño, Zahnarzt, in: Ders., Mörderische Huren. München 2014, S. 174 f.

84 *als hätte ... messen lasse.* Klaus-Michael Bogdal, Europa erfindet die Zigeuner. Eine Geschichte von Faszination und Verachtung. Berlin 2014, S. 29.

84 *Gruppe der ... und Diebe.* Ebd., S. 33.

84 *Gott sie ... verweigert hätten.* Ebd., S. 37.

84 f. *neben Ahasverus ... Fahrenden abstamme.* Ebd., S. 38.

85 *künstliche Gaunersprache ... verständigen kann.* Ebd., S. 41.

85 *„nach Hundeart".* Ebd., S. 40.

85 *Status der ... symbolischen Ordnung.* Ebd., S. 43.

85 f. *„daß dieses ... nichtigen Menschen.* Ebd., S. 60 f.

86 *zu dem ... tief herabfällt.* Ebd., S. 321.

86 *1562 in ... zu werden.* Ebd., S. 112.

86 *Ein Dorf ... Abgrund allgegenwärtig.* Akademie für Letalität und Lösungen, Eine Acht bleibt immer eine Acht, in: Guido Graf [Hrsg.], Unsere Freiheit ist wahrscheinlich unendlich. Hildesheim 2012, S. 125.

87 *Die Städte ... die Köpfe.* Bertolt Brecht, Leben des Galilei [1939]. Frankfurt am Main 1998, S. 10.

88 *Der Zug ... ihres Alltags.* Marc Augé, Nicht-Orte [1992]. © Verlag C. H. Beck oHG, München 2010, S. 100.

89 f. *Mensch, bringt ... Mittelmeer strömen.* Jonathan Franzen, Das Kraus-Projekt. © Jonathan Franzen 2013; Rowohlt Verlag GmbH, Reinbek bei Hamburg 2014, S. 78.

311

89f. *Kein Dichter ... dem Sonnenuntergang.* Ebd., S. 78.

90 *Alles ist ... dennoch unveränderbar.* Tocotronic, Die Erwachsenen, auf: Tocotronic (Das rote Album). Berlin 2015.

91 *Ihr macht ... andere Sprache.* In: Identitäre Bewegung, Zukunft für Europa [2016]. youtube.com/watch?v=rPXI6tA31yI.

91 *Rückeroberung.* Ebd.

91 *Die Frage ... Erfolg betrachten.* Enis Maci, to blend in/into sth, in: Dies., Eiscafé Europa. Unveröffentlicht.

91f. *Unter jener ... werden dürfen.* Ebd.

92 *Die radikale ... Innsbruck beginnt.* Ebd.

92 *Die radikale ... zu erreichen.* Ebd.

93 *Neben Vorträgen ... Jahren vorbehalten.* Erik Lehnert, Lage 2016. Sommerakademie in Schnellroda. sezession.de/54770/lage-2016-sommerakademie-in-schnellroda.

93 *Die Sezession ... geistiges Zentrum.* In: Winterakademie 2015 – Institut für Staatspolitik. youtube.com/watch?v=Omfx1zooVkk.

93 *ihre Meinung ... zu müssen.* Ebd.

93 *restlos ausgebucht.* Erik Lehnert, Lage 2016. Sommerakademie in Schnellroda. sezession.de/54770/lage-2016-sommerakademie-in-schnellroda.

93 *begehrten Plätze ergattern.* Ebd.

93f. *den Ungeist ... zugeschrieben wird.* In: Götz Kubitschek, Rede beim Festkommers der Deutschen Burschenschaft. youtube.com/watch?v=a0LRE9gD86w.

95 *Die Reise ... und Landschaft.* Marc Augé, Nicht-Orte [1992]. © Verlag C. H. Beck oHG, München 2010, S. 90.

95ff. *Tja, und ... sagte Pip.* Jonathan Franzen, Unschuld. Aus dem Englischen von Bettina Abarbanell. © Jonathan Franzen 2015; Rowohlt Verlag GmbH, Reinbek bei Hamburg 2015, S. 33 f.

95 *die Traurigkeit der Schwänze.* Roberto Bolaño, Präfiguration von Lalo Cura, in: Ders., Mörderische Huren. München 2014, S. 103.

95ff. *Meine Mutter ... Leben imitieren.* Ebd., S. 94 ff.

99f. *Damit möchte ... Hüftprobleme verschlimmerten.* Jonathan Franzen, Das Kraus-Projekt. © Jonathan Franzen 2013; Rowohlt Verlag GmbH, Reinbek bei Hamburg 2014, S. 105.

99f. *Der Unique ... flugzeugunterstützten Wahlkampf.* Enis Maci, to blend in/into sth, in: Dies., Eiscafé Europa. Unveröffentlicht.

100 *In diesem ... noch zumindest.* Ebd.

101 *Die Bäume sind gewachsen.* Die Heiterkeit, Die Kälte, auf: Pop & Tod I. Hamburg 2016.

101 *Der „Ruhehain" … Anblick bietet.* Flyer. Alexander-Petöfi-Platz, Köln, Frühjahr 2016.

102 *besonders im … schmackhafte Sache.* Roberto Bolaño, 2666. Frankfurt am Main 2011, S. 1182.

102 *Der „Auengarten" … beigesetzten Verstorbenen.* Alexander-Petöfi-Platz, Köln, Frühjahr 2016.

102 f. *So, wie … ansprechen mag.* Jonathan Franzen, Das Kraus-Projekt. © Jonathan Franzen 2013; Rowohlt Verlag GmbH, Reinbek bei Hamburg 2014, S. 97.

102 f. *Kopfwerk sprachschöpferischer … sein Tod.* Ebd., S. 96 f.

105 *Die gegenwärtige … der Wurzeln.* Marc Augé, Nicht-Orte [1992]. © Verlag C. H. Beck oHG, München 2010, S. 42.

106 *Es kränkte … bedacht wurden.* Jonathan Franzen, Das Kraus-Projekt. © Jonathan Franzen 2013; Rowohlt Verlag GmbH, Reinbek bei Hamburg 2014, S. 219.

109 *Entscheidend an … zugleich fasziniert.* Marc Augé, Nicht-Orte [1992]. © Verlag C. H. Beck oHG, München 2010, S. 118 f.

110 *Obwohl davon … müssen glaubte.* Jonathan Franzen, Das Kraus-Projekt. © Jonathan Franzen 2013; Rowohlt Verlag GmbH, Reinbek bei Hamburg 2014, S. 10.

110 *Zu den … grässlich fand.* Ebd., S. 15 f.

111 *Alina Wychera … dazu erklärt.* Enis Maci, to blend in/into sth, in: Dies., Eiscafé Europa. Unveröffentlicht.

111 f. *Trotzdem scheitert … Erzählung auf.* Ebd.

112 *Diese „Coolness" … Becken rollt.* Ebd.

112 *Europa. Der … #identitär #phalanxeuropa.* instagram.com/p/BTKDX6GjMC1/.

113 *Europa, die … die unsren.* Enis Maci, to blend in/into sth, in: Dies., Eiscafé Europa. Unveröffentlicht.

113 *Lieblingsdeutschtürken Sie … Kacke Umvolkung.* In: Umvolkung – Ellen Kositza bespricht Akif Pirinçci. youtube.com/watch?v=6UkTcmDOqBA.

114 *Ostgebiete unter … Volk darstellen.* Walter Christaller, Neuer Großer Weltatlas. Heidelberg/München 1960, S. 29.

114 *die „Buren" … Zukunft zeigen.* Ebd., S. 16.

116 f. *Man kann … dessen Funktionieren.* Marc Augé, Nicht-Orte [1992]. © Verlag C. H. Beck oHG, München 2010, S. 97.

117 *aufrecht, weise, stabil.* K.I.Z., Das Kannibalenlied. Youtube.com/ watch?v=bF4TmtNwM_4.

117 *der Abend ... der Vorstadt.* Udo Jürgens, Die kleine Kneipe in unserer Straße. München 1976.

118 *Diesseits des ... Atlantismoment bereitet.* Roberto Bolaño, Die romantischen Hunde. München 2017, S. 93.

Mit einem Bein auf Atlantis

121 f. „*Völkerhetze*" *Bei ... zu beschmutzen.*" Braun in Büsum, Die Zeit, 22.10.1965.

125 f. *Die „Reisebilder III" ... hin untersucht.* Max Brod, Heinrich Heine. Biographie [1934]. © Wallstein Verlag GmbH, Göttingen 2015, S. 353 f.

126 *Ahasverische Atmosphäre ... mehr halten.* Ebd., S. 355.

126 *Welche Ironie ... Erwachen bewirken.* Heinrich Heine, Ludwig Börne. Eine Denkschrift [1839], in: Ders., Schriften über Deutschland. Frankfurt am Main 1968, S. 366 f.

126 *kein einziges ... über Hexenwesen.* Ebd., S. 378.

126 *wie lange ... meinen Geist.* Ebd., S. 372.

126 *Ich bin ... wirklich schlafe.* Ebd., S. 367.

127 *Wahre Sittlichkeit ... menschliche Sittlichkeit.* Ebd., S. 373 f.

127 *Ich habe ... und Flut.* Ebd., S. 379.

127 *als das ... dicke Wirtin.* Ebd., S. 380.

127 f. *Fort ist ... Hütten erleuchten.* Ebd., S. 383.

128 *Wie es ... meiner Studien.* Heinrich Heine, An Karl August Varnhagen v. Ense in Berlin [1830], zit. n. Max Brod, Heinrich Heine. Biographie [1934]. © Wallstein Verlag GmbH, Göttingen 2015, S. 356.

128 *Alle meine ... haben gesiegt!*" Heinrich Heine, Ludwig Börne. Eine Denkschrift [1839], in: Ders., Schriften über Deutschland. Frankfurt am Main 1968, S. 383.

128 f. *wie dem ... der Welt.* Ebd., S. 387.

129 *Am Ende ... Jonas ausspuckte.* Ebd., S. 385 f.

130 *die eigentümlichen ... zu schützen.* Norbert Elias, Studien über die Deutschen. Machtkämpfe und Habitusentwicklung im 19. und 20. Jahrhundert. Frankfurt am Main 1992, S. 12 f.

131 *Gesellschaftliche Gebräuche ... zu machen.* Ebd., S. 13.

131 *Und das ... meine Meinung.* In: Nazi-Tussi rastet aus. youtube.com/
watch?v=0tY0×4BhIAk.

133 *eine Art ... die Hand.* Siegfried Kracauer, Aus einem französischen
Seebad [1932], in: Ders., Berliner Nebeneinander. Ausgewählte
Feuilletons 1930–33. Zürich 1996, S. 298.

133 f. *Grün ist ... von Helgoland.* Ansichtskarte. Lung Wai 30 Helgoland,
Sommer 2016.

135 *Das Meer ... ein Kind.* Enis Maci, Die Bunker, in: Dies., Das Lachen der
Schweine. Unveröffentlicht.

135 *Wahrschich tausjahr.* Roberto Bolaño, 2666. Frankfurt am Main 2011,
S. 855.

135 *der Meeresgrund ... Abgründe waren.* Ebd., S. 841.

137 *Tier- und ... Europas Küsten.* Ebd., S. 843.

137 *der deutsche ... gegeben hatte.* Helgoland muss zerstört werden,
Der Spiegel, 11.01.1947.

139 *ein ungelehrter ... zurückweichen müssen.* Houston Stewart
Chamberlain, Die Grundlagen des Neunzehnten Jahrhunderts.
1 Hälfte. München 1899, S. 7.

139 *Was sollen ... kennen lernen.* Ebd., S. 274.

140 *Die Zeit ... ahnungsvollen Denkers.* de.wikipedia.org/wiki/Arthur_de_
Gobineau.

140 f. *höheren intellektuellen ... Atlanto-Arier.* Helena Blavatsky, Die
Geheimlehre [1888], zit. n. Franz Wegener, Das atlantidische Weltbild
und die integrale Tradition. Nationalsozialismus und Neue Rechte
auf der Suche nach der versunkenen Atlantis. Gladbeck 2014, S. 35.

141 *Die Universalseele ... geboren ist.* Ebd., S. 37.

141 f. *Die Darstellung ... gewesen sein.* Jeffrey L. Sammons, Die Protokolle der
Weisen von Zion. Die Grundlagen des modernen Antisemitismus –
eine Fälschung. Text und Kommentar. Göttingen 1998, S. 14.

142 f. *Die Zeichen ... zweckentfremdet worden.* DIN-A4-Papier. Drachenfels-
straße, Königswinter, Sommer 2015.

145 *der Lüge ... Lust erfasst.* de.wikipedia.org/wiki/Jörg_Lanz_von_
Liebenfels.

145 *Wir müssen ... werden kann.* Jörg Lanz von Liebenfels, Ostara,
zit. n. Franz Wegener, Das atlantidische Weltbild und die integrale
Tradition. Nationalsozialismus und Neue Rechte auf der Suche
nach der versunkenen Atlantis. Gladbeck 2014, S. 39.

145 *Von diesem ... der Pilger.* Erker. Heiligenkreuz im Wienerwald,
Sommer 2016.

146 *Wiener Lehr- und Leidensjahre.* Adolf Hitler, Mein Kampf. Eine
kritische Edition. München 2016, S. 129.

146 *die einzige … der Mann.* de.wikipedia.org/wiki/Ostara_(Zeitschrift).

147 *Die größte … Kulturmenschheit gehört.* Rudolf Steiner, Aus der
Akasha-Chronik [1939], zit. n. Franz Wegener, Das atlantidische
Weltbild und die integrale Tradition. Nationalsozialismus und Neue
Rechte auf der Suche nach der versunkenen Atlantis. Gladbeck 2014,
S. 73.

148 *Ein jeder … eine Fortentwickelung.* de.wikipedia.org/wiki/
Wurzelrasse.

148 *Eierspeis schmeckt … schmecken sollte.* Stefanie Sargnagel, Facebook,
Sommer 2016.

148 *dass Adam … Atalantasa war.* Heinrich Pudor, Völker aus Gottes
Athem. Atlantis-Helgoland, das arisch-germanische Rassenhoch-
zucht- und Kolonisationsmutterland [1936], zit. n. Franz Wegener,
Das atlantidische Weltbild und die integrale Tradition. National-
sozialismus und Neue Rechte auf der Suche nach der versunkenen
Atlantis. Gladbeck 2014, S. 90.

149 *ganz Wurst … Stämme ist.* Franz Wegener, Das atlantidische Weltbild
und die integrale Tradition. Nationalsozialismus und Neue Rechte
auf der Suche nach der versunkenen Atlantis. Gladbeck 2014, S. 116.

149 *Lieber Wüst … vorhanden war.* Ebd., S. 48 f.

150 *den höchsten … dem Golde.* de.wikipedia.org/wiki/Jürgen_Spanuth.

150 *Alle Angaben … Maueranstrich verwenden.* Ebd.

151 *zu einem … finden vermag.* Jürgen Spanuth, Atlantis. Heimat, Reich
und Schicksal der Germanen [1965], zit. n. Franz Wegener, Das
atlantidische Weltbild und die integrale Tradition. Nationalsozialismus und Neue Rechte auf der Suche nach der versunkenen Atlantis.
Gladbeck 2014, S. 60.

151 *Noch aber … zu gehören.* de.wikipedia.org/wiki/Herbert_Grabert.

151 *Mag vieles … Welt bestimmte.* Alfred Rosenberg, Der Mythus des
20. Jahrhunderts [1930], zit. n. Franz Wegener, Das atlantidische
Weltbild und die integrale Tradition. Nationalsozialismus und Neue
Rechte auf der Suche nach der versunkenen Atlantis. Gladbeck 2014,
S. 57.

153 f. *Wir könnten … uns schadet.* Enis Maci, Lebendfallen. UA 2018,
Schauspiel Leipzig.

154 *Die Hohlkörper … größte ist.* Ebd.

154 *deutscher Gesang.* Friedrich Hölderlin, Patmos. Dem Landgrafen

von Homburg überreichte Handschrift [1803]. Tübingen 1949, S. 4.

160 *die deutschen Frauen.* August Heinrich Hoffmann von Fallersleben, Das große Lesebuch. Frankfurt am Main 2011, S. 391.

160 *Wir ziehen … Oho, Oho.* Helene Fischer, Atemlos durch die Nacht, auf: Farbenspiel. Berlin 2013.

160 *Deutsche Frauen … deutsches Vaterland.* August Heinrich Hoffmann von Fallersleben, Das große Lesebuch. Frankfurt am Main 2011, S. 170.

160 *Stoßet an … deutsche Vaterland.* de.wikipedia.org/wiki/Das_Lied_der_Deutschen.

161 *Da ich … bereitet wird.* August Heinrich Hoffmann von Fallersleben, Das große Lesebuch. Frankfurt am Main 2011, S. 374.

161 *Eine langweilige … ohne Poesie.* Ebd., S. 371 f.

161 *zu viel … 8 Sous.* Ebd., S. 373 f.

161 f. *Mein Zweck … hier nicht?* Ebd., S. 374 f.

162 *Comptoir, das … Geschäftsmann darzustellen.* Ebd., S. 386.

162 f. *Morgens Spazierengehen … Rb. Gold.* Ebd., S. 387 ff.

163 *liebe Leute … zu machen.* Ebd., S. 391 f.

163 f. *Am 29. … Rheinlied werden.* Ebd., S. 392 f.

164 *In gerechter … des Mannes.* Max Brod, Heinrich Heine. Biographie [1934]. © Wallstein Verlag GmbH, Göttingen 2015, S. 226.

164 *Herrlich schöne … das Gemeine.* streitumsdeutschlandlied.files. wordpress.com/2010/12/arg_auszug2_das_maerchen_vom_untadeligen_herrn_hoffmann_von_fallersleben11.pdf.

164 *Du raubtest … Freiheit Thor.* August Heinrich Hoffmann von Fallersleben, Emancipation, in: Ders., Unpolitische Lieder. Band 2. Hamburg 1841, zit. n. deutschestextarchiv.de/book/view/hoffmann_unpolitische02_1841?p=175.

165 *Ich kenn … und Malvasier.* August Heinrich Hoffmann von Fallersleben, Deutsche Lieder aus der Schweiz. Hildesheim/New York 1975, S. 22 f.

165 *O Hoffmann … das Land.* gutenberg.spiegel.de/buch/heinrich-heine-gedichte-389/264.

165 f. *Tatsächlich wächst … vereinigen suchte.* de.wikipedia.org/wiki/Ein_Männlein_steht_im_Walde.

166 f. *Die erste … zum Dichter.* literatur-niedersachsen.de/autoren/detailansicht/august-heinrich-hoffmann-von-fallersleben.html.

168 *Beide bewunderten … Abscheu verspürte.* Jerry Sloniger, Die VW-Story. Stuttgart 1981, S. 23.

168 *Hitlers Unterstützung ... erfolgreich durchzusetzen.* Ebd., S. 7.

168 *Wenn jemand ... recht sein.* Ebd.

168 *fast Natur schreien.* Benjamin Quaderer, So schön, dass ich fast schon Natur schreien wollte. Freie Presse, 30.01.2013.

169 *italienische Jungarbeiter.* dhm.de/archiv/ausstellungen/aufbau_west_ost/katlg21.htm.

169 *Das Experiment ... ganz Deutschlands.* Ebd., S. 264.

169 *Wir sind ... nicht umgekehrt.* Jerry Sloniger, Die VW-Story. Stuttgart 1981, S. 170.

169 *„im größten ... der Alpen".* Grazia Prontera, Unsere und deren Komplexe. Italiener in Wolfsburg – Berichte, Darstellungen und Meinungen in der lokalen Presse (1962–1975), in: Gabriele Metzler [Hrsg.], Das Andere denken. Repräsentationen von Migration in Westeuropa und den USA im 20. Jahrhundert. Frankfurt am Main 2013, S. 262.

169 f. *Im Italienerdorf ... Italien fahren.* Ebd., S. 265.

170 *und erst ... Unruhen aus.* Ebd., S. 267.

170 *fast alle ... VW-Werk.* Ebd.

170 *Sie können ... Arbeit weg.* Ebd., S. 269.

171 *Nix Amore in Castellupo?* dhm.de/archiv/ausstellungen/aufbau_west_ost/katlg21.htm.

171 *Brauchen wir ... diese Italiener.* Ebd.

171 *Arbeitgeber zu ... zu sparen.* Grazia Prontera, Unsere und deren Komplexe. Italiener in Wolfsburg – Berichte, Darstellungen und Meinungen in der lokalen Presse (1962–1975), in: Gabriele Metzler [Hrsg.], Das Andere denken. Repräsentationen von Migration in Westeuropa und den USA im 20. Jahrhundert. Frankfurt am Main 2013, S. 270.

171 *„Einführungsklassen" zur ... Arbeit profitiert.* Ebd., S. 272.

172 *Vor einiger ... anderen Republik.* Ebd., S. 271.

172 *Die Unternehmen ... Fehlzeiten u.ä.)."* dhm.de/archiv/ausstellungen/aufbau_west_ost/katlg21.htm.

173 *weil manch ... Verbindung brachte.* Jerry Sloniger, Die VW-Story. Stuttgart 1981, S. 69.

173 *Das sind ... ist Ketchup.* Benjamin Quaderer, Das sind keine Ideale, das ist Ketchup. Unveröffentlicht.

174 *Es geht ... zu lassen.* lsf.uni-hildesheim.de/qisserver/rds;jsessionid=59526DFFD36EB4F457DF91320353A237?state=verpublish&publishContainer=lectureContainer&publishid=36625.

174 Diese Zusammenarbeit ... jungen Partner. wolfsburg.de/kultur/
kulturwerk/wolfsburger-stadtschreiber.

174 f. stoßen nun ... perfekte Präsentation. Colin Crouch, Postdemokratie.
Frankfurt am Main 2008, S. 130.

175 Der Massenjournalismus ... nicht antworten. Ebd., S. 38.

175 Ruf! Mich! ... stört immer. Stefan Schmitt, Ruf! Mich! Nicht! An!,
Die Zeit, 10.12.2015.

175 Wie viel ... Menge Gold. Der unnütze Vergleich. Ebd.

176 „Mit dem ... ein Problem". Malen nach Zahlen. Ebd.

176 Liebe Sina ... gefallen sollte. Hanns-Josef Ortheil, Locker und herbeigeweht. Ebd.

177 Econotainment, die ... der Ökonomie. Markus Metz und Georg Seeßlen,
Kapitalismus als Spektakel. Berlin 2012, S. 59.

177 Jeden Tag ... zu haben. Ebd.

178 Man sollte ... zu leben. Georges Perec, Träume von Räumen [1974].
Zürich/Berlin 2014, S. 65.

178 Man denkt ... die Treppen. Ebd.

178 Der Fortschritt ... Pazifisten träumt. Adolf Hitler, Mein Kampf. Eine
kritische Edition. München 2016, S. 767.

Toteninsel

180 den Leuten ... vom Kopf. Herman Melville, Moby-Dick. München 2001,
S. 33.

180 Zu wenig ... und Monumentalität. de.wikipedia.org/wiki/Heinrich-
Heine-Denkmal_(Berlin).

180 Wenn nicht ... wann dann? Höhner, Wenn nicht jetzt, wann dann?,
auf: 6:0. Berlin 2005.

180 Wenn nicht ... wer dann? Philipp Ruch, Wenn nicht wir, wer dann? Ein
politisches Manifest. München 2015.

180 Beleidigung unserer politischen Intelligenz. Ebd., S. 15.

181 sichere Grenzen. Banner. Pariser Platz Berlin, Sommer 2016.

181 Hitler verschwand ... optischen Nichts. Albert Speer, Erinnerungen
[1969]. Frankfurt am Main/Berlin/Wien 1976, S. 168.

Aufrecht auf den Gipfeln

183 *Den Fußball ... sonst keiner!*. Sky. Siegfriedplatz Leipzig, Sommer 2016.

184 *für kleines ... rotes RB-Heimpremieren-Shirt*. rblive.de/2016/09/08/rb-fans-geben-vor-rblbvb-gelbe-kleidung-ab/#more-2112.

184 *auch #bvb-Trikots abgegeben*. Sven, Twitter, 08.09.2016.

187 *Durchziehen bis zum Aufstieg*. In: Ein Trauerspiel – Choreoverbot bei RB Leipzig. youtube.com/watch?v=Ftz9m_Mue8I.

189 *bevor der ... das ist*. Kevin Großkreutz, Instagram, 08.08.2016.

193 *die ganse Nacht*. Flyer. Schützenstraße Dortmund, Sommer 2011.

196 f. *Mein Name ... die Macht*. In: Die sind eben so – Doku über Borussenfront und Mighty Blues. youtube.com/watch?v=jIsNNj20YMY.

197 *Die Partei ... Sieg Heil!*. In: Rudolf Heß at the 1934 Nuremberg. youtube.com/watch?v=RTpUVPeFr3Q.

197 f. *Und überhaupt ... Polizei, ne*. In: Die sind eben so – Doku über Borussenfront und Mighty Blues. youtube.com/watch?v=jIsNNj20YMY.

198 f. *Ein Ausnahmejude ... nicht wollen*. waahr.de/texte/ich-kühnen--deutschlands-gefürchtetster-nazi-erklärt-sich.

200 *Werft die ... Anfang machen*. http://media.de.indymedia.org/media/2008/10//229048.pdf.

200 *Geht den ... wollen gewinnen*. Ebd.

200 f. *Anstoß für ... Ausländerfeindlichkeit heraufbeschwört*. http://dipbt.bundestag.de/doc/btd/09/012/0901288.pdf.

201 *Deutschland habe ... andersartigen Kultur*. spiegel.de/politik/deutschland/kohl-wollte-jeden-zweiten-tuerken-in-deutschland-loswerden-a-914318.html.

203 *beinahe sozialistisch*. Der Untergang. 11 Freunde, November 2016.

204 *Ich möchte ... ihn bezeichnen*. Georges Perec, Träume von Räumen [1974]. Zürich/Berlin 2014, S. 155.

204 f. *Von 1960 ... echter Schwatzgelber*. In: Gelb und Schwarz sind unsere Farben 2/2. youtube.com/watch?v=Vax4WvQF7wM.

206 *Keine Kompromisse ... kein Archiv*. Markus Metz und Georg Seeßlen, Kapitalismus als Spektakel. Berlin 2012, S. 19.

206 *Brandstifter*. Filippo Tommaso Marinetti, Manifest des Futurismus. Paris 1909, zit. n. kunstzitate.de/bildendekunst/manifeste/futurismus.htm.

206 *in eine Aschenurne schütten*. Ebd.

206 *auf dem … der Welt.* Ebd.

207 f. *Daher geht … der Subdominanten.* Markus Metz und Georg Seeßlen,
Kapitalismus als Spektakel. Berlin 2012, S. 22 ff.

208 f. *eindeutig ein … weitermachen können.* In: Rudi Völler rastet aus.
youtube.com/watch?v=-vck9JFYc88.

209 *Man muss … abladen konnte.* sueddeutsche.de/sport/den-laden-
auseinander-nehmen-1.298541.

210 *Der Zahnarzt … deutsch genug.* Jonathan Franzen, Das Kraus-Projekt.
© Jonathan Franzen 2013; Rowohlt Verlag GmbH, Reinbek bei
Hamburg 2014, S. 25.

214 f. *Einzigartigkeit unserer … Weihnachten schenke?* kleinezeitung.at/
steiermark/chronik/5197881/Dietrich-Mateschitz-im-Interview_
Red-BullChef-rechnet-mit.

216 *Glas Burgunder … Erdbeeren schwammen.* Ernst Jünger, Das Zweite
Pariser Tagebuch. Stuttgart 1994, S. 537.

217 f. *Kaum erstklassig … gewirkt habe.* Holger Apfel, Facebook, Sommer 2013.

218 *Funktionen der Extraklasse.* 0×300.com.

220 *Unsere diktatorische … Alkoholverbot ???.* DIN-A4-Papier. Mallinckrodtstraße Dortmund, Frühjahr 2016.

220 *Wir atmen … und Pogromen.* Enis Maci, Lebendfallen. UA 2018,
Schauspiel Leipzig.

221 *Cohen Act.* William Luther Pierce, The Turner Diaries. Arlington
County 1978.

221 *„weißen Revolution" … Waffenquelle haben.* Andreas Speit, Der Terror
von rechts – 1991 bis 1996, in: Ders. [Hrsg.], Blut und Ehre. Geschichte
und Gegenwart rechter Gewalt in Deutschland. Berlin 2013, S. 111.

222 *Vater hätte … sein können.* Enis Maci, Lebendfallen. UA 2018,
Schauspiel Leipzig.

223 *Das Betreten … ist verboten.* Schild. Connewitzer Straße Leipzig,
Frühjahr 2016.

225 *seine weißen … schwarz geworden.* Enis Maci, Lebendfallen. UA 2018,
Schauspiel Leipzig.

225 *Als natürlicher … Generationen abwickele.* Ebd.

225 *Seine Wissenschaft … die Welt.* Grabstein. Friedhofsweg Leipzig,
Frühjahr 2016.

226 *Europa zu … weißen Stämme.* welt.de/welt_print/kultur/literatur/
article4330213/Der-Wilde-schlaegt-zurueck.html.

226 *Heben und … des Bierglases.* Heinrich Mann, Der Untertan [1919].
Frankfurt am Main 1996, S. 32.

227 *Die Opfer ... Faschismus mahnen.* Sockel, Friedhofsweg Leipzig, Frühjahr 2016.

227 *Sehr geehrte ... Hauptachse zerstört.* Schild. Ebd.

227 *Gestaltung und ... der DDR.* Ebd.

227 *Sozialistische Einheiz Party.* Jeans Team, Sozialistische Einheiz Party, auf: Das ist Alkomerz! Berlin 2013.

227 *Glauben für ... und Gerechte.* Säule. Ebd.

227 *Die Entfernung ... 1901 dar.* Schild. Ebd.

227 *Für eine ... schönere Zukunft.* Säule. Ebd.

230 *Und trotzdem vorwärts.* Goldene Einlassung. Henry-Ford-Straße Köln, Sommer 2016.

232 *Sie kennen ... abscheulich spielt.* Anton Tschechow, Die Möwe. gutenberg.spiegel.de/buch/die-mowe-3975/5.

232 *nicht der ... zu dulden.* Ebd.

232 *Lerne dein ... und glaube!.* Ebd.

232 *Ich glaube ... meinen Schmerz.* Ebd.

232 *so habe ... dem Leben.* Ebd.

234 *Seht, da ... der Mensch.* Litfaßsäule. Wilhelm-Leuschner-Platz Leipzig, Frühjahr 2016.

235 *In Sodom ... ists gekommen.* Bertolt Brecht, Flüchtlingsgespräche. Erweiterte Ausgabe. Frankfurt am Main 2000, S. 147.

236 *Schwalbennest unter dem Adlerhorst.* Post-it. Schloßstraße Freyburg, Sommer 2016.

237 *Kriegsmannschießen 1943.* Plakette. Schützenstraße Freyburg, Sommer 2016.

Walhalla

238 *der in ... Lied sang.* Roberto Bolaño, Zahnarzt, in: Ders., Mörderische Huren. München 2014, S. 175.

238 *das von ... Blinden handelte.* Ebd.

238 *marmorne Schädelstätte.* Heinrich Heine, Lobgesänge auf König Ludwig [1844], in: Ders., Gedichte. Frankfurt am Main 1968. S. 270.

238 f. *Die Geschichte ... ihm her.* Max Brod, Heinrich Heine. Biographie [1934]. © Wallstein Verlag GmbH, Göttingen 2015, S. 248 f.

Der Regen, der gegen die Fenster stürzt

240 *Der Regen ... Fenster stürzt.* Ilse Aichinger, Schlechte Wörter.
Frankfurt am Main 1991, S. 11.

243 *Menschen wie ... anderen Stern.* Leni Riefenstahl, Die Nuba. Menschen
wie von einem anderen Stern. München 1973.

246 *Neubeginn.* Richard von Weizsäcker, Zum 40. Jahrestag der
Beendigung des Krieges in Europa und der nationalsozialistischen
Gewaltherrschaft. Deutscher Bundestag, 08.05.1985.
bundespraesident.de/SharedDocs/Reden/DE/Richard-von-
Weizsaecker/Reden/1985/05/19850508_Rede.html.

246 *erzwungenen Wanderschaft ... nach Westen.* Ebd.

246 *als habe ... Reise begeben.* Holger Apfel, Plenarprotokoll 5/43.
Sächsischer Landtag, 13.10.2011, S. 4314. landtag.sachsen.de/de/
aktuelles/sitzungskalender/protokoll/493.

249 *den Blick ... im Osten.* Adolf Hitler, Mein Kampf. Eine kritische Edition.
München 2016, S. 1657.

252 *Aus der ... deutsche Vaterland.* de.wikipedia.org/wiki/Niedersachsen-
lied.

254 *Im Grunewald ... ist Holzauktion.* In: Steven Spielberg, Schindlers
Liste. 1993.

256 f. *Deutschländer vereinen ... wie Bockwürstchen.* meica.de/
produktuebersicht/wuerstchen-sortiment/deutschlaender/.

257 *Aus einer ... Kühlschrank liegt.* publikative.org/2013/01/23/.

257 *der Egalitarismus ... verschiedenen Varianten.* de.wikipedia.org/wiki/
Thule-Seminar.

257 *Hauptsache für ... modernen Welt.* Ebd.

263 *Schon ein ... Mobiltelefon herumtippt.* publikative.org/2014/01/03/
npd-apfel-intrige-888/.

264 *großartigen Tag ... sein wollen.* de.wikipedia.org/wiki/Holger_
Apfel.

264 *Wie die ... Gehege kommen.* Ilse Aichinger, Kleist, Moos, Fasane.
Frankfurt am Main 1987, S. 62.

264 *Waldränder mit Schnee.* Ebd.

265 *Ein junges ... zwanzigsten Jahrhunderts.* Michael Krüger, Schamanin,
Heilerin, Dichterin. Frankfurter Allgemeine Sonntagszeitung,
12.11.2016.

265 *Niemand kann ... vermeidbar sind.* Ilse Aichinger, Schlechte Wörter.
Frankfurt am Main 1991, S. 12.

266 *Die wenigsten … nicht zutreffen.* Ebd., S. 13.

266 *die Fäuste … sich selbst.* Ebd., S. 14.

266 *Meine Ausfälle … meine Einfälle.* Ebd., S. 13.

266 *Es wird … Genauigkeit gehen.* Ilse Aichinger, Der Boden unter unseren Füßen, in: Dies., Film und Verhängnis. Blitzlichter auf ein Leben. Frankfurt am Main 2001, S. 24.

266 *eines kleineren … unbekannten Ortes.* Ebd., S. 23.

268 *ich hasse Betroffenheit.* Benjamin Quaderer, Twitter, 09.11.2016.

269 *Verein zur … edlen Kräuter.* Speisekarte. Carrer de Marbella Palma, Herbst 2016.

269 *Die ganze … möglich ist.* Thomas Bernhard, Auslöschung. Frankfurt am Main 1988, S. 82.

269 *Sie hängen … bekommen haben.* Ebd., S. 80.

270 *Finale ins Gesicht.* T-Shirt. Dörwerstraße Dortmund, Sommer 2007.

270 *Erstens haben … nicht geändert….* MacBook. Walhallastraße Regensburg, Sommer 2016.

272 *Sektion Suff.* Fahne. Schinkenstraße Palma, Herbst 2016.

273 *scheiß Erwachsene.* Benjamin Quaderer, Twitter, 14.08.2016.

274 *Scheiß drauf … im Jahr).* Peter Wackel, Scheiß drauf! (Mallorca ist nur einmal im Jahr). München 2013.

275 f. *der Katholizismus … die Wahrheit.* Thomas Bernhard, Auslöschung. Frankfurt am Main 1988, S. 141 f.

276 *Lass dich … dritten Bein.* Ikke Hüftgold und Peter Wackel, Bongiorno, auf: Ganz schön wacklig. Diepholz 2014.

276 f. *ich habe … Tannhäuser Tor.* In: Ridley Scott, Blade Runner. 1982.

277 *Ich träumte … von Civitavecchia.* Roberto Bolaño, Die romantischen Hunde. München 2017, S. 153.

277 *Eins plus … fressen Menschen.* In: Jorgo Papavassiliou, Hai-Alarm auf Mallorca. 2004.

277 *Blood is … terrific, right.* In: Arnold Schwarzenegger – The Pump. youtube.com/watch?v=84cVizR6sPQ.

277 *Wunderminister.* In: Ralf Möller & Karl-Theodor zu Guttenberg. youtube.com/watch?v=gHdd-_4kNsU.

278 *Ihr trugt … der Umkehr.* Gedenktafel. Stauffenbergstraße Berlin, Herbst 2016.

280 *Heil dir … Kaiser, dir.* de.wikipedia.org/wiki/Heil_dir_im_Siegerkranz.

280 *Oben am … an Alpenhöhen.* de.wikipedia.org/wiki/Oben_am_jungen_Rhein.

Hassloch und ich

281 f. *Walter Kohl ... seinen Vater.* Interview mit Walter Kohl. Zeitmagazin, 23.02.2017.

282 *Wir sind ... symbolischer Ort.* Ebd.

282 f. *Mein Vater ... freundlich empfangen.* Ebd.

283 *mit dem ... neuen Europa.* Interview mit Magdalena Marsovszky. Süddeutsche Zeitung, 20.02.2017.

283 *die Abschaffung der Arten.* Dietmar Dath, Die Abschaffung der Arten. Frankfurt am Main 2010.

283 *das Schwein.* Ebd, S. 127.

283 *sich gut ... dem Rüssel.* Ebd.

284 *Nolte raus.* Reaktorhalle. Gabelsbergerstraße München, Winter 2016.

284 *für den ... unserer Identität.* patriotische-plattform.de/vorstand/.

284 *jungen Idealisten ... Europas einsetzen.* patriotische-plattform.de/blog/2016/06/14/wir-sind-identitaer/.

284 *durch intelligente ... der Geschichte.* patriotische-plattform.de/blog/2017/04/20/skandal-csu-gefuehrte-behoerde-diskriminiert-tschechischen-fluechtling/.

284 *Wir wünschen ... für Deutschland.* patriotische-plattform.de/blog/2016/06/14/wir-sind-identitaer/.

285 *Alle Magyaren ... Grundgesetzes aufgenommen.* Interview mit Magdalena Marsovszky. Süddeutsche Zeitung, 20.02.2017.

285 *Deutscher ist ... gefunden hat.* gesetze-im-internet.de/gg/art_116.html.

286 *Gemeint ist ... von Atlantis ...* Interview mit Magdalena Marsovszky. Süddeutsche Zeitung, 20.02.2017.

286 *Ich selbst ... zu verlassen.* Interview mit Walter Kohl. Zeitmagazin, 23.02.2017.

288 *Ich putzte ... lebte woanders.* Vgl. Roberto Bolaño, Die romantischen Hunde. München 2017, S. 105.

289 *Folgendes: Giorgio ... imitieren können.* Vgl. ebd.

291 *Deutschland, Deutschland ... über dich.* de.wikipedia.org/wiki/Ich_will_Spaß.

291 *Jede Nacht ... Deutschland wär.* de.wikipedia.org/wiki/König_von_Deutschland_(Lied).

292 *zehn verschiedenen ... 10,90 Euro.* Schiefertafel. Freinsheimer Straße Kallstadt, Herbst 2014.

293 *im Oberstock ... Street Nro –.* books.google.de/books?id=9GebBAAAQB AJ&pg=PT4&dq=bartleby+der+schreiber+Wallstreet+Nro&hl=de&s

a=X&ved=OahUKEwiZqcSOwfDUAhXG1BoKHclrDhMQ6AEIJDAA#
v=onepage&q=bartleby der schreiber Wallstreet Nro&f=false.

295 *Ihrem grossen … in Amerika.* Brunnen, Walton Avenue, New York,
Sommer 2017.

296 *Zahnspangenchefin.* Marcel Kurzidim, Du musst wissen, dass ich
einmal König sein werde, in: Bella triste, Hildesheim 2014, S. 18.

298 *entsetzlich häßlich.* In: Kiesinger und der hässliche Tisch. Youtube.
com/watch?v=_KFiYopFT-e.

299 *Deutsche gern … einen Knecht.* Ludwig Börne, Briefe aus Paris
1830–1831. Zweiter Theil. Hamburg 1832, S. 186.

300 f. *über die … Schlaf gebracht.* In: Dr. Frauke Petry im Hambacher Schloss
– 28.10.2016. youtube.com/watch?v=17VkujminCI.

302 *Jetzt mauert … Entrinnen mehr.* Jetzt mauert seine Frau ihn auch
noch ein!. Super Pause, Januar / Februar 2017.

302 *Es sind … Fehler ausmerzen.* Ja, Panik, Pardon, auf: The Angst and the
Money. Berlin 2009.

302 *dass es … Entrinnen mehr.* In: Jetzt mauert seine Frau ihn auch noch
ein! Super Pause, Januar/Februar 2017.

302 f. *Ich habe … falsche Wort.* In: Matthias Schmidt und Torsten Körner,
Angela Merkel – Die Unerwartete. 2016.

303 *Da haben … Äußersten erregt.* Heribert Schwan und Tilman Jens,
Vermächtnis. Die Kohl-Protokolle. München 2014, S. 41.

303 f. *Jahrestage funktionieren … Helmut Kohl!.* Viktor Orbán, Europa ist
unser gemeinsames Schicksal. Frankfurter Allgemeine Sonntagszeitung, 16.11.2014.

Inhalt

Ich danke allen Figuren dieses Buches.